上海全球城市研究院
SHANGHAI INSTITUTION FOR GLOBAL CITY

GLOBAL CITIES CASES 2019

全球城市案例研究2019

周振华 洪民荣 ◎ 主编

格致出版社　上海人民出版社

编写组成员

总策划　　康旭平　燕　爽
主　编　　周振华　洪民荣

第 1 章　　张广生　徐　珺
第 2 章　　殷德生　吴虹仪
第 3 章　　刘春彦　马卫锋　许一峰　蔡洛益　徐圣艳　刘伯一
第 4 章　　朱文贵　徐以汎
第 5 章　　朱文贵　徐以汎
第 6 章　　孙　健　朱　岩
第 7 章　　于　海　李逸飞　钟晓华　崔家滢　杨海燕　陈超然　彭　婧　杨卓敏
第 8 章　　姚尚建　刘铭秋　王　倩
第 9 章　　滕五晓　王　昊　付逸飞　李晨昕　李　慧
第 10 章　任　勇　李恩玮
第 11 章　黄晓春

统稿编辑人员　唐长国　陈　畅　杨朝远　羊米林

序　言

　　全球城市案例研究是上海全球城市研究院的三大系列研究之一。案例研究系列主要是针对全球城市建设中的突出事例，总结其发展过程及经验，挖掘其内含的典型意义，揭示其所代表的发展趋向，从而为建设卓越全球城市提供有益的借鉴和启示。

　　全球城市案例研究是面向全球的，以全球城市的重大事例为研究对象。特别是那些发达国家和地区的全球城市，在长期建设和发展中积累了许多很好的做法和经验，非常值得做案例研究。基于此，这些案例的选择，一是要具有重大性，对全球城市建设有重大战略意义；二是要具有全球层面的典型性，充分反映全球城市发展进程；三是要具有时代前沿性，代表着全球城市一般发展趋向。

　　本辑案例研究，主要首选上海一些有代表性的案例。这些案例从不同领域和侧面反映了上海在建设卓越全球城市过程中的探索和努力，以及取得的相应成效。尽管有些案例是比较成熟的，成效已充分显现，有些案例仍在进行之中，成效尚未完全展开，但都具有重大的意义、独特的创造性，将产生较大的国际影响力。

周振华　洪民荣

2019 年 7 月 1 日

目　录

1 上海城市发展的战略先导

1.1　与时俱进的战略引领　3

1.2　面向未来 30 年的上海发展战略　11

1.3　经验启示　37

2 自由贸易账户创新

2.1　背景与意义　43

2.2　自由贸易账户的制度安排　48

2.3　挑战与展望　57

3 国际化的上海原油期货

3.1　背景与过程　63

3.2　总体构架及其特点　71

3.3　国际影响与国内作用　75

3.4　未来展望　82

4 上海航运指数及其金融衍生品发展

4.1　背景与意义　87

4.2　发展历程　91

4.3　创新设计及特色　99

4.4　经验启示及展望　111

i

5 洋山港四期自动化集装箱码头建设

5.1 建设智慧港口的重大选择 117

5.2 设计方案与技术创新 125

5.3 建设成效及经验启示 136

6 上海轨道交通建设发展

6.1 发展背景 145

6.2 发展历程 150

6.3 技术国产化和创新 154

6.4 启示与展望 158

7 黄浦江岸线空间贯通和开放

7.1 背景 169

7.2 建设过程 173

7.3 公共空间的多元与包容 177

7.4 经验与展望 208

8 上海"新天地"历史遗产保护与开发

8.1 背景与过程 215

8.2 改造成就 221

8.3 经验启示 229

9 城市应急管理体制机制建设

9.1 背景 235

9.2 应急管理体系的建设 236

9.3 创新发展 240

9.4 未来发展 260

10 "飞碟苑"智慧社区建设

10.1 背景 267

10.2 改造建设过程和治理绩效 271

10.3 经验启示 280

11 陆家嘴金融城的共同家园建设

11.1 背景 289

11.2 治理创新的改革实践 298

11.3 经验启示及展望 312

后记 318

CONTENTS

1 Shanghai's Strategy-led Urban Development

1.1　Strategic Leadership with the Progress of the Time　3

1.2　Shanghai Development Strategy for the Next 30 Years　11

1.3　Experience and Enlightenment　37

2 Innovation of Free Trade Account

2.1　Background and Significance　43

2.2　Institutional Arrangement for Free Trade Accounts　48

2.3　Challenges and Prospects　57

3 Internationalization of Shanghai Crude Oil Futures

3.1　Background and Progress　63

3.2　General Framework and its Features　71

3.3　International Impact and Domestic Role　75

3.4　Future Prospects　82

4 Shanghai Shipping Index and the Development of Its Financial Derivatives

4.1 Background and Significance   87

4.2 Development Process   91

4.3 Innovative Design and Distinguishing Features   99

4.4 Experience and Prospect   111

5 The Construction of Yangshan Port Phase IV Automated Container Terminal

5.1 Important Choice of Smart Port Construction   117

5.2 Construction Plan and Technical Innovation   125

5.3 Construction Effect and Enlightenment   136

6 The Development of Shanghai Rail Transit Construction

6.1 Development Background   145

6.2 Development History   150

6.3 Technology Nationalization and Innovation   154

6.4 Enlightenment and Prospect   158

7 Huangpu River Shoreline Space Co-expansion and Opening to the Public

7.1 Background 169

7.2 Process 173

7.3 Diversity and Inclusiveness of Public Space 177

7.4 Experience and Prospect 208

8 Shanghai "Xintiandi" Historical Heritage Protection and Development

8.1 Background and Process 215

8.2 Reconstruction Achievements 221

8.3 Experience and Enlightenment 229

9 Development of Urban Emergency Management System and Mechanism

9.1 Background 235

9.2 Construction of Urban Emergency Management System 236

9.3 Innovation-driven Development 240

9.4 Development Prospect 260

10   Construction of the "Feidieyuan" Smart Community

10.1 Background   267

10.2 Transformation, Construction Process and Governance
Performance   271

10.3 Experience and Enlightenment   280

11   Construction of the Lujiazui Financial District Common Community

11.1 Background   289

11.2 The Reform Practice of Governance Innovation   298

11.3 Experience, Enlightenment and Prospect   312

Postscript   318

1

上海城市发展的
战略先导

发展战略是发展的战略引领，也是实践的行动指南。改革开放以来，作为全国最早组织研究与推进实施发展战略的城市，上海之所以能摆脱困境，步入良性轨道，进而崛起为国际经济中心城市，得益于《上海市经济发展战略汇报提纲》和《迈向 21 世纪的上海》两个发展战略的引领。在全面建成"四个中心"基础上，上海跨入提升城市能级和核心竞争力的新阶段，《面向未来 30 年的上海发展战略》将开启其迈向卓越全球城市的新征程。上海发展战略的演进轨迹，充分印证了发展战略对城市各阶段发展所起到的至关重要的战略引领和导向作用，也反映出发展战略在制定过程中体现继承和发展、顺应不同发展阶段要求、推进实践创新与克服历史局限性的辩证关系。

A development strategy is the strategic guide for any development initiatives, and it is also the action guide in practice. Since China's reform and opening-up policy was introduced, Shanghai took the lead in studying and practicing its development strategies. It has been due to the guidance of the two development strategies: *Shanghai Economic Development Strategy Report Framework and Shanghai Going into the 21st Century*, that Shanghai got rid of difficulties, stepped into an optimal path of development and, as a result, rose into an international economic metropolitan. In the effort of building into 'four centers', Shanghai has entered into a new stage of developing its comprehensive strengths and core competitiveness. *Shanghai's Development Strategy for the Coming 30 Years* signifies the beginning of a new round of global city of excellence building. The evolution of Shanghai's development strategy formulation fully proves the crucial guiding role of development strategies in different stages of city development. The route of evolution also shows that in the process of strategy formulation, the development strategies embodies a dialectical relationship in inheriting and developing, adapting to the requirements of different development stages, promoting innovative practice and overcoming historical limitations.

上海改革开放和创新发展的实践证明，一个城市的发展特别是像上海这样一个超大型城市的发展，不仅需要一个能够符合世情、国情和市情并能把握诸多发展变化趋势的城市发展战略目标取向，而且需要诸多与之相适应的能体现时代要求、清晰实施路径的发展战略，以势处事，以术辅势，才能使城市的发展达到既定的城市发展战略目标取向。我们围绕上海三个代表性发展战略，剖析其面临的时代背景与核心问题，梳理不同阶段的目标取向与战略重点，总结成效、回溯反思。

1.1　与时俱进的战略引领

改革开放以来，上海经济建设之所以能摆脱困境，走上持续、稳定和良性循环的轨道；城市面貌之所以能发生大变样，跻身现代化国际大都市行列；浦东开发开放之所以能迅速推进，发挥促进长江沿岸城市对外开放"龙头"作用；"四个中心"建设之所以能有步骤实施，使经济中心城市功能得到恢复和发挥，一个非常重要的原因是得益于两个城市发展战略：一是 1985 年国务院批准的《关于上海经济发展战略的汇报提纲》(以下简称《汇报提纲》)，提出了改造和振兴上海的目标、方针和措施；二是 1994 年研究制定和组织实施的《迈向 21 世纪的上海》经济社会发展战略（以下简称《迈向 21 世纪的上海》)，提出了建设国际经济中心城市的战略目标取向、功能定位、实施步骤和重大举措。这两大发展战略对过去 40 年上海整个城市的发展发挥着重要的战略引领和导向作用。

1.1.1　以问题导向为主的改造与振兴的战略引领

1. 历史背景。

上海曾是远东最大的经济、金融、贸易中心。因受诸多因素的影响，逐步演进转变为中国最重要的工业基地之一，成为一个以工业为主的工商业城市，为促进全国经济建设作出了很大贡献。

但在 20 世纪 80 年代，随着国内以联产承包责任为中心的农村改革逐步向以搞活国有企业为中心环节的城市改革推进，作为计划经济体制最为典型地区的上海陷入"双轨制"体制的窘境。特别是国家希望上海要继续为全国农业、工业、科技和国防现代化建设作出更多的贡献，上海的经济建设面临新老问题交织、新旧体制并存的困境：（1）产业布局和城市空间利用很不合理，特别是工业企业中心城区集聚过多，在全市工业企业和职工总数中分别占到 47% 和 60%；每平方公里有 34 家企业，13 900 多职工，人口密度过高，城市发展"摊大饼"式外延扩张。（2）产业结构失衡，1984 年一、二、三产的比例为 5∶71∶24，城市综合服务功能基本丧失；工业设备陈旧，20 世纪 50 年代以前设备占到 90%，大量设备得不到适时更新改造；厂房简陋，拥挤不堪，过道、走廊搭满阁楼的现象十分普遍；技术进步对经济增长的贡献只占 10%，与国际水平差距不断扩大；尤其是新旧体制"双轨制"，许多国有企业面临生产下降、成本上升、效益滑坡和缺乏发展后劲等严重困难，使工业的优势逐步丧失。（3）基础设施欠账太多，自来水、电力、煤气、电话以及教育、医疗、体育等公共服务产品严重短缺；码头、机场、铁路、道路等基础设施严重不足；居民住房奇缺、市内交通拥挤、环境污染严重、旅游宾馆稀缺；等等，城市生产和生活的矛盾日益突出（周振华等，2010）。

2. 战略目标取向。

为此，上海在广泛开展调查研究的基础上，组织全市及国内专家学者和实际工作部门同志，围绕如何改造、振兴和发展上海展开了大讨论，最终形成了报国务院批转的《关于上海经济发展战略的汇报提纲》。《汇报提纲》提出："上海市要充分利用对内对外开放的有利条件，发挥优势，引进和采用先进技术、改造传统工业，开拓新兴工业，发展第三产业，逐步改善基础设施和投资环境，要在 1990 年以前尽快转上良性循环，力争到本世纪末上海建设成为开放型、多功能、产业结构合理、科学技术先进、具有高度文明的社会主义现代化城市。"这个战略目标取向成为上海 20 世纪 80 年代中期至 90 年代中期经济发展乃至城市发展的战略引领和导向。

3. 重要发展方针。

为了实现上海经济发展战略的战备目标取向，《汇报提纲》提出必须贯彻六个发展方针：

（1）实行对国内外都开放，起沟通内外桥梁作用的方针。对外开放，对内联合，犹如两个扇形的辐射，一个扇形向内地辐射，一个扇形向国外辐射，上海就是这两个扇面的接合部和枢纽，逐步走向以对外开放为主，起沟通内外的桥梁作用。

（2）实行广泛采用先进技术、有重点地加快改造传统工业的方针。要把引进、消化、吸收、创新紧密结合起来，形成强有力的消化、吸收和创新队伍，加快自己的科研开发，推动面上企业的技术改造，更好地为全国各行业的技术改造服务。

（3）实行主要采取逆向发展新技术，开拓新兴工业的方针。要根据当前世界新的技术革命的形势和国家"四化"建设的需要，把开拓新兴工业放到重要位置，区别不同情况，突出重点，以期取得近期技术经济效益。

（4）实行发展第三产业，为全国服务的方针。上海要走活第三产业这着棋，更能重新焕发青春活力，更好地发挥经济中心的作用，运用综合功能为全国经济建设服务。

（5）实行逐步改造老市区与积极建设新市区相结合的方针。要适应于发挥多种功能的要求和经济发展的需要，兼顾解决近期需要和长远发展，统筹安排，分步实施，加强城市基础设施改造和建设，创造条件开发浦东，筹划新市区建设。

（6）实行加强社会主义物质文明和精神文明相结合的方针。使上海既成为发展现代化经济的先锋，同时开社会主义现代化精神文明风气之先。

4. 经验与启示。

1985 年国务院批转的《汇报提纲》，成为上海改造、振兴和发展并发挥战略引领作用的纲领性文件。上海在 20 世纪 80 年代中期至 90 年代中期推进的对外开放、对内联合、改造传统工业、开拓新兴工业、发展第三产业、改造老市区、加快重大基础设施改造建设、发挥多功能中心城市作用等方面，都是在这个发展战略引领和指导下进行的，都是对这一发展战略的具体实践。特别是《汇报提纲》提出"创造条件开发浦东"后，上海积极开展开发浦东的前期研究工作，在中央各部委、国内专家学者共同参与下，形成了递交党中央、国务院《关于上海浦东开发几个问题的汇报提纲》。1990年4月18日，时任国务院总理李鹏在上海宣布党中央、国务院开发浦东、开放浦东的重大战略决策，这对上海的改革开放和经济建设产生重大而又深远的历史影响。

但是，在当时的历史条件下，上海作为计划经济体制最为典型的地区，尚处在全国改革开放的"后位"，面临主要因历史欠账过多而积累产生的诸多矛盾和问题有待解决，提出并贯彻实施的发展方针的重点是怎样加快上海的"改造与振兴"，其战略目标取向是到20世纪末，把上海建设成为"社会主义现代化城市"或"社会主义现代化的中心城市"。因此，不可避免有着一定的历史局限性：产业结构调整偏重于产品结构的适应性调整，没有很好兼顾运用城市综合功能为全国服务的产业结构战略性调整；城市改造偏重于解决基础设施严重滞后带来的矛盾和问题，没有很好兼顾规划和建设枢纽型、功能型、放射型的基础设施；改革开放举措偏重于政策性支持，没有很好兼顾制度性设计、安排和创新；深化改革举措偏重于增强企业活力的企业体制改革，没有很好兼顾增强城市活力发挥城市综合功能相关的城市体制改革；改造与振兴思路偏重于经济发展和城市改造，没有很好兼顾经济与社会的协调发展，因而在战略目标取向上也没有可能从经济中心城市要发挥各种要素集聚与辐射的核心功能出发，提出要把上海建设成为中国乃至国际的经济中心城市。

1.1.2　以功能导向为主的发展与创新的战略引领

形势在发展，环境在变化，要求在提高。上海必须在新形势下适应新的历史要求，站在新的更高的起点上适时研究和提出新的发展战略。1993年，上海在历经10年改造与振兴的基础上，组织国内外600多位专家学者和实际工作部门的同志，开展面向21世纪的上海经济社会发展战略研究，耗时一年最终形成《迈向21世纪的上海》经济社会发展战略。

1. 历史背景。

首先，上海历史地位的变化。中国经济体制改革的重心，从以家庭联产承包责任制为主的农村经济体制改革，开始转向以搞活企业为中心环节的城市经济体制改革，这就使得国有企业特别是大中型企业最为集中的上海，在"三个保证"——保证社会主义方向、保证服从国家宏观调控和保证完成财政上缴任务——的前提下，允许上海实行"三项改革"——自费改革、自主改革和率先改革，使上海成为全国搞活国有企业特别是大中型企业的综合配套改革试验区。中国对外开放的重心，从珠江三角洲及珠江流域，开始向长江三角洲及腹地更加广阔的长江流域转移，浦东开发开放使上海要发挥带动长江流域经济新飞跃的"龙头"作用。国家提出尽快把上海建成国际经济、金融、贸易中心之一，使上海要为实现中国经济发展分三步走的战略设想作出更大的贡献。中国改革开放和经济建设出现的这一重大历史转折，使上海从全国改革开放的"后位"走向"前沿"。

其次，上海历史机遇的出现。20 世纪 80 年代特别是进入 90 年代后，世界经济增长的重心正在向亚太地区转移，中国日益成为世界经济新的增长极。伴随着这一历史过程，上海面临着再度崛起成为又一国际中心城市的重大历史机遇。上海拥有处于业已形成的东部沿海经济发展带和正在兴起的长江流域经济发展带交汇点的区位优势，依托幅员广阔的腹地，国家也需要有一个国际经济中心城市成为国内外市场的接轨点和国内外经济循环的融合点，这为上海再度崛起成为国际经济中心城市提供了坚实基础。

2. 战略目标取向。

顺应历史的发展趋势，抓住出现的历史机遇，《迈向 21 世纪的上海》经济社会发展战略提出新的战略目标取向："到 2010 年，上海基本建成国际经济、金融、贸易中心之一，浦东基本建成具有世界一流水平的外向型、多功能、现代化的新区，崛起成为又一国际经济中心城市。"届时上海将实现六个具体目标："基本形成具有世界一流水平的现代化城市格局；基本形成国内外广泛经济联系的全方位开放格局；基本形成符合国际惯例的市场经济运行机制；基本形成现代化国际城市基础设施的框架；基本形成以人的全面发展为中心的社会发展体系和人与自然高度和谐的生态环境。"

实现这一战略目标取向，"设想用 20 年左右时间，分两个阶段加以实施：第一阶段，到 2000 年，初步形成国际经济、金融、贸易中心之一的框架，为崛起成为国际经济中心城市奠定基础；第二阶段，到 2010 年，基本建成国际经济、金融、贸易中心之一，初步确立国际经济中心城市的地位；2010 年后，再用 10 年或更长一段时间，建成国际经济、金融、贸易中心之一，并跻身世界级的国际经济中心城市行列"。

3. 发展战略。

《迈向 21 世纪的上海》根据国内外发展的新形势和国家对上海提出的新要求，从尽快崛起成为又一国际经济中心城市的战略目标取向出发，提出上海经济社会发展的总体发展战略：抓住难得机遇，主动接受转移，实行东西联动，实现梯度起飞。这个总体制发展战略的核心内容有以下四点。

（1）极化、扩散与创新相结合的转移战略。抓住世界经济增长重心向亚太地区转移的历史机遇，在接受高层次转移的基础上进行极化，在极化的基础上进行技术创新，使上海成为高新技术产业的发展源头，率先发展具有导向性的产业，形成面向 21 世纪的主导产业；在技术创新的基础上进行扩散，提高长江流域经济技术水平，为长江流域经济发展提供更多的机会。

（2）沿海、沿江共同发展的推进战略。必须建立以资产为纽带的新型经济技术合作关系，促进上海与沿海、沿江流域地区的联动发展；必须以产业结构战略性调整，促进上海与沿海、沿江地区产业配置的合理化；促进生产要素自由流动，促进生产要素在上海与沿海、沿江更大的区域范围内自由流动和合理配置，实现上海与沿海、沿江区域经济实现联动发展和共同繁荣，进一步拓展上海再度崛起的发展空间和坚实基础。

（3）对内对外全方位开放的接轨战略。实行多形式、多领域、多层次对内对外全方位开放，促进国内外各种资源要素集聚与辐射，发挥上海市场配置资源的中心作用；促进长江流域产业发展同国际产业梯度转移挂起钩来，发挥上海在产业转移和发展中的极化和扩散效应；促进企业在国内外更大的空间范围内实现集约化生产，发挥上海作为国内外大公司总部集中地的掌控作用，使上海走上全球化大循环、国际化大分工、社会化大生产的新路。

（4）高起点、跳跃式发展的跨越战略。城市空间布局从行政区域转向大都市经济圈跳跃式转变，城市功能从单一性生产功能向综合性服务功能跳跃式转变，基础设施建设从数量扩张向质量提高，城市管理从重硬件设施向重软件设施跳跃式转变，产业结构从低度化、重型化向高度化、轻型化跳跃式转变，与此相应对有限资源进行相对集中优化配置，充分发挥上海具有的后发性优势，尽快崛起成为又一国际经济中心城市。为此，还提出六个重大战略举措：一是加快培育服务全国、面向世界的城市功能；二是支持和促进长江流域经济共同繁荣；三是加快城市空间布局和产业结构布局调整；四是围绕建立现代化企业制度率先建立社会主义市场经济运行机制；五是拓展资金筹措新路子；六是加强人力资源投资和开发。

4. 经验与启示。

《迈向 21 世纪的上海》经济社会发展战略中所提出的战略目标取向、总体发展战略思想和战略举措，都充分体现在当时制定的《"九五"计划和 2010 年远景目标纲要》和正在修订的上海城市总体发展规划中，成为上海迈向新世纪的宏伟蓝图。

1995 年修订后的《上海城市总体规划》，在总则、城市性质、规模和发展目标，城市总体布局等章节以及相应的各专业规划中，都体现了《迈向 21 世纪的上海》提出的战略目标取向，实现了城市形态发展与城市经济社会发展在目标层次上的统一；体现了城市的整体利益，实现了局部利益、眼前利益和全局利益、长远利益的统一；体现了可持续发展，实现了经济利益、社会利益和环境利益的统一。特别是战略目标取向、主要标志、重大战略举措都被吸收在制定和实施的"九五"计划中，并一以贯之延续到"十五""十一五""十二五""十三五"计划或规划中。尽管《迈向 21 世纪的上海》提出的战略目标取向中从"三个中心"变动为"四个中心"乃至现在的"五个中心"，"基本建成"的时间节点也从 2010 年延长到 2020 年，但战略目标取向在五个五年规划（计划）中一脉相承，提出的一些重大战略举措一以贯之延伸到"四个中心"建设和促进国际中心城市崛起的整个过程。2017 年 9 月 17 日，上海市领导在第 29 次上海市市长国际企业家咨询会议上再次提出："我们将持续建设更高水平的国际经济、金融、贸易、航运中心，到 2040 年迈入全球金融中心前列。"这充分印证了这个发展战略对迈向 21 世纪的上海发展起到至关重要的战略引领和导向作用，反映了这个发展战略在推进上海面向未来、面向世界进程中的历史作用。

1994 年制定并实施《迈向 21 世纪的上海》经济社会发展战略时，走向全国改革开放"前沿"的上海所面临的主要问题是，在全国经济建设和改革开放总格局中，怎样发挥带动长江三角洲、长江沿岸城市和整个长江流域经济新飞跃的"龙头"作用；在世界经济增长重心向亚太地区转移过程中，怎样加快建设国际经济、金融、贸易中心之一并崛起成为又一国际经济中心城市，提出总体发展战略和战略举措的重点是怎样加快上海的"发展与崛起"。因此，现在回过头去看，我们也不能不看到《迈向 21 世纪的上海》这个发展战略同样也有一定的历史局限性：尽管制定的是经济社会发展战略，但侧重点主要还是经济建设；城市功能定位主要局限于经济功能，对如何形成以人的全面发展为中心的社会发展体系没有很好顾及；城市建设的侧重点在基础设施等硬件设施建设，对加强城市现代化管理等软件设施建设重视不够；深化改革的着力点是率先推进企业、市场、政府、社会保障四位一体配套改革，但对如何形成符合国际惯例的市场经济运行机制进行相应的体制改革和制度创新没有实质性举措；强调了上海要促进国内外各种资源要素的集聚与辐射，但对如何通过要素市场参与国内外资源配置没有相应的举措；提出了中国正在形成若干个城市群，上海是长三角城市群的中心城市，但对城市群中各城市如何合理分工、功能互补在战略层面没有统筹兼顾；另外，有些前瞻性对策建议没有充分考虑到组织实施的客观条件而无法落地；等等。当然，在当时的历史条件下同样也没可能提出和解决上海怎样建立既符合中国特色社会主义市场经济体制要求，又符合按国际通行惯例办事要求的经济运行机制，来为建立"五个中心"和崛起成为国际经济中心城市提供制度保障；也无可能从深度融入全球城市网络并占据枢纽位置的高度，提出把上海建设成为更具竞争力和影响力的卓越全球城市。

1.2　面向未来 30 年的上海发展战略

21 世纪以来，上海进入了加快建设国际经济、金融、贸易、航运中心和确立社会主义现代化国际大都市地位的新时期。面向未来，上海原来发展战略提出的"到 2020 年建成'四个中心'"的目标业已临近，再有一个五年规划期便可完成。而 2049 年是新中国成立 100 周年，届时中国将建成富强民主文明和谐的社会主义现代化国家，实现中华民族伟大复兴的"中国梦"。因此，科学分析和勾画 2020—2050 年的未来 30 年上海城市发展的趋势和远景，明确上海在打造中国经济升级版和实现中华民族伟大复兴"中国梦"中所承担的责任，具有十分重大的意义。

1.2.1　研究组织过程：集合各方智慧的开放式研究

自 2014 年 3 月上海市政府决策咨询工作会议正式启动"面向未来 30 年的上海"发展战略研究以来，社会各界人士深入参与研究。历经四年多，"面向未来 30 年的上海"系列研究成果不断涌现。"面向未来 30 年的上海"研究采取了综合性与专题性相结合、国内与国际相结合的开放式研究组织方式，总体呈现出以下三方面特点：

1. **广泛发动社会各方参与。**在上海市委、市政府直接领导下，由上海市人民政府发展研究中心为总牵头单位，广泛发动研究机构、高校及政府部门的专家学者组成总课题组；广泛发动国内外知名专家、企业家等组成顾问委员会；广泛发动人大、政协、社联、科协等专家组成公众咨询委员会。

2. **有序推进多层次研究。**一是委托国内外权威机构进行综合和专题研究。其中，分别委托世界银行和国务院发展研究中心承担"面向未来 30 年的上海"发展总体战略"国际版"和"国内版"的研究工作。在此基础上，还委托中央国家部委研究机构和首都高校开展战略环境系列研究，委托上海市研究机构开展总体战略平行研究。二是组织全国范围公开招标课题研究。通过公开招投标、竞争性淘汰等方式，确定了包括中央部委、上海、江浙地区和香港等76所知名院校和机构，共81个研究团队承担的43个专题研究任务。

3. 深入推进各类研讨交流活动。为凝聚各方智慧，上海市人民政府发展研究中心召开多种形式高层次专家研讨会。一是与世界银行共同成功举办了三届"全球城市论坛"。二是围绕未来30年上海全球城市的发展目标、环境、瓶颈、动力、产业等10大专题板块，累计举办10次高层专题研讨会。三是课题组多次赴港，与香港特区政府中央政策组等机构的专家学者进行互动交流。四是上海市政府发展研究中心先后组织中央国家部委课题组、世界银行专家以及全市决策咨询专家，举行40余次内部研讨。

1.2.2 历史背景：以对标导向为主的城市能级提升

制定"面向未来30年的上海"发展战略，首先需要分析未来30年上海发展所面临的外部趋势及自身内在要素的变化。未来30年，世界经济、城市、科技、人口格局将发生重大变化，全球城市区域的影响力将更加巨大。中国正在习近平新时代中国特色社会主义思想指导下走在中华民族伟大复兴的道路上，经济发展逐渐由量变走向质变，创新、能源、城镇化、生态等发展战略不断变化。上海在"五个中心"核心能级不断增强的同时，制约发展的土地、成本等问题也非常突出，创新等新的驱动力还不够强。

1. 因势而谋，大变化的世界要求上海主动顺应国际大趋势。未来30年，世界将处于百年不遇的大变化之中，科技革命将取得重大突破，世界经济格局、产业发展、城市体系和居民生活将发生深刻变化。其一，科技创新取得重大突破，全球创新版图发生重大变化。全球将发生一场以绿色、智能和泛在为特征的新科技革命，深刻影响人类生产生活方式，亚洲板块将崛起成为推动世界创新的主动力。其二，全球化将在新的基础上继续深化。投资和知识要素流动将超越贸易成为全球化新主题，贸易规则向数字领域、境内措施延伸，投资规则向监管壁垒、价值标准转移，全球治理格局更趋多极。其三，全球经济格局发生重大变化，世界城市体系出现重大调整。全球经济总体将呈现由低速逐步转向中速的增长趋势，经济重心继续东移。资源向大城市集聚的趋势日益明显，中等层级的全球城市数量增多，新兴经济体的全球城市获得崛起机遇。其四，全球人口与社会结构发生重大变化。到2050年，全球人口总量将突破90亿大关，60岁以上人群比重将超过25%（除非洲）。中等收入阶层将成为人口主体，跨国移民人口将达到4.5亿人。跨国移民集中的全球城市，城市治理将面临更多挑战。其五，巨型城市区域成为全球竞争的新载体。到2050年，全球将有70%的人口居住在城市，亚洲和非洲将是城市化的主要力量。由若干高度关联的全球城市组成的"城市发展轴"将成为带动巨型城市区域发展的核心和龙头。其六，绿色低碳发展成为全球共识，包容共享要求更加强烈。全球能源强度将下降1/3以上，全球碳排放有望在2030年步入下行通道。谋求可持续发展将成为城市的核心议题，提升居民的幸福感将成为城市发展的重要目标。

由此可见，信息技术革命为经济全球化拓展了新的舞台，也促使世界城市体系从垂直化的"等级秩序"进入扁平化的"网络时代"。世界将真正进入以城市为中心的发展时代，传统意义上的"经济中心城市"，正逐步进化为更具网络特性的"全球城市"。所谓全球城市，就是在全球城市网络体系中处于枢纽地位的核心节点城市，是生产高度专业化的服务和金融产品的最高级基地，也是全球经济活动的控制和管理中心。以顶级全球城市为核心的巨型城市区域，在全球治理中的重要性和影响力将不断提升。上海要提升在全球城市网络中的能级与影响力，需要充分尊重这一规律，并结合自身战略定位，开辟发展新路径。

2. 应势而动，"中国梦"的实现为上海加速崛起提供难得机遇。未来30年，中国将实现中华民族伟大复兴的"中国梦"。国家的繁荣与进步，将为上海建设卓越的全球城市提供历史性机遇。其一，中国在全球经济体系中的地位将呈现质的跃升，经济规模跃居世界第一，全球话语权显著提升。其二，中国的创新能力大幅提升，将成为全球研发强国、全球高科技产业化强国和推动创新全球化的重要力量。其三，社会主义市场经济制度走向成熟，经济发展的要素活力和潜在动力得以充分激发。对外开放将从政策性转向体制性，形成开放、包容、均衡、普惠的国际经济合作新架构。其四，新发展理念深入贯彻，能源发展将进入"三严三低"新常态，发展重心将从增加收入转向提高人民福祉，全民共享发展成果的

"获得感"更高。其五，城市化基本完成，城镇化率将接近85%，大城市数量位居世界首位，并形成"两横三纵"城市区域格局。其六，中华文明将进一步走向世界，向世界弘扬中国理念、中国价值和中国主张，国家综合竞争力将从"硬实力"逐步向"软实力"变迁。

可以预见，随着中国成为全球第一大经济体，中国的重要城市将不断提升其在全球城市网络中的位置，中国极有可能也迫切需要崛起与之能级相匹配的全球城市。作为国家重要的经济中心和具有全球声誉的国际大都市，上海有责任代表国家，乘势而上、顺势而为，加速向领先位置靠近，成为比肩伦敦、纽约的卓越全球城市。同时，上海也将推动长三角这一中国最有竞争力的经济增长极，成为全球规模最大、最具影响力的巨型城市区域之一。

3. 顺势而为，历史积淀和现实处境要求上海迈向更高发展目标。上海是中国最重要的经济中心城市和最具国际影响力的大都市，经过坚持不懈的努力和长期积淀，今天的上海已积累了雄厚的发展基础，成为一座崛起中的全球城市和新兴国家城市发展的重要标杆，具备了广阔的经济腹地、强劲的经济潜力、强大的门户功能、发达的基础设施、开放包容的城市文化以及良好的城市治理和国际声誉。目前，上海已进入注重高质量发展、打造高品质生活的新时期。一方面，城市发展能级和竞争力不断提升。"四个中心"集聚辐射功能持续增强，具有全球影响力的科技创新中心加快推进，高端制造与发达经济体之间差异逐步缩小，服务经济能级进一步提高，开放型经济发展水平不断提高，"改革红利"在更大程度上激发内生发展活力和动力。另一方面，城市发展的矛盾和制约日益突出。整个经济进入要素成本周期性上升阶段，高投资为特征的经济增长模式已不可持续，消耗资源为代价的经济增长不可持续，过度依赖外资和出口的经济发展方式难以为继，新的发展动力尚未完全形成，科技创新活力还不够强，资源环境约束日益加剧，迫切需要加快发展模式转型。

由此可见，伴随着"五个中心"和社会主义现代化国际大都市建设目标的基本实现，上海迫切要适应新的发展阶段，以新的发展理念为引领，采取创新转型的发展模式，加快迈向卓越的全球城市。如果上海能够充分抓住时代机遇，发挥自身优势，克服瓶颈风险，未来30年有可能成为在金融、科技、商务、航运和文化等领域具有重大影响力的卓越全球城市，并成功走出一条不同于西方国家的现代化之路，成为社会主义发展要求下的全球城市治理典范。

1.2.3　战略目标取向：建设卓越全球城市的愿景使命

展望 2050 年，对上海城市发展战略目标取向的思考，突出体现出以下三方面思路的结合：一是立足中国发展大局，紧扣"两个百年"目标导向。上海的发展需要国家经济体系的支撑，国家发展的目标导向和战略布局是上海未来发展的最大背景。因而，上海建设卓越全球城市的愿景使命，应紧扣"两个百年"和实现中国伟大复兴"中国梦"的目标导向，把上海未来发展放在全国发展的大格局中，放在中央对上海的战略定位上，放在国家对区域发展的总体部署中来思考和谋划，明确上海在中国未来发展大局中的使命和责任。二是突出全球视野，把握城市未来发展趋势。30 年是一个相对较长的时间跨度，城市发展面临着诸多不确定性，更何况世界和中国正处在大转型、大变革之中。因而，确立上海建设卓越的全球城市发展愿景，要深刻剖析影响上海中长期发展的环境大势，在诸多不确定性中寻找相对确定的、主导未来发展的重大因素，并突出对重大风险或挑战的判断，顺应城市发展中变的趋势和不变的规律，明确发展方向。三是引领发展新理念，凸显"以人民为中心"价值取向。上海建设卓越的全球城市发展愿景，应充分认识到"中国特色社会主义进入了新时代"这一新的历史方位，明确新时代中国社会主要矛盾已经转化为"人民日益增长的美好生活需要和不平衡不充分的发展之间的矛盾"这一历史性变化，把"以人民为中心"作为发展的最高价值取向，强调人的幸福感和获得感，这也是全球城市发展的基本趋势。要以全球城市为重要载体，更好满足人民在经济、政治、文化、社会、生态等方面日益增长的需要，更好推动人的全面发展、社会全面进步。

1. 战略使命。

展望未来 30 年，伴随全球经济与科技重心东移和中国崛起，要求上海进一步提升城市能级和功能，在全球发挥更加重要的作用。

（1）中国崛起要求上海代表国家参与全球合作与竞争。20 世纪 80 年代以来，世界城市化进程的不断深化，特别是全球化和信息化发展推动了传统的国际经济中心城市向具有高度全球连通性的全球城市转变。未来30年，随着中国崛起成为全球第一大经济体，中国融入世界经济的程度和影响力将显著上升，迫切需要有若干个全球城市，代表中国参与全球合作与竞争，成为中国在全球事务中发挥作用的重要平台。上海处在东亚沿海地带城市链的枢纽位置，身负建设"五个中心"、建设国际最高标准的自由贸易试验区等多重国家战略使命，未来经济发展潜力巨大，有责任也有能力加快建设世界级城市网络中的重要节点城市，成为与纽约、伦敦、东京等同台竞争的一流全球城市。

（2）"一带一路"等建设要求上海发挥辐射和带动作用。为顺应世界多极化、经济全球化、文化多样化、社会信息化的潮流，中国积极倡导共建"一带一路"，携手沿线各国推动更大范围、更高水平、更深层次的大开放、大交流、大融合，致力于维护全球自由贸易体系和开放型世界经济。在未来全球治理变局更趋复杂、国际投资贸易格局酝酿深刻调整、世界经济运行不确定性不断增加的背景下，城市可能将在未来的双边和多边合作中扮演更重要的角色，尤其是具有广泛对外联结和全球资源要素配置能力、具备强大城市综合服务功能的全球城市，将成为落实国家战略的主要载体。上海作为"一带一路"的重要交汇点和亚太经济圈创新与投资的引擎，需要切实对接国家发展要求，加快打造具有资源配置战略性地位和重大影响的全球城市。

（3）建设具有全球影响力的长江经济带和长江三角洲世界级城市群要求上海发挥龙头作用。未来30年，传统城市群将逐步向巨型城市区域和城市发展轴演变，成为未来全球经济增长的中心，作为国家参与全球竞争与国际分工的全新地域单元。国家提出建设具有全球影响力的流域经济带和世界级城市群两大战略，迫切需要若干具有国际竞争力和影响力的城市支撑，尤其是高能级的全球城市作为引领区域与世界对话合作的门户。上海作为长江经济带和长江三角洲区域的龙头城市，需要进一步强化门户城市作用和在区域发展中的引领作用，向外连接全球网络和向内辐射区域腹地，与周边地区形成网络协作关系，推动加快形成整体国际竞争新优势（上海市人民政府发展研究中心，2016）。

2. 发展愿景。

到2050年，中国将极有可能成为全球规模最大的经济体，并在全球经济和全球治理中发挥举足轻重的作用。上海是中国发展水平、对外开放程度和综合实力最高的城市，有条件也有义务将全球城市作为未来30年发展的重大战略和发展目标。基于各自对上海建设全球城市的理解，来自世界银行、国务院发展研究中心以及上海市的科研院所、高校的研究团队积极参与项目研究，并陆续提出了上海未来城市发展的愿景目标，综合起来主要有四种取向。

（1）在功能属性视角上，提出建设世界级的综合性全球城市。如世界银行团队从上海在全球城市网络的地位出发，结合城市演变及功能建设的角度提出，应将上海建设成为"一个领先的全球化城市"，实现在经济、空间和社会这三个方面的转型（世界银行课题组，2016）。又如上海发展与改革研究院和上海工程技术大学团队都提出上海应建设成为"顶级综合性的全球城市"，更加强调经济与科技实力在全球城市体系中的地位，其内涵包括建设具有全球影响力、辐射力和竞争力的科技创新中心、资源配置中心、财富管理中心、信息交互中心等（上海市发展与改革研究院课题组，2016；上海工程技术大学课题组，2016）。对于综合性全球城市功能的实现，上海发展战略研究所团队提出关键在于要拥有大量的跨国公司总部和全球功能性机构（上海市发展战略研究所课题组，2016）；上海财经大学和上海市委党校团队都提出应积极培育全球战略资源要素的配置和调控能力（上海财经大学课题组，2016；中共上海市委党校课题组，2016）；华东师范大学团队提出应构建全球流动性枢纽和能量中心（华东师范大学课题组，2016）。

（2）在区域联动视角上，提出建设全球城市区域的首位全球城市。如上海社会科学院团队提出将上海建设成为"世界最大城市群中的首位全球城市"的愿景目标，突出上海对区域的引领功能、综合控制功能、国际影响功能（上海社会科学院课题组，2016）。上海发展战略研究所团队提出未来的上海都市圈将影响一个范围更广的全球城市区域，基本会涵盖长三角的重要城市（上海发展战略研究所课题组，2016）。

（3）在形态特点视角上，提出建设创新、智慧、包容、和谐、宜居的全球城市。如世界银行团队提出未来上海应成为一个"创新型经济主导的活力城市、空间联动且适宜居住的城市、受所有人欢迎的包容性城市"（世界银行课题组，2016）。又如福卡智库团队提出上海应是一座"有温度、具备亲和力和包容性的市民城市"（福卡智库课题组，2016）。华东师范大学团队提出上海应成为"中国对外交往和分享的首要平台和创新之都"（华东师范大学课题组，2016）。上海发展与改革研究院提出上海应成为"引领信息前沿消费的集聚地，打造泛在互联、最智慧、最智能的未来城市"（上海发展与改革研究院课题组，2016）。

（4）在文明发展视角上，提出建设对世界文明具有卓越贡献的全球城市。如国务院发展研究中心团队从把握共性和突出个性的角度提出，上海应形成以中国元素为本底、融合世界先进文化的独具魅力的城市气质和城市风格，成为"深具魅力和创造力的、具有中华文化特质的全球城市"（国务院发展研究中心课题组，2016）。上海社会科学院团队从城市发展本源的角度提出，将上海建设成为"具有世界贡献的全球文明城市"，旨在强化上海对世界生态文明、信息文明的包容性，并承载新的生态文明和信息文明的内涵（上海社会科学院课题组，2016）。此外，福卡智库团队提出上海应成为"一座集中展现中国梦的魅力城市"（福卡智库课题组，2016）。

综合各方观点，面向2050年的上海应当积极顺应全球发展的大潮流，牢牢把握中国崛起的大趋势和历史机遇，努力建设卓越的全球城市，成为带动长江三角洲世界级城市群、长江经济带和"一带一路"发展的龙头，逐步向全球文明城市迈进。这一愿景目标具体可以表述为：

（1）具有强大辐射力的全球城市。2050年的上海，应当努力建成全球科创中心、全球金融中心、全球商务中心和世界文化大都会，发挥创新策源、资源配置、投资管理、人才集聚、文化交流和信息交汇功能，成为全球枢纽、亚太都会、国家门户和区域龙头，迈入一流全球城市行列。

（2）令人向往的全球城市。2050年的上海，应当以满足人的需求为核心，践行创新、包容、可持续发展道路，彰显"城市，让生活更美好"的世博理念，使企业和个人获得更多机会，居民和家庭获得更多幸福感。上海，将成为创新活力之城，创新氛围浓郁，创新要素集聚，创新实力雄厚，创新成果迸发，创新真正驱动城市发展、惠及百姓生活；成为开放繁荣之城，吸引大量高端要素的集聚和流动，在金融、商务、产业、国际事务等多领域形成高度发达、高度国际化、辐射半径拓展至全球的综合服务功能；成为人文魅力之城，历史文化得到秉承，多元文化得以融合，文化人才汇聚，文化生活丰富，文化创意活跃，文化气息浓郁，形成全球范围的文化辐射力和文化影响力；成为生态宜居之城，形成清水环绕、绿意盎然、环境优美的城市风貌，为人们创造既舒适又便利、既繁荣又可持续、既安全又放心的人居环境；成为包容共享之城，以增强市民幸福感和感受度为导向，使得人人享有平等发展的环境、公平竞技的舞台，人人皆可发展，发展惠及人人；成为治理典范之城，形成多元共治的治理体系、高效透明的治理方式，在全球治理体系和区域治理格局中拥有影响力和示范性。

（3）引领时代文明的全球城市。2050年的上海将站在信息文明、生态文明、治理文明和文化融合的最前沿，向影响全球思维模式和价值取向、影响人类发展历史、影响世界未来的全球文明城市迈进。上海，将引领科技文明，在创新生态营造、创新活力挖掘、创新动力激发和创新功能重塑等方面成为全球创新发展的典范；引领生活文明，开掘传承最具时代魅力的价值观、生活方式和发展理念，为全球城市特别是发展中国家新兴城市的发展提供思想启迪，形成价值共识；引领城市文化，推动不同文化背景下的城市发展全面增强文化包容性、文化多样性和文化创新性；引领治理文明，为全世界的城市发展贡献具有中国特色、时代特征、上海特点的城市治理模式借鉴（上海市人民政府发展研究中心，2016）。

3. 核心功能。

全球城市的核心功能主要体现在其对全球高端资源和战略要素的配置功能。全球城市资源配置的内容、形式和载体在不断发生变化，同时，在全要素流动的基础之上，形成了产业链、价值链和创新链的高端环节，是否能够对这些环节形成掌控能力，也成为能否推动城市成为全球城市，进而维持和巩固全球城市地位的关键所在。

未来，上海重点建设全球城市的"4＋3"核心功能体系。其中"四大核心战略功能"分别是全球科技创新策源功能、全球价值链管控功能、全球资本财富管理功能和全球投资贸易枢纽功能。第一，全球科技创新策源功能。主要体现为在全球高端创新资源的跨界流动、聚合、交汇中发挥中枢节点功能，成为国际性重大科学发展、原创技术和高新科技产业的创新源地和创新扩散地。第二，全球价值链管控功能。主要体现为对全球价值网络流动性、互联性以及价值网络创新的主导权，成为全球价值网络中的"网主"，掌控全球价值链中高端收益的分配权。第三，全球资本财富管理功能。在金融市场的广度、深度、开放度以及金融创新能力等方面实现突破，形成全球财富集中功能、全球金融资源配置与再配置功能和全球财富增值运营与服务创新功能。第四，全球投资贸易枢纽功能。有效促进资源要素的自由流动、公平交易和高效增值，成为高能级资源高效汇聚的流通中枢和战略高地，在全球要素定价权、信息发布权、技术标准权、市场引领度、规则制定权等方面具有核心影响地位。

"三大核心支撑功能"分别是全球文化融汇引领功能、全球生态发展示范功能和全球人才流动集聚功能。第一，全球文化融汇引领功能。构建既能代表中华文化精髓，又能兼容吸收西方先进文化元素的城市文明新形态，为国内外各种文化形式和资源提供充分展示、融合、创新和交易的平台，成为世界多元文化汇集交流的重要区域。第二，全球生态发展示范功能。建立可持续发展的生产方式、生活方式和消费模式，全面支撑上海作为顶级全球城市的有序运行和健康发展，成为全球范围内生态环境优美、可持续发展动力强劲的核心示范区。第三，全球人才流动集聚功能。集聚和配置全球范围内引领潮流、掌握资源、具有影响力的人才，成为全球创新人才发展的孵化器、加速器和中转站，并推动全球创新人才与资本、技术、信息等要素在全球范围内的有效融合和高效配置。

1.2.4　战略重点：建设卓越全球城市的重大战略行动

为实现上海建设卓越全球城市目标，打造"4 + 3"核心功能体系，结合全球城市发展规律及上海特色，制定八大战略——创新驱动战略、深度国际化战略、生态宜居战略、包容共享战略、治理变革战略、文化融汇战略、品质空间战略、协同发展战略。与前两轮战略相比，八大战略更加注重全球城市生态宜居、城市治理、文化品质等方面。

1. 创新驱动战略。 面向2050，上海创新驱动战略的核心是建设具有全球影响力的科技创新中心，重点成为国际重大科学技术策源地，激活科研机构和激发市场活力，强化全球创新网络建设，形成最具竞争力的创新创业环境。

（1）面向科技前沿，成为国际性重大科学发展和原创技术的重要策源地。第一，发展世界级综合性大科学中心。建设世界级大科学设施集群，建立世界级的大型实验室，为科研机构、企业等科技创新提供优良的大科学装置和实验平台，推动创新能力转化为生产能力。强化重大科技任务攻关，为加速产生具有世界先进水平的原创新成果提供关键支撑。第二，建设具有国际影响力的一流高校科研院所。支持建立更有效率和活力、与国际接轨的现代大学制度，将技术培训更加充分地纳入教育体系之中，加强世界前列学科建设。积极引进全球著名大学，吸引国际教育组织和地区国际教育组织在上海设立办事机构或地区总部，提高集聚世界级教育资源的水平。第三，加大科技创新投入。投资基础创新领域，建设高质量的科学、技术、工程、教学教育，建设一流的现代化科研设施。确保并维持研发支出，探索公私合作加大研发投入等方式，逐步提高研究与试验发展（R&D）投入强度至5%，逐步提高研发及创新支持政策的效率。

（2）激活科研机构市场活力，强化全球创新网络建设。第一，建设更具活力的一流科研院所。引入市场机制、完善评估导向，推动建设更多面向市场和社会需要的开放型科研院所，提高其国际化发展水平。探索跨所、跨学科协同创新的新模式，营造最具吸引力的创新微环境。强化激励，鼓励流动，充分调动各类科研人员的创新创业积极性。第二，完善产学研创新体系。更加突出企业的作用，增强研究机构、大学与产业界的合作，打造产学研协同创新基地、产学研联合攻关项目，培育市场化导向的高校协同创新中心、产业创新联盟等。鼓励大型企业的研发中心向社会转移，鼓励不同层面的创新研究机构平台联网发展，形成多中心、社会化的科技创新网络。第三，加强多形式的国际研究合作。加强国际科技合作基地和建设，支持本土大学、科研机构等融入全球科研网络，支持本土企业拓展全球范围研发布局，建立创新网络的广泛联系。有选择地开放科技计划项目，采取专项国际科技合作计划或专门的科学研究中心等形式开展科技合作。积极鼓励高校、科研院所参与国际研究计划，有计划地发起一些国际性前沿共性技术和重大基础工程研究计划，加强全球科技信息和技术交流，推动以上海为主的全球协同创新。

（3）构建合作包容的创新生态，形成最具竞争力的创新创业环境。第一，鼓励发展新型科研平台。支持社会力量发展新型科研机构，鼓励大型企业的研发中心向社会转移，开展面向市场和产业化的科创活动。支持发展装配实验室，打造以使用者为中心、立足应用的创新制造环境。支持发展公共实验空间，大力发展微实验室，向中小企业敞开实验室大门。第二，加强知识产权保护和运营。促进多方联动的知识产权大保护工作，加强新业态新领域的知识产权保护，深化知识产权保护的区域协作和国际合作，实现知识产权的充分有效保护。打造完整的知识产权服务链，培育一批熟悉国际规则、具有国际竞争力的高端知识产权中介服务机构，积极推动跨区域、跨国知识产权交易平台和网络建设。第三，塑造激励创新的良好生态环境。形成所有企业都能公平获得创新资源的市场规则，优化提升商务投资环境，支持私营部门加大对创新的投入。探索适应创新规律的治理体系，多方式降低企业综合创新成本，营造宽容失败、崇尚探索、包容异质思维的创新创业文化。

2. 深度国际化战略。未来30年，上海应不断提升经济中心、金融中心、航运中心、信息中心的国际地位，力争成为全球最为重要的要素枢纽网络之一，深度参与全球资源配置。

（1）提升网络节点能级，打造国际顶级经济与商务中心。第一，打造国际跨国公司总部首选地。构建富有国际竞争力的经营环境，吸引具有强大引领集聚效应和贸易资源控制能力的跨国公司及其资金中心、利润中心、结算中心、营运中心、订单中心等功能性总部机构，鼓励外资研发中心升级为全球研发中心和开放式创新平台。进一步集聚各类国内企业总部，鼓励本土企业在价值链中高端环节开展跨国经营；关注支持创新型中小企业发展，催生植根本土的跨国公司，使上海在全球资源要素配置中取得更大的主导权和影响力。第二，形成与国际全面接轨的商务环境。对标高标准投资贸易规则，在投资管理、金融开放、争端解决、竞争中立、知识产权保护等领域大胆先行先试，构建国际化制度环境。提升投资贸易便利化程度，在跨境投资、商品通关、检验检疫、外汇管理、人才等方面提供良好服务。打造高效透明的政府，提高司法公信力，完善公众参与政策法规制定、修改的机制，提高政策法规制定和执行的透明度，加大信息公开力度。

（2）增强全球金融治理能力，提升国际金融中心地位。第一，推进人民币双向跨境流动。做面向全球的人民币资源配置和综合服务的组织者和提供者。强化提升人民币产品创新、交易、定价和清算等基本功能；推进实现人民币资本账户开放；促进人民币的跨境使用，发挥人民币国际储备功能，拓宽境外人民币投资回流渠道，成为人民币等主要货币全球双向流动的主要枢纽。第二，进一步提升全球金融治理话语权。抓住人民币国际化地位提升契机，服务国家"一带一路"建设，在推动和改善全球金融治理结构中发挥积极作用。引导和推动上海金融市场和机构发展，在为发展中国家基础设施投资提供融资渠道、推动普惠金融发展、建立支持绿色投资的可持续金融体系等方面发挥作用。

（3）提高航运海事服务全球连通性，打造重要的全球航运服务中心。第一，建设世界领先的航运与海事服务中心。推动航运物流中心功能向航运服务中心转型，大力发展航运和海事高端服务，吸引全球航运企业和国际组织集聚，重点发展船舶买卖与租赁、航运经纪、海事法律、仲裁、咨询、教育培训等高附加值的航运服务业；加快发展航运金融市场，吸引航运金融机构集聚，积极支持航运保险公司、融资租赁公司发展，提升全球航运交易资源配置能力；深化航运交易信息平台建设，发布世界权威的运输交易和船舶交易的动态指数和航运信息；参与国际航运规则标准制定，提升在全球航运领域的影响力。第二，打造全球海空交通枢纽。提升国际航空枢纽的"洲际化"程度，进一步优化枢纽航线网络，加强中远程洲际航线建设，提升洲际航空运输承载能力，提高洲际航线布局均衡性；优化航空空域使用结构，提高空中交通管理能力。加快推进航空基础设施建设，提升浦东机场洲际航空运输承载能力，适时规划布局第三机场，优化与周边机场分工，完善机场集疏运体系，积极发展通用航空；优化国际集装箱枢纽港功能，完善集疏运体系，提高水水中转比例，大力发展江海联运、海铁联运。

（4）大力修建信息基础设施，打造全球信息枢纽中心。第一，建设世界领先的信息基础设施。建设智能便捷的信息网络城市，超前规划和布局新一代信息基础设施，拓展网络经济空间，增强网络链接能力，通过信息化来加强诸多领域的服务，促进信息与知识的有效传播；加强对信息物理系统（CPS）等下一代智能信息系统的研究和应用，积极发展量子通信等新型通信方式，引领未来全球信息技术新趋势。第二，建设全球信息网络枢纽。依托市场优势和金融、贸易、创新、文化等功能，强化信息收集、处理、传输以及再生能力，成为具有全球影响力的市场信息、金融信息、技术信息、文化信息策源中心；集聚具有国际影响力的各类传媒机构和信息平台，打造高度发达、传播广泛、识别度高的网络新媒体和自媒体平台，成为具有全球影响力的信息发布中心；发展高度发达的信息产业和智能产业，集聚多元信息服务主体，提升信息化服务水平，成为世界级的信息服务中心城市。

3. 生态宜居战略。未来，上海着重从清洁低碳、生态保护、社区品质、健康体系等方面着手，打造生态宜居的全球城市。

（1）构建绿色低碳城市体系，建设智慧健康宜居社区。第一，发展绿色能源与互联网能源。积极开发新能源与可再生能源，优化能源供应结构，逐步提升天然气、风能、太阳能、浅层低温能、氢能等清洁能源、新能源的供应比例；深入实施互联网能源战略，推进互联网与能源的深度融合，促进可再生能源的分散式生产，加快形成低碳、安全、灵活、高效的现代能源供应体系。第二，降低生产与建筑碳排放。培育绿色产业体系，实现从源头减少生产活动碳排放；实施碳排放总量控制，建立碳排放绩效标准，发展收费的生态系统服务，推进碳交易和碳税机制，依靠市场机制减少碳排放；通过绿色建筑技术创新、政策激励和全新融资解决方案，推进存量建筑智能化、绿色化改造，减少建筑能源需求。第三，引导绿色交通出行。开发混合动力车、燃料电池汽车、插入式混合动力车等新能源汽车，统一新能源汽车充电标准，完善新能源汽车配套设施，逐步实现对传统能源汽车的完全替代；鼓励发展公共交通和慢行交通，倡导汽车共享理念，转向更加绿色的出行方式，实现绿色低碳和集约出行；积极推动轨道交通导向的轴向发展，推进城市高密度、紧凑式发展，促进产城融合和职住平衡，减少居民出行距离，创造短距交通出行环境，降低出行造成的环境影响。

（2）加强自然生态系统保护，全方位提升城市生态品质。第一，持续推进崇明世界级生态岛建设。厚植生态优势，以更高标准持续推进环境保护和自然生态系统建设；坚持"生态+"发展战略，加快构建以生态、高端、智慧、低碳为特征的绿色产业体系；控制岛域开发强度，推进工业开敞布局，实现在森林里办公，将建筑镶嵌于绿色之中，建设体现田园式生活和上海乡愁的特色小镇，高标准建设美丽乡村，实现自然生态、人居生态产业生态高度协调发展；到2050年，将崇明岛建设成为以绿色、人文、智能和可持续为特征的世界级生态岛，成为与上海全球城市地位和功能相匹配的"生态地标"。第二，建设开放共享的绿色公共空间。加强城市绿道和蓝道建设，增强公共空间联系，构建绿色、开放、连续的公共空间网络，通过生态间隔带、楔形绿地、滨水廊道建设，引入自然风，缓解城市热岛效应；突出城市多元文化风貌交融特色，建设展现城市文脉和景观特色的道路与河道，积极发展综合性公园绿地，推进城市街区的绿色再造。

（3）提升社区环境品质，建设绿色便捷宜居社区。第一，建设绿色、亲和、有归属感的社区。完善社区绿色基础设施，提升社区绿化水平，让市民更加亲近大自然，加快建立绿色联席会和绿色志愿者队伍，积极创建绿色家庭，绿色社区建设水平显著提升；积极拓展社区文化活动覆盖面，让居民充分参与到文化建设中，增强居民文化身份的地方认同感。第二，发展可达性高、便捷多样的社区服务。推进社区交通、就业、购物和公共交往空间品质的提升，积极发展移动零售、快速零售、体验式零售、创新式零售、旅游零售等多元化的商业设施；发展新型复合社区，使社区居民步行15分钟即可享受基础教育、医疗、体育、商业等设施，人人都公平享有一站式生活服务。

（4）构建健康服务体系，成为全球健康城市典范。第一，努力构建全程健康促进体系。将健康理念和目标政策融入城市所有政策中，推动健康模式从疾病管理向健康管理转变，推动医疗卫生服务向以健康为中心转变；加快发展药品研发、医用耗材、医疗器械以及与健康服务相关的大健康产业，调动社会力量增加健康产品和服务供给，促进健康与养老、旅游、互联网、健身休闲、食品等产业融合发展，形成健康城市发展支撑体系。第二，发展面向国际的高端医疗服务。加强高端优质医疗资源投入，加大高水平医疗人才的培育引进，发展具有国际影响力的全球顶级医院；建设国际社区医疗服务机构，为外籍人员提供高水平的医疗健康服务；建设国际性医疗服务中心和生命科学临床研究高地，成为拥有全球领先医学水平的临床诊疗中心、国际医学人才培育中心、国际医学交流中心和全球有影响力的医学科技创新中心，使上海建成世界医学中心城市。

4. 包容共享战略。未来30年，上海应通过构建包容性经济体系、优化公共服务配置、推动制度改革等措施，打造更加包容性的经济社会体系，实现包容共享战略。

（1）打造平等公平的生存机会，构建包容性经济体系。第一，创造平等、宽容的就业创业环境。推动劳动就业体制改革，消除劳动力市场的隔离现象，消除与户籍、性别、年龄、家庭背景、身体状况等因素有关的各类就业歧视。通过降低就业壁垒以及改善教育和培训产出，保障机会平等，强化劳动保护，实现同工同酬。第二，为就业困难人群提供培训和就业机会。不断提升城市劳动参与率，提高职业教育、高等教育、技能培训与再培训的覆盖面和效率，为就业困难人群提供完善的职业技能提升培训体系，提升青年人、女性、低技能劳动力的经济权能，帮助其有效适应产业结构变迁和经济波动。支持公共事务部门以及企业为年龄较大的低技能劳动者开发更多公益性岗位和低技能岗位。

（2）优化城乡统筹发展，提供优质均衡的公共服务。第一，健全城乡协调发展机制。建立"城乡融合"规划模式，建立"主城区—新城—新市镇—乡村"的城乡体系。强化新市镇支撑新城、服务乡村的功能，根据区位、特色、规模进行差别化发展。突破城乡分割的二元体制机制，构建城乡统一的要素市场，推动土地、劳动力等要素在城乡之间的单向流动转变为双向自由流动。第二，推动城乡公共资源均等化配置。按照"增加投入、增进公平，提升水准、提高可及性"的总体要求，以公共资源配置均等化、均衡化为导向，增强统筹引领功能，改善城乡发展环境。推进中心城区优质的教育、医疗等社会事业资源向郊区倾斜，推进新增公共服务设施向郊区倾斜，促进城乡基本公共服务资源的均衡化配置。加强城乡社会保障统筹，建立覆盖城乡的社会养老保障体系、居民基本医疗保险体系、住房保障体系、就业保障体系、困难群体救助体系，逐步缩小城乡之间的社会保障待遇差距。

（3）推进包容性制度改革，构建包容性城市。第一，推进对移民更具包容性的制度改革。全面实施居住证制度，降低制度门槛。推进户籍制度改革，使户籍制度与各种公共服务和社会福利逐步脱离，消除户籍制度对人口合理流动的负面影响。完善永久居留证、签证制度，放宽人员进出管制和居住规定，增加允许入境时间，简化签证流程手续，营造良好的生活和发展环境，促进海外移民以上海为目的地的集聚。第二，完善社会救助体系。不断提高社会救助标准，促进不同部门紧密合作，加大对困难群众精准帮扶力度，保障社会救助的公平性和透明性。加强多样化救助的制度设计，从物质援助、心理咨询、权益保护、建立社会支持网络等多个方面开展救助，鼓励社会救助的非政府性参与。发展包容性救助，针对老年人、单亲家庭、儿童、残疾人、低收入者、外来人口、受灾群众、流浪者与乞讨者等不同群体、个体的特殊需求，设计更有针对性的救助项目与方案。

5. 治理变革战略。未来，上海应从政府职能转变、多元主体参与、法治建设、安全治理等领域出发，实现治理变革战略，形成支撑全球城市核心功能的治理体系。

（1）建设服务型政府，更好发挥政府治理主体作用。第一，推进政府组织结构优化与工作流程再造。明晰不同层级政府的事权边界和责任机制，促进市域三级政府"权、责、利"相统一，推动实现政府治理层次的简约化。实施同级政府内部的机构优化与整合，全面开展政府业务流程规范化和标准化管理，提高行政效能。围绕公共服务需求和服务对象，增强政府的协同合作与综合统筹能力。第二，建设信息公开透明的数字政府。建立全市统一的政务运行平台以及后台数据中心，在电子化和在线化框架上实现政务公开、信息共享和流程整合。开发面向企业和公众、体现政府整合的电子服务系统，实现政府管理服务、政府与企业和公众之间的互动都能通过在线、实时和一站式方式来完成，未来政府政务服务95%以上通过在线方式提供。

（2）拓宽多元主体参与渠道，形成多元共治的治理格局。第一，创设和拓展市民直接参与城市公共治理的渠道。完善公众参与地方性法规、政府规章制定和各类决策议程的制度，优化公众参与重大决策的程序和规则。引导和支持市民参与城市公共服务的设计规划、公共事务的监督管理与公共政策的制定，提高城市政策和规划制定、实施、监督以及预算编制的公众参与度。加大公众咨询、听证、旁听等制度实践，逐步建立公众对涉及切身利益的重大议题投票议决的制度。第二，引导社会力量协同参与以事中事后监管为核心的市场行为治理。进一步推进生产经营者的主体责任法定化，规定其主体责任范围，逐步实施企业产品和服务标准自我声明公开和监督制度。推动行业协会商会建立健全行业经营自律规范、自律公约和职业道德准则，开展同行监督，规范会员行为。发挥专业服务机构对于市场活动的鉴证、监督等独立第三方作用。

（3）推进城市法治治理，维护公平正义城市运行环境。第一，全面严格施行依法行政。持续滚动完善行政权力清单，加强政府自身权力约束，实现行政机构、职能、权限、程序、责任等的法定化与透明化。推行行政机关内部重大决策合法性审查机制，建立重大决策终身责任追究制度及责任倒查机制。建立健全行政裁量权基准制度。深化行政执法体制改革，健全行政执法和刑事司法衔接机制。第二，强化司法公正对城市治理的底线守护作用。深化推进司法改革，加强人大对司法监督，强化司法监督工作的民主化和公开化，形成监督长效机制，促进司法权的依法公正高效行使。打造阳光司法，确保案件受理审理过程公开、审判结果透明公开，让公众和当事人能及时了解法院裁决的执行措施。

（4）聚焦重点领域公共安全治理，确保城市运行更为安全可靠。第一，建立全维度、广覆盖、全过程的公共安全治理体系。以全过程管理理念为指导，建立完善城市公共安全治理的一整套标准化工作流程。完善城市公共安全应急联动系统，聚焦社会治安、交通、消防、食品、卫生防疫、工业生产等领域，建立完善网格化配置、多部门协作、社会化支持的日常治理与处置机制，强调事前风险防范、事中监督管理、事后应急处置并重。第二，防范以恐怖主义为重点的非传统安全威胁。加强区域反恐防范合作，参与应对恐怖主义、非法难民、流行疾病等非传统安全威胁的多边国际合作与全球治理。强化重要目标及人员密集场所周边的安防保卫工作，加强人防工程与设施建设，增强地下公共设施的设防能力。加强智能图像检测与结构分析、追踪预警等技术在反恐防范等方面的应用。建立和完善上海应对境外影响危机的反应机制和安全体系，提高预防和处置突发事件的能力。加强新型犯罪预防和对治，建立良好的警民合作关系，使市民感到城市安全、生活安心。

6. 文化融汇战略。 未来 30 年，上海文化融汇战略的重点是推动文化融合、全面提升文化竞争力，为人的全面法治提供良好条件，力争成为全球文化活动丰富、东西方文明融汇的多元文化都市。

（1）建设国际文化交流中心，推动文化开放向文化融合发展。第一，构建全球文化交流平台的开放文化。完善政府和民间对外友好机构组织，依托文化地缘优势和"一带一路"建设，吸引全球顶级文化机构常设机构，开展与丝绸之路和海上丝绸之路沿线地区的文化交往合作，连接东西方文明和大陆海洋文明，建设全球中华文明的汇聚中心和传播中心。依托上海自贸试验区优势，建设全球重要的文化产品和收藏品集散交易市场，举办世界级的固定大型艺术活动，为全球文化艺术家提供展示的机会，展示世界顶级的文化艺术品。第二，建设国际著名旅游休闲城市及全球会议会展中心。构建具有全球吸引力的旅游产品体系，具有全球竞争力的旅游产业体系，提升旅游公共服务国际化水平，扩大上海旅游全球影响力；吸引世界级的旅游企业总部、世界旅游组织和机构、世界著名旅游院校集聚上海，主动配置全球旅游资源，形成辐射全球的国际化旅游市场。提升大型国际活动举办能力，积极承办具有国际或区域影响力的国际会议、展览、演出、国际级文化旅游及体育赛事活动，如 G20、联合国等各类国际组织会议等，提升上海的国际知名度和认同度。

（2）推动文化产业要素集聚，全面提升文化软实力。第一，打造时尚、创意和文化传媒之都。挖掘城市文化多样性和市场细分，打造全球时尚、创意、传媒、设计和会展产业的智慧链、服务链、供应链和品牌链，增强艺术文化的专业化发展能力。吸引知名品牌开展首发活动，打造时尚和创意地标，培育时尚、创意和文化传媒产业的财富创造能力，提高其在国民生产收入中的比重，建设全球时尚之都、创意之都和文化传媒之都。第二，构建对全球文化资源的市场配置能力。加快建设全球文化资源要素市场，促进文化产业要素和文化产品的线上线下交易，打造具有全球影响力的文化产权交易市场，形成全球文化资源市场配置能力。全面优化上海国际文化创意产业博览会等功能，提升会展在文化资源配置上的作用，整合传统和数字媒体资源，打造一批向全球传播和影响的文化媒体平台。完善文化知识产权保护，拓展版权市场交易。第三，完善文化产业支持扶持模式。依托上海国际金融中心优势和风险投资市场能力，完善文化产业准入和扶持支持制度。完善城市土地开发利用模式，推动产业用地二次开发，土地资源向文化产业倾斜。建立世界级文化创意、时尚和传媒等文化产业园区、商圈和集市，完善专业园区、综合和专业平台制度。

（3）激发卓越品质文化，营造良好文化氛围。第一，激发追求卓越的品质文化。支持文化、艺术家多元化创作，成为世界最有文化艺术创造力的城市。设立有世界影响力和汉语文化圈影响力的文化艺术奖项。建立世界一流的文化艺术院校；打造世界级的、具备强大艺术与文化提供给能力，举办有世界影响力的公共文化活动。第二，营造开放包容的文化氛围。加快营造宽容宽松的人文环境氛围，处理好放开与开放关系，形成全社会文化发展共同责任意识。全面提升城市人群在文化建设和管理上的表达和参与，建立开放畅通、常态普遍的文化建议批评和咨询决策评估制度。鼓励实现文化艺术人才脱颖而出，释放城市人群文化艺术的创新、创作和创造潜力和活力，加强全社会的思想探索和精神交流，建设成为世界人文思想理念的重要策源地，建设有文化软实力、竞争力和召唤力，构建全球文明基础。

7. 品质空间战略。未来 30 年，上海品质空间战略的重点是以紧凑型开发理念为导向推动土地复合利用，实施精准更新策略，挖掘城市空间潜力，建设高品质公共空间及安全可靠的韧性城市。

（1）以紧凑发展为导向，推进土地混合利用和空间复合开发。第一，复合化空间利用方式，构筑多元立体城市。在高用地强度区域，引导空间规划从平面向立体延伸，优化建筑多元复合功能配置，打造地下景观和多层景观。挖掘地下空间资源，以轨道交通换乘枢纽、公共活动中心等区域作为地下空间开发利用的重点地区，提高通道连通性和覆盖范围。合理开发低空资源，应用于公共交通、城市应急、商务旅游、海洋开发等领域。引导空间立体规划，探索新的建筑形式，建设复合、多元的建筑空间，优化建筑功能配置，有效利用地下空间、平面空间、不同层高的空间及屋顶空间等。第二，构建适应高密度立体城市发展的交通体系，提高城市流动性和通达性。织密交通网络，建设可供市民自由选择居住与工作地点的活力城市。通过完善大都市区多模式交通网络，构建层次清晰、智慧友好的综合交通体系。以公共交通提升空间组织效能，形成"枢纽型功能引领、网络化设施支撑、多方式紧密衔接"的交通—空间网络。构建层次清晰的城市客运交通服务功能体系，建立由区际城际铁路、轨道快线、城市轨道、中低运量轨道等构成的多模式公共交通系统。提高公共交通出行占比，打造友好的慢行交通环境，形成高效率、舒适化的交通—空间联动系统，提高城市出行的便捷度和流动性。

（2）实施差异化精准更新策略，挖掘城市不同区域空间潜力。第一，以功能复合化为方向促进工业空间的有机更新。以改善区域综合形象和促进地区整体复兴为导向，制定旧工业区更新政策。利用旧工业区更新，引入新型产业，多样化城市功能。对基础设施、公共空间等进行升级，将旧工业区更新纳入城市建设的有机体中，与城市可持续发展有效衔接，以实现区域的整体复兴。通过地区创新、居住、服务、休闲等功能复合化，促进集中成片工业用地的更新。鼓励符合城市和产业发展导向的零星工业用地灵活开发。注重工业建筑遗产的保护和文化传承，营造成为富有场所感和历史记忆的特色旧工业遗存地。第二，以商业空间更新促进旧商业区复兴。划定重点商业改良区，将城市更新（环境改善）和商业复兴（市场、安全、卫生）相结合，促进商业空间的更新，降低和改善中心城商业区的空心化。鼓励旧商业区的混合用途开发，注重强调展示及场所体验。建筑物之间用露天街道、步行通道、公园和广场来组织和联系，增加购物环境的特色和亲切感。提高商业区建筑形式的灵活性和艺术感，设计出更多环境良好、形式优美、具有现代特色和文化底蕴的购物区。促进建筑的合理再利用，鼓励利用具有保护与更新价值的老旧建筑，创造丰富的文化空间。第三，结合功能变化和用地性质调整，统筹推进老旧住房更新。加快不符合区域发展方向的老旧棚户区地区重建。对于符合区域功能定位的老旧住房、公寓楼进行单元式改造，通过改善性能、设施、室内装修和设备更新等持续利用。加强存量住房更新和维护，持续改善老旧住区生活条件、服务设施和居住环境，提升修缮和维护水平，实现老旧住宅持续使用、住区有机更新和社区文脉有序传承。鼓励住宅用地转换为公共设施用地。

（3）结合城市有机更新，建设高品质公共空间。第一，完善高品质公共空间网络。通过中心城区城市更新增加开放空间，提升中心城区休闲游憩品质。充分考虑市民的多样化活动需求，提高公共空间覆盖率，持续增加公共空间面积和开放度。积极推动学校校区、科技园区、各级行政办公园区等的附属公共空间开放。提升中心城区引导绿道和蓝道建设，加强公园、开敞空间的互联互通，形成公共开放空间网络系统，提升公共空间的可达性和网络复合性。提高公共空间舒适度，加强无障碍设施、休息座椅、智慧信息服务配套设施配置，提升公共空间环境品质。推进公共开发空间复合利用，加强开放空间与文化、旅游、教育的融合。第二，完善层级丰富的公园体系。提升区域公园的生态游憩功能，满足生态涵养、生态屏障、远足度假和体验自然等需求。在预留足够的基础生态空间以及野生动物栖息地的前提下，适当增加郊野公园数量。优化城市公园的文化艺术功能，提升城市公园的都市游憩和休闲品质，打造成为市民节假日休闲活动的目的地。提升地区和社区公园休闲活动功能，将其塑造成为活力开放的交往休闲空间。挖潜增加小尺度城市开放空间，充分利用边角空间和闲置空间，建设小尺度的公园、绿地和广场，丰富城市开放空间层次。

（4）完善各项管道体系，建设海绵安全可靠的韧性城市。第一，构建安全可靠的城市运行生命线。以在外部冲击和极端压力下保存并继续发挥作用为目标，建设优质、可靠、复原能力强的基础设施系统，建设能自如应对各种变化和不确定因素的柔性城市；完善城市供水、供电、输油、供气、通信、运输、排污等城市生命线系统，加强污水、污泥、各类废物回收利用处置等生命线管廊设施建设，提升城市综合管廊建设与管理水平。建设智慧型基础设施网络，推动城市公共基础设施管理的智能化。第二，改造道路、广场、绿地系统，科学有效排蓄雨水。系统进行城市道路海绵性改造更新，科学承接、排泄雨水。建设广场系统低影响开发雨水系统，改善雨水排蓄功能。增强绿地系统的雨水滞蓄功能，培育特色水文化。在公园、公共绿地设置下沉式绿地（雨水花园），无雨时作为具有高层次感的休憩绿地，降雨时可蓄存雨水，保障周围地区水安全。

8. 协同发展战略。未来 30 年，上海重点从"一带一路""长江经济带"和"长三角世界城市群"三大空间尺度着手，根据空间尺度差异制定不同区域协同发展战略，最终实现上海与周边区域的协同发展。

（1）成为"一带一路"扩大开放新枢纽，促进各类要素融通。第一，建设安全高效的通道网络。一是打造国际航运枢纽。适应"一带一路"建设，推进落实中由基础设施提升带来的产品出口、贸易运输需求，提升航运、航空枢纽港能级，增强海空运服务保障能力。加强与内陆省份的航运合作，促进海陆联运，支持海铁联运。与"一带一路"沿线港口发展友好港关系，推动港口合作和航海文化交流。布局"一带一路"沿线国际航线网络，拓展上海至"一带一路"国家和地区的通航点。二是打造国际铁路交通枢纽。接通第二亚欧大陆桥，开通上海与"一带一路"沿线国家和地区的水铁联运、空铁联运、公铁联运、国际联运线路。主动参与"一带一路"沿线国家高铁、普铁的大项目建设。加强与沿线各国铁路的协调，畅通和扩大国际运输通道，实现班列开行数量持续快速增长。第二，强化信息基础设施对接互通。加快推进"一带一路"沿线重要口岸互联互通，打造上海与沿线国家和地区信息互联互通的平台，建立包含投资贸易、物流等多个数据库，共同推进信息技术与产业发展融合。依托上海的技术基础、产业基础和资金融通优势，积极参与到沿线国家的信息基础设施当中，探索建立国际通信网络设施建设和运营模式，包括陆缆的跨境合作和建设模式等。第三，积极搭建多机制、多层次合作平台。积极推进区域、次区域合作机制建设，如上海合作组织、亚信会议、金砖国家合作机制，中俄哈蒙四国六方机制等，争取相关区域、次区域机制分支机构落户上海。

（2）践行绿色发展理念，共建长江经济带绿色发展新格局。第一，共同维护区域生态基底，构建绿色合作发展制度。共同完善长江水道的生态保护，严格限制高耗能、高污染工业的发展，完善污染企业退出机制，提升区域生态环境品质。促进区域生态廊道绿道衔接，通过林地绿地建设、河湖水系的疏浚、生态环境的修复，共同形成长江生态廊道。与长江经济带沿线省市共同建立包括生态补偿、技术合作、产业联动、资源交易、应急处理、法律诉讼在内的绿色合作发展机制。第二，引领沿江产业转型升级，推动沿江产业联动发展。立足上海创新资源优势，大力推进产业创新发展，加快推动创新成果向长江流域转移、扩散，为区域产业转型和提升整体竞争力提供创新支撑。在重点产业领域，积极引导关联企业向沿江城市集聚发展，完善产业链配套，形成若干具有较强竞争力的产业集群，实现上中下游城市产业链联动联盟、组团式发展。

（3）引领共建长三角世界级城市群，形成长三角巨型城市区域。第一，强化上海的龙头引领作用。注重不断发挥和释放对城市群的辐射带动效应，在长三角城市群的大格局中，布局产业集群，拓展劳动力市场，促进上海与城市群内其他城市联动，推动长三角不同区域功能耦合。成为空间网络结构的核心，携手其他主要节点城市共同推动长三角城市群从单中心的功能模式向多中心网络化的巨型城市区域转变，使区域内各个城市不同的特色和资源都能为整个区域的活跃发展作出贡献。第二，促进区域交通设施互联互通。将在交通通勤、产业分工、文化认同等方面与上海关系更加紧密的地区作为上海大都市圈的范围，形成90分钟交通圈。推动在主要发展轴线上建立"城市轨道—市郊铁路—城际铁路—高速铁路"的复合轨道交通廊道，着力提升轨道交通对都市圈的导向和支撑作用。推进区域内交通营运管理全面对接，推动高速铁路、郊区铁路和地铁的技术标准统一，提高城际换乘的便捷度，探索共建智能交通网络系统，形成低碳集约的区域交通模式，提升区域交通组织力和管理效率。第三，构建多方参与的区域治理模式。争取国家支持，在遵循区域内城市政府间自愿合作原则的基础上，在现有长三角城市协调会的基础上，建立城市群、都市圈区域联合开发机构，进一步紧密政府间协作，从全局高度宏观地考虑城市之间各种功能联系，全面推进区域协同发展。考虑区域内各个城市面临着不同机遇、挑战和发展基础，着重体现利益公平的原则，在城市群内部探索多中心治理创新。依托国家层面的支持，通过行政协议、联合立法，吸纳非政府组织、行业协会、私人部门和公众等多方共同参与区域治理。

1.2.5　主要作用

"面向未来30年的上海"发展战略研究成果在上海经济社会发展等领域已逐步得到广泛应用，并将对今后上海建设卓越的全球城市进程产生深远的影响。

1. 明确了引领城市长远发展的目标取向。"面向未来30年的上海"发展战略研究成果，为上海长远发展提供明确的目标取向。根据习近平总书记提出的"胸怀大局、把握大势、着眼大事，找准工作切入点和着力点，做到因势而谋、应势而动、顺势而为"的精神，"面向未来30年的上海"发展战略研究在引领城市长远发展上的重要意义在于：一是在全球及中国大调整、大变革、大变局中把握上海城市发展的趋势和前景，充分认识上海在中国成为全球主要角色以及世界政治经济大格局中的地位作用，统一思想、顺势而为；二是明确上海在实现中国社会主义现代化和中华民族伟大复兴中应该承担的重大责任，更加自觉自信地发挥上海在促进改革开放深化、走科学发展道路方面的引领示范作用，在贯彻国家战略中实现自身发展；三是通过勾勒上海未来发展远景和形成比较清晰的可持续发展框架，增强社会共识和城市凝聚力，使各级领导的战略思考转化为战略行动，保证重大举措及政策实施的综合性和连续性；四是向世界传递一个上海对未来充满活力和自信的强有力信息，展现和提升上海城市软实力，扩大城市影响力。

2. **开启了迈向卓越全球城市的发展道路。**进入新世纪以来，世界经济政治格局发生重大变动，中国在世界经济中地位迅速上升；未来30年，世界政治经济格局变化将更快，不确定性也逐渐增多。因此，需要在正确预判大势的基础上，明确树立指导上海未来发展的城市性质、内涵与核心功能框架，以指引未来30年上海更好地推动创新转型发展，使城市发展跨上新台阶。"面向未来30年的上海"发展战略研究，在综合考虑上海城市发展的内在规律、创新需求、本土基因和系统要素的基础上，在上一轮发展战略提出的"'四个中心'与社会主义现代化国际大都市"目标基础上，提出"努力建设卓越的全球城市，成为带动长江三角洲世界级城市群、长江经济带和'一带一路'发展的龙头，逐步向全球文明城市迈进"新愿景，凸显"具有全球竞争力和影响力""富有魅力、令人向往"和"引领世界文明"这些"卓越的全球城市"新内涵，并提出"4+3"核心功能体系，是在中国特色社会主义新时代新的时代背景下，对国家战略和上海自身发展要求新的系统性回应。自此，全球城市建设与新时代全面建设社会主义现代化国家新征程紧密结合，上海踏上建设"卓越的全球城市"的新征程。

3. **促进了全市重大规划和各项工作的有效开展。**"面向未来30年的上海"发展战略研究成果已广泛应用于党和政府指导性文件中，并有效指导了各项工作的有序开展。第一，其核心思想与主体战略在上海市委重要文件中得以体现。在上海市第十一次党代会报告中，明确将"建设令人向往的卓越的全球城市"作为未来长期的奋斗目标，对"四个中心"更也明确赋予"全球资源配置能力初步形成"这一新时期建设目标。[1]2018年6月27日，中共上海市委十一届市委四次全会决议审议通过《中共上海市委关于面向全球面向未来提升上海城市能级和核心竞争力的意见》，进一步明确了建设卓越的全球城市和具有世界影响力的社会主义现代化国际大都市目标下，着力使上海"五个中心"的核心功能显著增强，城市能级和核心竞争力大幅提升，城市吸引力、创造力、竞争力全面增强的战略部署。[2] 第二，研究成果与全市重大规划和战略研究主动对接。在市政府统一部署下，"面向未来30年的上海"发展战略与新一轮城市总体规划、"十三五"规划等重大发展规划和战略研究紧密衔接。依托"全球城市"目标，研究成果对新一轮城市总体规划中提出的2035年上海城市的城市性质、定位目标愿景、核心功能及上海大都市圈一体化发展提供了关键性意见，所提出的"卓越的全球城市"被纳入城市发展愿景[3]，所提出的科技创新中心、金融服务、贸易服务、商务办公、文化大都市等功能被纳入城市核心功能体系。同时，此次战略研究从全球城市区域视角出发看待上海与长三角区域发展的协同关系，所提出的"推动上海大都市圈发展，引领共建长江三角洲世界级城市群推动大上海大都市圈功能网络一体化发展，引领共建长三角世界级城市群，推进形成长三角巨型城市区域"相关观点和建议在城市总体规划中得到重要体现。第三，战略部署在上海市政府相关职能部门和各条线工作中已逐步体现。建设卓越全球城市的核心理念与战略任务已开始得到相关部门、各区县和重点企业的积极响应。如卓越全球城市的核心功能提升要求已在深化自贸试验区、科创中心建设等国家战略中得到体现，构建卓越的全球城市区域思想已融入长三角一体化建设工作中。区县与重点企业也对照卓越的全球城市建设目标提出新的发展目标，如浦东新区提出创建卓越全球城

---

① 中共上海市第十届委员会：《勇当排头兵 敢为先行者 不断把社会主义现代化国际大都市建设推向前进——在中国共产党上海市第十一次代表大会上的报告》，2017年。

② 中共上海市委：《关于面向全球面向未来提升上海城市能级和核心竞争力的意见》，2018年。

③ 上海市人民政府：《上海市城市总体规划（2017—2035年）》，2018年。

区，徐汇区提出打造全球城市人文核心区，上海机场集团提出打造匹配卓越全球城市的航空枢纽等。

1.3　经验启示

作为引领未来城市发展方向的重要研究，城市发展战略应包含战略背景、战略目标、战略举措三大基本要素。战略背景是整个城市发展战略研究的出发点，主要包括认定城市的性质、分析城市发展基础条件等内容。战略目标是战略研究的关键部分，在对城市发展条件和潜力综合分析的基础上，结合存在问题和制约因素，设定城市的战略目标及子系统目标，一般包括指导思想、战略愿景和战略目标等内容。战略举措是为了实现战略目标而设计的途径和方法，主要包括发展重点、具体举措、阶段性任务和步骤等。虽然城市战略包含的要素相对固定，但具体城市战略的制定和实施是复杂多样的，并且随着环境要素的变化会不断演化更新。

上海城市的发展战略的研究制定和推进实施是一个动态变化的演进过程，不可能一直停留在一个起始的发展战略，也不可能有一个终极的发展战略。因此，发展战略作为城市长远发展的重要战略引导和导向，必须顺应城市发展的历史轨迹和未来发展趋势，必须把握城市不同发展阶段的基本特征和实施路径，必须关注城市发展新的理论和新的实践，对城市发展战略作出与时俱进的适时反映和更新替换。唯有这样，城市发展战略才会有更强大的生命力，才能对城市的长远发展起到更好的战略引领和导向作用。

因此，对城市长远发展发挥重要战略引领和导向作用的发展战略，在研究制定和组织实施过程中应注重以下四点。

1. 战略引领要体现继承和发展。 不同发展时期的发展战略，不仅前一个发展战略在组织实施中被实践证明行之有效的战略举措会被后一个发展战略进一步延续和发展，而且共同关注的解决重大问题的战略举措，后一个发展战略会在前一个发展战略组织实施的基础上进一步递进和拓展，如产业结构调整历经三个发展战略，但调整的着力点从最初的适应性调整转身战略性调整，进而要发展形成

"多核心、多轴带"相互交融的产业空间网络。前者是后者发展的基础，后者在前者发展的基础上拓展。有些重大战略举措如开发开放浦东会在几个发展战略之间持续组织实施，但决不是简单重复，而是承上启下的演进发展，决不是推倒重来，而是与时俱进的递进提升。发展战略正是在继承和发展、递进和拓展中，引领上海经济建设和改革开放呈现螺旋式不断向前向上的发展。

2. **战略引领要反映不同发展阶段要求**。上海在推进经济建设和改革开放进程的不同发展阶段，面临所要解决的主要问题有所不同。《汇报提纲》主要着眼于新的历史条件下，上海的发展如何走改革振兴的新路子，恢复和发挥中心城市多功能的作用；《迈向21世纪的上海》主要着眼于迈向新世纪的征途中，上海怎样崛起成为又一个国际经济中心城市；"面向未来30年的上海"发展战略研究主要着眼于在全球经济一体化进程加快时，上海在全球城市网络体系中怎样占据枢纽位置并成为卓越的全球城市。上海在不同发展阶段研究制定和组织实施作为战略引领的发展战略，把握了不同发展阶段的特征，顺应了不同发展阶段的要求，采取了不同发展阶段的战略举措，因而卓有成效地引领了上海改革开放和现代化建设。

3. **战略引领要注重实践**。发展战略是面向未来发展的战略引领，在提出前瞻性目标取向和战略举措的同时，必须把前瞻性目标取向和战略举措转变为具有操作性的起始的行动纲领或工作方案，落实到阶段性的实施步骤、对策措施和工作抓手。面向未来发展的战略引领将会面临诸多不确定变化，在把握相对不变的发展规律和基本趋势的同时，必须在相对不变中关注可能引起不确定变化的重大因素和重要变量，适时应变，因变制宜。唯有这样，才能更好地发挥发展战略的引领和导向作用。

4. **战略引领要注意克服历史局限性**。作为战略引领的不同发展阶段的发展战略，它们形成的历史背景、面临的主要问题、实施的外部环境等是不尽相同的；况且世情、国情和市情都在不断发生变化，而且变化中不确定性因素和突发性因素也在增加；同时人们主观世界认识客观世界的能力和水平同样也会受到各种条件的制约，因而不同发展阶段发展战略总是具有一定的有历史局限性。因此，我们在组织实施发展战略过程中，必须把握时代的脉搏，倾听时代的呼声，实践时代的要求；必须在不同发展阶段更新替换发展战略的过程中，不断推进新的实践创新，在新的实践创新基础上不断推进新的理论创新，从而修正或克服原有发展战略的历史局限性，更好地发挥发展战略的引领和导向的历史作用。

参│考│文│献 ───

[1] 周振华、熊月之、张广生等：《城市嬗变及展望》(中卷："中心城市的上海")，格致出版社、上海人民出版社 2010 年版。

[2] 国发〔1985〕17 号文，国务院批转的《关于上海经济发展战略汇报提纲》。

[3] 上海市《迈向 21 世纪的上海》课题领导小组：《迈向 21 世纪的上海》，上海人民出版社 1995 年版。

[4] 上海市人民政府发展研究中心：《面向未来 30 年的上海发展战略研究》系列，格致出版社、上海人民出版社 2016 年版。

[5] 世界银行课题组：《上海 2050：面向未来 30 年的上海发展战略研究》，2016 年。

[6] 上海市发展与改革研究院课题组：《上海 2050：面向未来 30 年的上海发展战略研究之平行研究》，2016 年。

[7] 上海工程技术大学课题组：《上海建设全球城市的愿景目标、功能特征、发展范式、发展路径和障碍风险研究》，2016 年。

[8] 上海发展战略研究所课题组：《上海 2050：面向未来 30 年的上海发展战略研究之平行研究》，2016 年。

[9] 上海财经大学课题组：《上海 2050：面向未来 30 年的上海发展战略研究之平行研究》，2016 年。

[10] 中共上海市委党校课题组：《上海 2050：面向未来 30 年的上海发展战略研究之平行研究》，2016 年。

[11] 华东师范大学课题组：《上海 2050：面向未来 30 年的上海发展战略研究之平行研究》，2016 年。

[12] 上海社会科学院课题组：《上海 2050：面向未来 30 年的上海发展战略研究之平行研究》，2016 年。

[13] 福卡智库课题组：《上海建设全球城市的愿景目标、功能特征、发展范式、发展路径和障碍风险研究》，2016 年。

[14] 国务院发展研究中心课题组：《上海 2050：面向未来 30 年的上海发展战略研究》，2016 年。

[15] 中共上海市第十届委员会：《勇当排头兵　敢为先行者　不断把社会主义现代化国际大都市建设推向前进——在中国共产党上海市第十一次代表大会上的报告》，载《解放日报》2017 年 5 月 14 日。

[16] 中共上海市委：《关于面向全球面向未来提升上海城市能级和核心竞争力的意见》，2018 年。

[17] 上海市人民政府：《上海市城市总体规划（2017—2035 年）》，2018 年。

2

自由贸易账户创新

上海自贸试验区依托自由贸易账户体系扩大资本跨国流动通道、引领更高水平金融开放，既是具有全局意义的"国家试验"，也是具备典型特征的金融创新案例。当前中国资本账户项目尚未完全开放的背景下，自由贸易账户体系是在可控风险前提下先行先试人民币资本项目可兑换、金融市场利率市场化、人民币跨境投融资便利自由化的基础条件，其功能扩容路径是从人民币服务到本外币一体化服务，从经常项目和直接投资项目到资本项目，从贸易投资活动到投融资汇兑创新活动再到证券金融服务；主体扩容路径是从机构到个人，从区内到沪内区外，再到长三角和长江经济带。自由贸易账户未来的改革议题主要包括：如何实现自由贸易账户体系建设与人民币国际化进程的联动，如何在处理好金融开放、金融创新、金融稳定以及金融监管关系的基础上进一步深化改革和复制推广。

Shanghai Pilot Free Trade Zone relies on the free trade account system to expand the transnational capital flow channel and to lead in a higher-level financial opening up. It is not only a "national experiment" of overall significance, but also a representative case of financial innovation. In the current backdrop that China's capital account project is not yet fully opened, the free trade account system naturally becomes the basic condition for the piloting test of RMB capital account convertibility under the premise of risk control, the marketization of financial market interest rates, the liberalization of RMB cross-border investment and financing. Its functions expand from RMB service only to local and foreign currency integration services, from current account projects and direct investment projects to capital projects, from trade and investment activities to investment and financing exchange innovation activities further to securities financial services; the main body expansion path is from institutions to individuals, from within the zone to the entire Shanghai, and then to the Yangtze River Delta and the Yangtze River Economic Belt. The future areas of reform of the free trade account mainly include: how to coordinate between the construction of the free trade account system and RMB internationalization, how to further deepen its reform and multiply the practice on the basis of settling well the relationship between financial openness, financial innovation, financial stability and financial supervision.

建立自由贸易账户体系是上海自贸试验区金融改革率先开展扩大人民币跨境使用及资本项目可兑换等相关改革创新试验。经过 5 年的建设，上海自贸试验区按照对标国际高阶贸易投资规则的总体要求，构建了"监管沙盒机制"并相继建立了一批创新型金融制度，金融服务实体经济功能显著增强。截至 2018 年 11 月，上海自贸试验区已有 3.8 万余家境内外企业开立自由贸易账户 7.2 万个，累计办理各类本外币跨境结算折合人民币 25.9 万亿元，涉及 161 个境外国家和地区。在鼓励企业充分利用境内外两种资源、两个市场，实现跨境融资自由化上，自由贸易账户有力地支持了企业跨境融资，累计办理本外币融资折合人民币 1.36 万亿元，其中人民币融资平均利率为 4%。各类企业搭建的跨境人民币资金池近 800 个，累计发生的收支总额折合人民币 1.38 万亿元。科创企业开立自由贸易账户 1 582 个，获得各类融资 1 238.6 亿元。自由贸易账户还对接"一带一路"建设需求中的跨境金融服务方案，截至 2018 年 11 月，已有 9 700 多家境外企业开立了自由贸易账户，实现了在岸金融服务支持境外生产经营活动的目的。

2.1 背景与意义

在当前中国资本账户项目尚未完全开放的背景下，自由贸易账户体系是在可控风险前提下先行先试人民币资本项目可兑换、金融市场利率市场化、人民币跨境投融资便利自由化的基础条件。上海自贸试验区依托自由贸易账户体系扩大资本跨国流动通道、引领更高水平金融开放，既是具有全局意义的"国家试验"，也是具备典型特征的金融创新案例。

2.1.1 金融开放的一大创举

资本账户开放是实现金融自由化和人民币国际化的前提条件，是建设全面开放经济体、融入经济全球化、实现更高水平增长的必然选择。目前国际上尚未形成资本账户开放的权威定义，但随着全球金融自由化进程的推进，其基本内涵主要涵盖了两个方面：一是基本实现资本自由流动，取消对跨境资本交易的汇兑、支付和转移的直接管制；二是能自由地以市场化汇率进行国内外金融资产转换，取消歧视性货币安排和跨国资本交易征税或补贴等间接管制。金融自由化理论表明，资本项目开放能够产生资源配置效应、市场竞争效应、技术溢出效应以及制度约束效应，从而促进经济增长（专栏 2.1）。

习近平总书记强调："中国开放的大门不会关闭，只会越开越大。"中国过去 40 年的经济成就与经济全球化、贸易自由化密不可分，当前正致力于统筹贸易投资自由化和便利化，将对外开放领域从制造业领域拓展至金融领域，更深刻地融入国际金融体系。中国推动资本账户开放的决心非常明确，这不是一个开放与否

专栏 2.1　资本账户开放的增长效应

从理论角度看，一国资本账户开放具有增长效应，具体表现在以下四个方面：

1. 资源配置效应。资本账户开放为国际资本提供了跨境自由流动通道，资本要素能够在市场原则下从资本回报率较低的地区流向资本回报率更高的地区，在更大区域范围内实现最优配置。资本输出国得以开拓全球市场，获得更高的经济收益；资本流入国则降低资本成本，增加国内资本存量，改善投资效率，提高就业和收入。

2. 市场竞争效应。开放资本账户意味着国外资本能够直接投资于本国金融市场、设立金融机构，倒逼国内金融中介提高经营效率，促进国内金融深化与广化，鼓励金融创新。

3. 技术溢出效应。国际资本流动特别是对外直接投资能够通过合资、市场技术转让、"干中学"、人力资本积累等渠道给东道国带来先进的技术和管理经验。此外，东道国在引入国外先进技术之后再结合本国制度环境和市场特征实现技术本地化，能形成本地竞争优势。

4. 制度约束效应。开放经济环境下投资者信息敏感程度较高。从微观上讲，上市公司进入全球资本市场、应用国际会计准则、接受外国投资者参与监督会敦促其改善公司治理；从宏观上讲，一国政府的任何不良政策行为都可能诱发大规模的资本外逃，这对政府施行诸如改革营商环境、保护知识产权、提高市场效率的经济政策，起到制度约束作用。

资料来源：课题组参考相关调研编写而得。

的问题，而是如何稳妥地开放、开放到何种地步以及如何以资本账户开放服务实体经济需要和国家经济发展的问题。在资本账户未开放条件下，自由贸易账户是上海金融开放的一大创举。

2.1.2 渐进式资本账户开放进程

早在 1994 年完成汇率并轨，继而在 1996 年实现经常项目可兑换之后，中国便开始探索资本项目开放安排，在参考国际货币基金组织提供的国别经验和数据材料之后，试图拟定一个在五年内实现资本项目可兑换的日程表，但随后亚洲金融危机席卷而来，出于大国责任，中国扛住内外部冲击压力保持人民币稳定不贬值以支持亚洲国家渡过难关，资本项目可兑换进程不得不暂时搁置。在随后的复苏中，中国又历经了通货膨胀。俄罗斯和拉美国家在资本账户开放中采取的激进方式也不适合中国实际。中国的资本账户开放选择了一贯的渐进式改革道路。上海自贸试验区的自由贸易账户体系就是这种渐进式改革的重要创新。

中国基本遵循"先试点、后放松、再取消"与"成熟一项、推出一项"的渐进式模式稳步推行资本项目可兑换，强调"有序"和"稳妥"。"有序"即在顶层设计时综合权衡各类资本项目开放的风险程度，合理地安排开放次序。在实践中形成了"先长期后短期、先机构后个人、先直接投资后证券投资、先股权融资后债券融资、先交易自由化后汇兑自由化"的改革路径。"稳妥"即要求一切金融领域的改革开放进程必须坚决守住不发生系统性金融风险的底线。2012 年以来，中国资本项目开放不断提速，对境外央行和人民币清算行等机构开放了国内债券市场，同时放松人民币跨境结算管理，使人民币的回流机制更加顺畅。

根据国际货币基金组织发布的《2017 年汇兑安排与汇兑限制年报》，截至 2016 年底，在资本账户共计七大类 40 条项目下，中国尚有三项不可兑换项目，即：非居民在境内发行货币市场工具、非居民在境内发行衍生品工具以及居民在境外发行衍生品工具；其余部分可兑换项目主要涉及股票、债券、房地产及个人资本交易四大方面。当前中国的资本管制主要是对短期跨境资本流动的管理，即通过 QDII 和 QFII 等限额体系对短期跨境资本流通的主体和额度进行限制。中国已在全口径跨境融资宏观审慎管理框架下，建立起单向流出、单向流入以及双向流通三类资本跨境流通通道，自由贸易账户体系即是双向流通通道中的重要组成部分。中国下一步将提高交易环节的对外开放程度，少数不可兑换或者可兑换程度比较低的项目，比如跨境证券交易项目，也将提上改革议程。

图 2.1
资本账户未开放背景下中国跨境资本流通的主要渠道

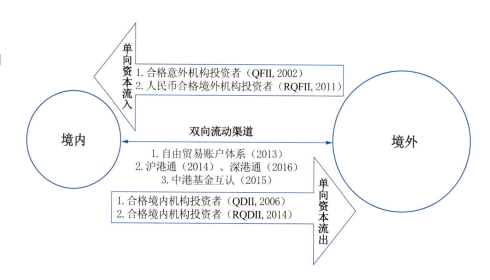

2.1.3 资本账户开放路径的依据与特征

金融危机发生时，各国金融风险的传染和经济分化展现出管制资本账户对于隔绝外部金融风险冲击具有重要意义。在后金融危机时代，各国对于金融飞窜式发展脱离实体经济、金融监管制度缺陷、金融风险防范与预警体系缺陷的反思愈深。开放总会面临不确定性和风险，在监管机制不健全时快速推进金融开放可能会造成相当大的，甚至是毁灭式的破坏性。因此，尽管相关研究显示部分转轨国家和发展中国家在实现经常账户可兑换后过渡至资本项目可兑换平均用时七年，间隔时间过长可能会产生负面影响，但在复杂的国内外经济环境变化下，中国在1996年完成经常账户下自由兑换后仍未完全放开资本账户，而是采取渐进式改革。这是在综合权衡资本账户开放可能带来的收益（主要是资本账户开放的增长效应，见专栏 2.1）和成本（主要是资本账户开放可能诱发的大规模破坏性投机行为与系统性金融风险）后的稳妥做法。

中国的资本开放的路径基本遵循了麦金农的四阶段论（图2.2），致力于先行稳定宏观经济环境、培育金融市场发展、基本完成利率汇率市场化改革，健全国内金融监管体制，从而降低资本项目开放可能带来的金融风险。若从麦金农提出的四阶段理论出发逐步核查中国是否已经满足资本自由流动的前提条件，可以看到，当前中国已基本满足第一阶段的三个基础条件，但在第二、第三阶段还存在诸多挑战。首先，中国的金融体系尚不完善，资本市场深度不够，证券化率明显落后于发达国家；银行业市场集中度较高，金融中介效率亟待提升。其次，需进一步健全利率市场化形成机制，加大市场决定汇率的力度，采取更富有弹性的汇率制度。最后，中国的金融监管体系尚不健全，基于传统业态的分业监管体制不能很好地适应金融业的混合式发展和金融创新的快速扩张，与国际化战略的对接也缺乏经验。

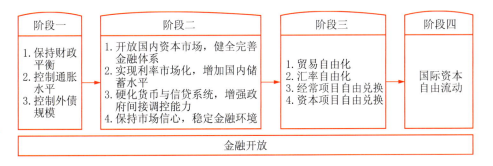

图2.2
麦金农提出的金融开放四个阶段

受制于经济发展中的一些突出矛盾与短板，目前中国尚未实现资本账户的完全开放，而是通过 QDII 和 QFII 等"管道"为资本可兑换预留了一定空间。但这样的"管道"仍然存在较为严苛的投资主体和投资额度限制。资本项目开放滞后是人民币国际化和国际金融中心建设进程中的主要瓶颈。在这种背景下，上海自贸试验区的自由贸易账户体系具有重要的意义。

自贸试验区内的居民可通过设立本外币自由贸易账户（居民自由贸易账户）实现分账核算管理，开展一部分投融资创新业务；非居民可在试验区内银行开立本外币非居民自由贸易账户，按准入前国民待遇原则享受相关金融服务。具体而言，居民自由贸易账户与境外账户、境内区外的非居民账户、非居民自由贸易账户以及其他居民自由贸易账户之间的资金可自由划转；同一非金融机构主体的居民自由贸易账户与其他银行结算账户之间因经常项下业务、偿还贷款、实业投资以及其他符合规定的跨境交易需要可办理资金划转；居民自由贸易账户与境内区外的银行结算账户之间产生的资金流动视同跨境业务管理。在跨境资金监管体系中，自由贸易账户较大程度上被视同为"境外账户"。上海自贸试验区不仅依托自由贸易账户推进资本项目可兑换，切实提升实体经济"获得感"，还创新涉外风险管理模式，支持金融对外开放。

2.2　自由贸易账户的制度安排

自由贸易账户作为上海自贸试验区金融改革的核心制度安排，经历了顶层设计、基础建设、启动试点、功能扩容、监管完善和复制推广全流程。

2.2.1　自由贸易账户是上海自贸试验区金融开放的核心

作为中国首个成立的自贸试验区，上海自贸试验区自建立之初便肩负国家新一轮全面深化改革和高水平开放创新之重任，以深化金融领域改革开放为核心价值。自由贸易账户体系与分账核算制度是上海自贸试验区金融改革的核心制度安排，是在可控风险前提下先行先试人民币资本项目可兑换、金融市场利率市场

图 2.3
自由贸易账户是上海自贸试验区金融开放的制度核心

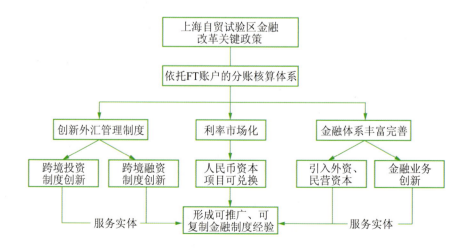

化、人民币跨境投融资便利自由化，推动人民币国际化进程和金融服务业双向开放的基础条件。

据《2017年中国企业海外可持续发展报告》，2016年中国投资者对全球164个国家和地区的7 961家境外企业进行了非金融类直接投资，总计1 701.1亿美元。随着"一带一路"倡议的持续推进，中国企业"走出去"的资金需求会有更大增长。资本项目开放绝不意味着完全放弃对资金跨境流动的监管和管理（专栏2.2），"不受监管的金融市场天生就是不稳定的，它们所导致的不是资源最优配置的一般均衡，而是金融危机"。从操作层面来看，外资流入需经入境、结汇、投资、购汇、出境五个环节，资金跨境流动的起点和终点离不开账户，政府对资本项目的管理也必然通过金融账户制度安排来实现。"好的金融账户制度安排"是逐步开放资本项目的基础条件，也是新一轮金融开放的突破口。

专栏2.2　资本账户开放是指完全放开资本账户管理吗？

资本账户开放并不意味着取消资本账户下的全部交易管制而放任自流，即便是自由化程度最高的美国、日本、英国、德国也保留了对短期国际资本流动的管制。姜波克认为，只要一国在11类资本账户交易中进行管制的项目不超过5类，且已经取消对金融信贷的管制，即可被认为实现了资本账户可兑换。国际上关于资本账户开放的标准也是动态变化的，且在2008年金融危机之后变得更加宽松。2010年4月，国际货币基金组织在《金融稳定报告》中明确建议，资本流入国应根据本国宏观经济情况制定审慎规则应对资本流入，必要时可以资本管制作为"补充工具"。此外，《2015年汇兑安排与汇兑限制》显示，2014—2015年间国际货币基金组织成员国对资本账户的管制措施同比增加了15%，可见依据内外宏观经济状况审慎管理跨境资本流动已成为主流。因此，在判断一国是否已实现资本账户开放时，应当综合考察其对资本账户管制的程度，主要包括该管制是否属于常态化管制，是否完成利率和汇率的市场化进程等。

资料来源：课题组参考相关调研编写而得。

在资本项目不可完全兑换的条件下，政府对跨国资本流动的主要管理模式就是在汇兑环节和结算环节对出入境资金的性质和用途进行合规性审查。但在传统的账户体制下，这一做法使得企业"走出去"面临诸多障碍。其一，资本开放幅度小，投资主体和额度限制过于严格。可供资金跨境流通的 QFII、QDII、沪港通和深港通等一系列"通道式"机制总体开放程度不高。例如，关于合计持股占比不超过 5% 的规定远低于韩国股市海外持股的 30% 规定。其二，外汇专户制度过于繁琐，目前中国存在 60 余个外汇专户，专款专用，账户之间不能融通资金，在实务操作中较为繁琐，政策审核严格且时间长，不利于企业集约化资金管理和灵活开展国际化经营。其三，现行中国居民的本外币银行结算账户分离管理，企业面对的汇兑风险较大。人民币银行结算账户体系由中国人民银行主管，境内外汇账户体系由国家外汇管理局主管，本外币跨境资金监管在监管机构、监管目标、监管政策等方面的巨大差异可能会形成套利空间，加剧跨境资金波动。因此，使更多企业享受到金融开放所能创造的低成本资金红利、对资金内对外价格改革红利、投融资便利红利以及人民币国际化红利，是建立自由贸易账户体系的初衷。

2.2.2　自由贸易账户的功能和扩容路径

自由贸易账户（FT 账户）是机构和个人在试验区分账核算单元开设的规则统一的本外币账户，依照开设主体的不同可分为区内机构自由贸易账户（FTE）、境外机构自由贸易账户（FTN）、同业机构自由贸易账户（FTU）、区内个人自由贸易账户（FTI）、区内境外个人自由贸易账户（FTF），其中前三种属于机构自由贸易账户，后两种属于个人自由贸易账户。

自 2014 年 5 月人民银行上海总部出台《分账核算业务实施细则（试行）》以及《分账核算业务风险审慎管理细则（试行）》，首次提出建设自由贸易账户和分账核算体系以来，自由贸易账户的功能和主体都在不断拓宽（表 2.1）。其基本原则为：实需原则（企业必须有真实跨境金融服务需求）、合规原则（企业需诚信守法经营，无不良记录）以及实效原则（引导市场主体开立账户后提升账户活跃度和使用率）。目前，上海自由贸易账户的主要功能包括：经常账户和直接投资项下的跨境人民币结算、境外人民币借款、融资及担保业务、双向人民币资

表 2.1
自由贸易账户扩容的政策路径

政 策	自由贸易账户扩容的相关改革
	自由贸易账户可办理经常项下和直接投资项下的跨境资金结算；可自由兑换
2014年5月，人民银行上海总部出台《分账核算业务实施细则（试行）》以及《分账核算业务风险审慎管理细则（试行）》	区内主体以及设立分账核算单元的金融机构可通过开立自由贸易账户，按规定开展《意见》第三部分的投融资汇兑创新及相关业务；根据实际业务需求进行兑换
	金融机构可凭收付款指令办理各类机构自由贸易账户与境外账户、境内区外的非居民机构账户，以及自由贸易账户之间的资金划转
	机构自由贸易账户与境内（含区内）机构非自由贸易账户之间产生的资金划转（含同名账户）应以人民币进行，并视同跨境业务管理，金融机构应按展业三原则要求进行相应的真实性审核
2015年4月，国务院关于印发中国（天津）自由贸易试验区总体方案的通知	支持通过自由贸易账户或其他风险可控的方式，促进跨境投融资便利化和资本项目可兑换的先行先试
2015年4月，国务院关于印发中国（广东）自由贸易试验区总体方案的通知	探索通过自由贸易账户和其他风险可控的方式，开展跨境投融资创新业务
2015年4月，央行上海总部发布《关于启动自由贸易账户外币服务功能的通知》	支持为上海科技创新等中心建设中的海外引进人才提供相关服务
	支持金融机构按科技创新生命周期规律提供全程全方位跨境服务
	支持银行为跨境电子商务提供跨境结算服务
	支持为跨国企业集团提供全功能型跨境双向人民币资金池等资金集约化管理服务
	支持金融机构开展国际贸易融资和再融资业务
	支持开展跨境股权投资业务
	支持为"一带一路"和"走出去"企业提供各项跨境金融服务
2015年10月，上海市人民政府发布《进一步推进中国（上海）自由贸易试验区 金融开放创新试点 加快上海国际金融中心建设方案》（"金改40条"）	抓紧启动自由贸易账户本外币一体化各项业务，进一步拓展自由贸易账户功能。自由贸易账户内的本外币资金按宏观审慎的可兑换原则管理
	支持经济主体可通过自由贸易账户开展涉外贸易投资活动
	鼓励和支持银行、证券、保险类金融机构利用自由贸易账户等开展金融创新业务
	允许证券、期货交易所和结算机构围绕自由贸易账户体系，充分利用自由贸易账户间的电子信息流和资金流，研究改革创新举措
	探索通过自由贸易账户等支持资本市场开放，适时启动试点
2016年11月，中国人民银行上海总部发布《关于进一步拓展自贸区跨境金融服务功能支持科技创新和实体经济的通知》	支持为上海科技创新等中心建设中的海外引进人才提供相关服务
	支持金融机构按科技创新生命周期规律提供全程全方位跨境服务在现有本外币账户服务基础上，金融机构可以依托分账核算单元为科技创新提供全生命周期的各项跨境金融服务
	支持银行为跨境电子商务提供跨境结算服务
	支持为跨国企业集团提供全功能型跨境双向人民币资金池等资金集约化管理服务
	支持金融机构开展国际贸易融资和再融资业务
	支持为"一带一路"和"走出去"企业提供各项跨境金融服务

政　策	自由贸易账户扩容的相关改革
2017 年 10 月，上海市政府发布《上海服务国家"一带一路"建设发挥桥头堡作用行动方案》	拓展上海自贸试验区自由贸易账户功能 支持全国其他自贸试验区和沿线国家（地区）运用上海自贸试验区自由贸易账户，为参与"一带一路"建设的企业和员工提供相关跨境金融服务 对开立自由贸易账户的各类主体提供跨境资金的结算便利和可兑换服务
2017 年 12 月，上海市政府发布《上海市着力优化营商环境加快构建开放型经济新体制行动方案》	进一步拓展自由贸易账户功能和适用范围
2017 年 1 月，中国人民银行发布《关于全口径跨境融资宏观审慎管理有关事宜的通知》	开展跨境融资涉及的资金往来，企业可采用一般本外币账户办理，也可采用自由贸易账户办理
2018 年 3 月，上海市金融办、中国人民银行上海分行、中国银行业监督管理委员会上海监管局联合发布《关于提升金融信贷服务水平优化营商环境的意见》	不断扩大人民币跨境使用，进一步拓展自由贸易账户适用主体和本外币融资功能，进一步深化跨境资金池等业务功能，率先开展人民币贴息境外贷款
2018 年 3 月，上海市金融办《关于推动拓展自由贸易账户适用范围的通知》	为更好地服务实体经济发展，有效推动自贸试验区金融创新制度的复制推广，拟将自由贸易账户的适用范围进一步拓展至上海市符合条件的相关企业和市场主体
2018 年 6 月，中国（上海）自由贸易试验区管理委员会发布《关于扩大金融服务业对外开放进一步形成开发开放新优势的意见》	在金融监管部门的统一部署和支持下，在上海自贸试验区稳步推进资本项目管理的便利化和可兑换，先行先试外汇管理改革，拓展自由贸易账户的投融资功能和适用范围
2018 年 7 月，上海市政府发布《上海市贯彻落实国家进一步扩大开放重大举措加快建立开放型经济新体制行动方案》（"上海扩大开放 100 条"）	将自由贸易账户复制推广至上海市有条件、有需求的企业及长三角和长江经济带的自贸试验区 在风险可控前提下，为保险机构利用自由贸易账户开展跨境再保险与资金运用等业务提供更大便利 对通过自由贸易账户向境外贷款先行先试，试点采用与国际市场贷款规则一致的管理要求 支持境外投资者通过自由贸易账户等从事金融市场交易活动
2018 年 9 月 30 日，湖北省人大（含常委会）发布《中国（湖北）自由贸易试验区条例》	自贸试验区探索建立本外币账户管理体系，开展自由贸易账户金融服务，实现分账核算管理，促进跨境贸易、投融资便利化

资料来源：根据相关文件整理。

金池业务、经常项目下的人民币集中收付、第三方支付机构跨境人民币支付即跨境电子商务结算业务、以人民币计价结算的金融资产服务等。

自由贸易账户设立以来，其功能扩容主要是从人民币服务到本外币一体化服务，从经常项目和直接投资项目到资本项目，从贸易投资活动到投融资汇兑创新活动再到证券金融服务。2014年6月，7家银行与相关企业签订了自由贸易账户开立协议，自由贸易账户落地，但此时仅启动了人民币服务功能。2015年2月，扩大了境外融资的规模和渠道。2015年4月，央行上海总部发布《关于启动自由贸易账户外币服务功能的通知》，允许上海开展自贸试验区分账核算业务的金融机构按相关要求向区内及境外主体提供本外币一体化的自由贸易账户金融服务，自由贸易账户正式成为本外币一体化的账户。2016年11月23日，央行上海总部发布《关于进一步拓展自贸区跨境金融服务功能支持科技创新和实体经济的通知》，自由贸易账户功能再次拓展至以跨境金融服务功能来支持科技创新和跨境电商、贸易融资、股权投资等七大方面。

自由贸易账户的主体扩容则是从机构到个人、从区内到沪内区外再到长三角和长江经济带的自由贸易试验区。特别是，为支持上海科技创新中心等建设，2016年底自由贸易账户的开户主体便拓展到了上海科技创新职业清单内的企业和个人，突破了自贸试验区的地理空间范围。2018年3月，上海市金融办发布《关于推动拓展自由贸易账户适用范围的通知》，拟将自由贸易账户的主体范围进一步拓展至全市符合四类条件的相关企业和市场主体，重点强调企业的科技属性和真实跨境贸易结算与投融资需求。2018年7月，上海市政府发布"上海对外开放100条"，明确提出"将自由贸易账户复制推广至上海市有条件、有需求的企业及长三角和长江经济带的自贸试验区"。

自由贸易账户体系的重大突破体现在三个方面：一是由"专户制度"到"单一集中账户"。自由贸易账户率先实现了这一功能，能集中管理成员单位的资本金、外债、资产变现等，相当于多个外汇专户的功能集合，是外汇管理制度的重大创新。二是从"本外币结算分离"到"本外币规则合一"。上海自由贸易账户分账核算体系独立于中国传统账户核算体系，打破了中国长期以来存在的人民币银行结算账户体系与境内外汇账户体系相互隔离、独立监管的局面，率先实现了

专栏 2.3　自由贸易账户如何在资本账户未开放的条件下服务金融开放需求？

在资本项目未完全开放的条件下，上海自贸试验区依托自由贸易账户试点金融开放是一个典型的"国家试验"。依托自由贸易账户体系，企业在货币自由兑换、跨境融资等重要领域实现了突破。

一是汇兑便利。在自由贸易账户体系下，境内个人和企业可依托自由贸易账户实现经常项目和直接投资业务下的资金自由兑换，境外机构则可按准入前国民待遇原则享受相关金融服务。

二是融资便利。自由贸易账户全面放开了本外币境外融资，区内商业银行为设立了自由贸易账户的企业提供完善的金融服务。区内商业银行可以吸收区内和境外存款，资金供给渠道更广，更有可能获得市场化的低成本资金，继而向企业提供更低成本的借贷，更有效率地发挥金融中介的功能。由于自由贸易账户下贷款的融资成本较低，其贷款规模增长速度一直显著高于一般性贷款。

三是资金价格便利。对外价格方面，实体企业结售汇可使用离岸市场人民币交易汇率。离岸结汇的价差优势有效增厚出口企业收益，降低企业汇兑成本；对内价格方面，区内建立起完整的金融生态系统，完善利率市场化体系，由商业银行自主定价存贷款利率，优化区内资源配置效率。

上海自贸试验区区内金融机构依托自由贸易账户体系积极开展金融创新，在资本账户未开放的条件下，满足了企业跨境融资的需求。代表性案例包括：工行上海市分行以某企业自由贸易账户存款为质押担保，为其境外非居民并购实体的 FTN 账户发放并购贷款，用于境外收购；浦发银行自贸试验区分行为某企业的境外子公司 FTN 账户发放 6 亿元人民币并购贷款，支持其收购一家加拿大上市公司；交行上海市分行为自贸试验区企业提供本外币跨境融资服务，简化融资手续，企业可自行选择负债币种，降低融资成本等。

在推进自由贸易账户的功能创新上，上海自贸试验区全功能型跨境双向人民币资金池得以实现。花旗银行为境外跨国公司香港艾兰得集团成功搭建了全功能型跨境双向人民币资金池。建设银行上海市分行、浦发银行上海分行等机构运用自由贸易账户跨境联动优势开展跨境飞机租赁融资服务。

在利用自由贸易账户促进科技创新方面，招商银行通过自主研发的区块链直联跨境支付应用技术，为境外客户在上海自贸试验区分账核算单元中开立的 FTN 账户向其香港同名账户实现港币跨境支付。中国人民银行上海分行以自由贸易账户为载体，为科技创新搭建服务全生命周期的最优跨境金融服务环境。目前自贸试验区内的银行业正在积极开发 FT 网银、FT 托管、FT 跨境可转债等创新产品及服务，以更好地满足实体企业的金融开放需求。

资料来源：课题组根据相关调研编写而得。

本外币规则合一，能在账户内实现本外币快速切换，提高了境内外资金双向流动效率。三是从"审批式"管理到"制度式"管理。所有符合条件的上海市同业机构、境外机构、区内机构及注册企业（含个体工商户）、区内个人均可在上海市已通过系统接入验收的金融机构开设并使用自由贸易账户，免去了繁琐的审批制度。随着投融资汇兑相关政策的陆续出台，自由贸易账户将为更广泛的自由贸易投融资活动提供支持。

总的来说，自由贸易账户体系以支撑金融服务实体为重要使命，释放金融开放红利至更多主体，为落实各项金融改革开放政策创造了基础条件。在资本项目尚未完全开放的条件下，以自由贸易体系为工具和载体，建立分账核算制度，形成连接自贸试验区和离岸市场的重要通道，创造出与境外资金相互连通而又隔离控制相对金融风险的金融环境，为今后在更广范围和更大程度上推行人民币资本项目可兑换、人民币跨境使用、外汇体制改革等金融改革试验积累中国经验。此外，自贸试验区占领了金融改革的政策高地，释放出更高水平开放所能创造的制度红利，会与传统境内区域形成制度落差，在市场机制作用下引导要素的自由流动，以点带线、以线带面，引致更深层次的制度变革，辐射带动全国性金融制度改革。

2.2.3　自由贸易账户的监管体系

为了降低金融创新可能带来的宏观经济不确定性，上海自贸试验区分账核算体系总体上遵循"标识分设、分账核算、独立出表、专项报告、自求平衡"的20字方针，基本监管原则为"一线放开、二线管住、有限渗透"。上海自由贸易账户监管体系的建立充分借鉴了其他国际金融中心的经验，并结合中国的国情，构建了"分离渗透型"账户体系的监管模式。自贸试验区内和境内区外之间建立了严密的防火墙，全方位搭建起"电子围网"式的制度架构，防止资金在两个区域间以投机为目的大进大出，为自贸试验区率先推进金融重点领域的改革创新营造了风险可控的环境。

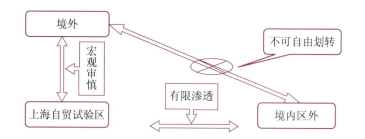

图 2.4
自由贸易账户的资金划转通道与金融监管原则

自由贸易账户的资金划转通道与金融监管原则如图 2.4 所示。"一线放开"是指在境外区内资金流动逐步开放，需满足宏观审慎要求、收付款指令申报要素，以及展业三原则，享受利率市场化的环境。目前经常项目、直接投资、投融资业务等均可自由兑换；对境内"二线"资金流动采取有限渗透管理，允许符合条件的区内企业按规定开展境外证券投资和境外衍生产品投资业务，支持区内证券期货经营机构开展面向境内客户的大宗商品和金融衍生品的柜台交易，目前仅经常项目、偿还自身贷款、实业投资等少数通道允许资金划转①，且划转必须以人民币进行。

自由贸易账户体系引入了新的宏观审慎管理模式。从监管政策来看，自由贸易账户体系的跨境资金监管重点是融资性、外币和短期性资本；从监管手段来看，传统系统只能月度、周度汇总数据，而自由贸易账户系统依托国家外汇管理局引用服务平台（ASOne）和上海自贸试验区功能模块（FTAMIS）能够实时逐笔监测，能完全掌握跨境资金的来龙去脉。在金融机构层面按照"反洗钱、反恐怖融资和反逃税"要求进行跨境资金审查，构建起跨境金融风险防火墙；在金融市场层面建立风险隔离带，境外主体参与各类交易所的跨境交易资金，遵照"分区交割，封闭清算"的原则进行封闭管理，既不会直接冲击境内，又不会交叉外溢到境内外汇市场。此外，央行根据系统数据与区内金融运行实际情况，综合观测规模、结构、流动性、信贷供求四类预警指标，把控境外融资杠杆率、风险转换因子、宏观审慎调解等参数调控工具，建立起以资本约束机制为基础的宏观审慎下本外币全口径境外融资管理制度。

---

① 2014 年 5 月，中国人民银行上海总部发布《中国（上海）自由贸易试验区分账核算业务实施细则（试行）》规定了四个有限渗透的渠道，分别为：（1）经常项下业务；（2）偿还自身名下且存续期超过 6 个月（不含）的上海市银行业金融机构发放的人民币贷款，偿还贷款资金必须直接划入开立在贷款银行的同名账户；（3）新建投资、并购投资、增资等实业投资；（4）中国人民银行上海总部规定的其他跨境交易。

中国人民银行上海总部保留了应急处理自由贸易账户体系异常资金流动的权限，可使用包括要求金融机构采取延长账户资金存放期、征收特别存款准备金、征收零息存款准备金以及采取临时资本管制措施等方式调节资金流量。一旦发生重大风险事件或严重违法违规行为的，可暂停或取消试验区分账核算业务，并依法追究相关责任人责任，这凸显了政策制定对防范跨境资金流动重大风险的重点关注。总的来说，以分账核算为主要特征的自由贸易账户体系为已经为风险防控提供了良好条件，再加以总量控制，便足够守住不发生系统性风险和区域性风险的底线。自其建立以来，自由贸易账户系统经受住了多方考验，没有传染国际金融市场的不稳定因素，保障了跨境资金平稳有序流动。

2.3　挑战与展望

就中国的金融开放而言，浅滩已涉，深水在前，坦途已履，险径正行。虽然自由贸易账户已经实现了多方面的创新突破，但目前的上海自贸试验区自由贸易账户还面临一系列的挑战，要真正引领中国金融改革新浪潮，形成中国金融开放新突破，还需进一步完善发展自由贸易账户体系。

一是自由贸易账户功能仍然有限。 "二线有限渗透"在一定程度上束缚了自由贸易账户的功能，使该账户资金只能来自境外市场或贸易结汇等有限途径，在业务开展受限的同时也无法充分有效利用自由贸易账户内的资金。正如上海日本商工俱乐部、日本贸易振兴机构上海代表处、日本国驻上海总领事馆共同撰写的《中国（上海）自由贸易试验区建议书》指出的，自贸试验区与中国其他地区之间的资金流通仍存在较大限制，"这与经由香港的资金流通是基本一致的"，"有必要明确香港和上海自贸试验区的区别，在金融领域使经由上海自贸试验区的资金流通相较于香港展现出更明显的优势"。

二是自由贸易账户活跃度有待大幅提高。 自由贸易账户与境内其他结算账户间可进行的业务种类有限，且不得办理现金业务。这使自由贸易账户中的资金对企业来说"易进难出"，企业不会轻易将资金放入自由贸易账户，因而现阶段企业主要通过自由贸易账户办理贸易结算和境外融资等业务，而利用自由贸易账户结售汇的较少。自由贸易账户与其他账户的资金划转途径有限，与人民币跨境资金池、NRA 账户、OSA 账户相比，便利性不足。

三是自由贸易账户的复制推广有一定难度。 中国境内区外的资本项目可兑换仍处于传统监管框架下，由于金融监管的特殊要求，在"一线"积累的开放经验事实上很难推广到其他地区。加之，其他自贸试验区在金融开放上的安排和所在地企业的融资需求存在差异。例如，中国（福建）自由贸易试验区的改革总体方案中并未提到要建立自由贸易账户体系，而是"探索建立与自贸试验区改革开放相适应的账户管理体系"。

因此，未来改革议题主要涉及以下几方面。

第一，正确处理好四大关系。 自由贸易账户的发展趋势与前景主要在于对标国际最高开放水平，继续推动自由贸易账户在业务功能和主体区位两方面的扩容，使投资区域范围更为广泛、可投资资产更为多元。事实上，自由贸易账户的功能扩容就是推进资本账户平稳有序开放，自由贸易账户的主体扩容就是复制推广金融开放新成果，形成高标准的"一线放开"与"二线安全高效管住"体系。要实现这一阶段性目标，需正确处理好金融开放与金融稳定的关系、金融创新与金融监管的关系、金融开放次序与速度的关系、国内金融市场与国际金融市场的联动关系。金融开放具有明显的联动性和系统性，不仅要确保金融开放、金融监管、金融稳定的协调统一，又要把握好金融开放次序与速度的关系，还要实现国内金融市场和国际金融市场的协调推进，以增强和完善自由贸易账户的金融系统功能（图 2.5）。

图 2.5
自由贸易账户体系未来改革
面临的四大关系

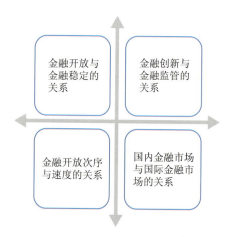

金融开放与金融稳定的关系　金融创新与金融监管的关系

金融开放次序与速度的关系　国内金融市场与国际金融市场的关系

第二，在自由贸易账户扩容中完善金融监管体系。从目前来看，自由贸易账户分账核算搭建的自贸试验区跨境金融各项业务运行平稳，风险可控。但随着自由贸易账户不断扩容和深化，需要进一步探索金融风险防控试点，完善以宏观审慎为目标的跨境资金流动管理框架。依托自由贸易账户分账核算建立金融机构层面的"电子围网"，要求金融机构建立可兑换后的内部业务风险控制体系，人民银行则通过系统直连的方式采集数据，实现事中事后全覆盖的动态金融风险监管。

第三，实现自由贸易账户体系与人民币国际化的联动。自由贸易账户体系改革的重大机遇包括人民币国际化、"一带一路"倡议。自由贸易账户对资本账户未开放条件下推动人民币国际化进程具有重要意义。人民币国际化也是"一带一路"建设的重点领域。人民币国际化推进的两大基础条件是形成稳定的逆差机制和有深度的国内金融市场，自由贸易账户在实现这两大基础上具有创造性的贡献。因为，自由贸易账户实现了本外币的自由兑换和资本跨境流动便利化。同时，自由贸易账户体系的改革还要充分利用要素市场平台，包括上海国际能源交易中心、上海黄金交易所、国际金融资产交易平台以及上海保险交易所等，进一步拓展自由贸易账户的资本载体与通道功能。

第四，自由贸易账户体系的复制推广。自由贸易账户是中国第一个自由贸易试验区几年来最重要的创新成果。目前中国已将个人其他经常项目下人民币结算业务、跨境双向人民币资金池业务、经常项目下跨境人民币集中收付汇业务、宏观审慎的境外融资制度等 15 项措施在全国复制推广。将放宽跨国公司外汇资金集中运营管理业务企业准入门槛、离岸业务经营授权、区内金融机构和高管准入简化等 23 项措施在国内其他自贸试验区不同程度复制推广。更为主要的是，国务院批复同意设立中国（海南）自由贸易试验区，探索以自贸试验区政策衔接自由贸易港建设。海南省委七届四次全会决定"在海南全岛实施现行自由贸易试验区所有试点政策，到 2020 年取得重要进展；扩大金融开放，建立自由贸易账户体系，探索开展人民币资本项目可兑换，促进自由贸易试验区企业跨境投融资便利化，稳妥有序开展离岸金融业务。"2018 年 9 月 15 日，人民银行总行已批复同意建设海南自由贸易账户体系，海南将争取 2019 年 1 月 1 日开始上线运行海南自由贸易账户（HNFT）。这是自由贸易账户在上海自贸试验区先行先试以来首次推广至中国其他自贸试验区。下一步的改革议题就摆在了其他自由贸易试验区面前，即进一步探索开展人民币资本项目可兑换，促进自由贸易试验区企业跨境投融资便利化，加快复制推广自由贸易账户。

参 | 考 | 文 | 献

［1］ 陈文成：《自由贸易账户论》，格致出版社、上海人民出版社2015年版。

［2］ 管涛：《资本项目可兑换的定义》，《经济社会体制比较》2001年第4期。

［3］ 姜波克、朱云高：《资本账户开放研究：一种基于内外均衡的分析框架》，《国际金融研究》2004年第4期。

［4］ 中国金融四十人论坛：《径山报告（综合报告）》，2017年。

［5］ 中国商务部国际贸易经济合作研究院、中国国务院国有资产监督管理委员会研究中心、联合国开发计划署驻华代表处：《中国企业海外可持续发展报告》，2017年。

［6］ 周小川：《人民币资本项目可兑换的前景和路径》，《金融研究》2012年第1期。

3

国际化的
上海原油期货

经过多年努力，中国第一个国际化期货品种——原油期货正式挂牌交易。上海原油期货合约按照"国际平台、净价交易、保税交割、人民币计价"的总体思路设计，实行"五位一体"的监管保障和独特的制度设计。上海原油期货的推出，将产生重大国际影响，并在中国改革开放发展中发挥积极作用。上海原油期货市场建设，近期目标是尽快把上海原油期货做成一个高流动性的期货合约，在此基础上努力成为国内石油市场的价格基准，最后争取成为具有国际影响力的标杆基准原油。

After years of effort, China's first international futures product, crude oil futures, was officially listed. Based on the overall design of "an international platform, net price transaction, bonded delivery, and RMB pricing", Shanghai crude oil futures contract implements the "five-in-one" regulatory guarantee mechanism and a unique system design. The launch of Shanghai crude oil futures will have a major international impact and will also play an active role in China's reform and opening up. The near-term target of the Shanghai crude oil futures market construction is to develop Shanghai crude oil futures into a high liquidity futures contract as soon as possible, and on this basis, to strive to become the price benchmark of the domestic oil market, and finally to become an internationally-recognized benchmark crude oil quote.

党的十八大以来，中国证监会加快了推进国际化原油期货市场建设的步伐，中央各相关部委、机构与上海市政府从产品设计、交易结算、交割安排、市场参与者制度、标的原油确定、海关申报、税收制度、监管规则调整、跨境监管安排等方面开展了全方位的组织协调和筹备。在中国证监会的领导下，在上海市委、市政府的支持下，上海期货交易所（以下简称"上期所"）经过十七年的艰苦努力，实现了中国第一个国际化期货品种——原油期货（简称"INE 原油期货合约"）的上市，2018 年 3 月 26 日在上期所子公司上海国际能源交易中心（INE）正式挂牌交易。

3.1　背景与过程

原油期货具有国际化的原油定价功能及其风险管理功能，在国际市场上有重大影响，因而国外原油期货市场得以较早发展，特别是美国西得克萨斯中质原油（WTI）及英国布伦特原油（Brent）在全球范围内成为当之无愧的两大基准油。中国作为石油消费大国，对原油期货市场建设一直在进行探索和努力，力争推出中国原油期货。

3.1.1　国外原油期货现状及其启示

作为商品期货，虽然原油期货面向的是国际化的原油定价功能，但是其本质仍是能源衍生品市场的风险管理工具，其最基本的对内的功能应当是风险管理功能。

美国作为原油期货市场的较早起步者，拥有高度组织化和规范化的期货市场以及相关制度保障。美国西得克萨斯中质原油（WTI）即期合约独家定价的功能是不同于其他种类的期货衍生品工具的功能之一。这主要有赖于美国的地缘性政治优势并以经济发展程度为前提。由于美国在全球政治及经济地位无人撼动，美元成为全球主要的流通货币。为了巩固美元的国际地位，1971 年，美国与沙特达成一项重要协议，沙特同意将美元作为石油的唯一定价货币。随后，OPEC 其他成员国也接受了这一协议。从此以后，美元直接与石油挂钩，美元汇率成为决定石油价格的重要因素。

1988 年 6 月，伦敦国际石油交易所（IPE）成功开发了基于 Brent 远期合约的 Brent 原油期货合约。为了克服 Brent 产量逐步枯竭，价格的随意波动性更为频繁出现的困境，普氏能源将挪威的 Oseberg、Ekofisk 原油和英国的 Forties 原油当作 Brent 远期合约的替代交割品种，从而形成现货基础更为广泛的 BFOE 原油。在庞大产量的保证下，Brent 原油的现货交易量远大于 WTI 原油。Brent 原油期货既可以现金交割，也可以实物交割。从 2008 年开始，Brent 原油现货和期货在交割月份的差价不超过 1%，反映出 Brent 原油期货定价的准确性。

受益于完善的市场体系，Brent 原油在全球原油定价的地位日益攀升，全球约有 60% 的原油交易量以 Brent 原油作为基准油来定价，涉及交易的原油有西北欧原油、地中海原油、西非原油、俄罗斯和中亚的西向原油以及中东出口欧洲的原油。某种程度上，Brent 原油已经超越 WTI 原油，成为全球原油定价的核心。

相较美欧国家，亚洲国家开展石油、原油期货的历史各不相同，进展、结果和发挥的作用也不尽相同。

日本：1999—2003 年，日本逐步推出了汽油、煤油、原油和粗柴油等期货合约。原油期货合约标的是中东原油，是虚拟标油，其价格为阿曼和迪拜原油平均价。日本推出原油期货合约，意图争夺区域原油定价权，但是推行并不成功。

新加坡：2002 年，新加坡交易所曾推出中东迪拜原油期货合约，意图建立具有全球原油定价基准功能的期货合约，但运行仅两年便停止了交易。

印度：2005 年 2 月，印度推出了以本币交易的原油期货合约，2009 年推出了汽油期货合约。但由于其使用本币卢比作为交易货币，国际资本较难参与交易。2011 年，其虚拟原油标的合约交易总量为全球原油总消费量的 1.67 倍，在全球单一合约中排名第六，说明印度企业有大量的避险需求，但它对国际油价的影响微弱，与日本市场类似，只是区域避险市场。

迪拜：2007 年 6 月，迪拜商品交易所（DME）宣布成立，它是由迪拜控股、阿曼投资基金和芝加哥商品交易所合资成立的公司。同时，除了上述的核心股东之外，全球主要金融机构和能源交易商，比如高盛、JP 摩根、摩根士丹利、壳牌等，都获得了该交易所的股权，此举极大提升了全球主要能源市场参与者在该交易所交易的信心。更为重要的是，迪拜商品交易所是苏伊士以东首家专注于能源商品的交易所，也是全球第三大基准原油定价中心。

DME 的交易品种包括阿曼原油期货合约及两个非实物交割的期货合约——Brent-阿曼价差合约及 WTI-阿曼价差合约。交割标的选择阿曼原油而不是迪拜原油的主要原因是阿曼石油产量不受 OPEC 支配，贸易自由化程度较高。目前，DME 的阿曼原油已经成为阿曼和迪拜国家原油官方售价明确且唯一的基准，而历史上中东地区原油出口到亚洲地区就是参考官方售价。

目前，DME 阿曼原油期货合约是全球最大的实物交割原油期货合约，与 WTI 原油期货和 Brent 原油期货合约相比，它是亚洲石油交易最重要的参考合约。数据显示，阿曼原油近 40% 输往中国市场。另外，从交割品级来看，阿曼原油是中质含硫原油，而 WTI 和 Brent 是轻质低硫原油，前者与后两者存在差异化竞争。

阿曼原油上市至今，其在全球范围内特别是亚洲地区的影响力日益增大，主要是因为亚洲地区进口的原油绝大部分来自中东地区，而阿曼原油凭借其贸易自由化程度高、出口量大且集中等特点，迅速成为全球第三大基准原油，这也为中国原油期货提供重要参考。

通过对全球主要期货交易所的原油期货发展情况以及功能可以看出，WTI 原油及 Brent 原油在全球范围内毫无疑问是当之无愧的两大基准油，而迪拜阿曼原油的市场影响力也在日益扩大，但很难撼动上述欧美两大基准油的地位，部分中东地区出口到欧洲及美国的原油还是以上述两大原油作为基准油。另外，新加坡交易所上市的原油期货品种中途黯淡收场，究其原因，尽管新加坡金融市场成熟，其配套制度和政策法规能够保障市场参与者的权益，同时其资本流动的便利性相对较高，吸引了较多市场参与者；但是也正是其发达的场外交易制约了新加坡原油期货的发展，同时也因为新加坡只是作为全球原油运输的中转站，承担的责任仅仅只是船运，对国际原油价格的影响力并不强大，缺少现货市场的影响力，从而导致新加坡交易所推出的原油期货在两年后黯然离场。

除了基准油的硬性条件之外，金融环境是否成熟也是原油期货能否形成定价权的关键因素。毫无疑问，WTI原油成功的根基源于美国发达的金融市场及美元的全球霸主地位，全球投资者用美元在NYMEX市场进行WTI原油的投资活动，而美元储备货币的地位保证了其与WTI原油价格之间的高度相关性，美元的自由流动保证了WTI的活跃程度。另外，远期市场、场外市场等延伸市场与期货市场相辅相成、共同进步，它们的发展也离不开金融创新。

虽然新加坡交易所的中东原油期货并未取得预期的影响力，但其整个发展的过程还是对中国有相当大的借鉴作用。新加坡当时的石油市场体系和目前中国的石油体系有某种程度的相似之处，两国石油消费总量都位居世界前列，日本也曾努力利用其石油消费大国的地位及充足的石油储备，通过现代的石油金融市场影响石油的市场交易价格，获得过短暂的成功。可以说，新加坡的这种模式为中国石油期货市场的建立提供了一个很好的参考依据。

3.1.2　基本过程

中国的原油期货最初始于1992年，后因期货业发展不规范，被国务院关闭，并推出了延续至今的重大政策：进口原油和成品油由国家统一配置、统一定价，中国原油期货也就在此时被画上了一个休止符。即便如此，中国期货市场呼唤原油期货的声音从未停止，上期所不懈研究，为原油期货成功挂牌奠定了坚实的基础。

1. 仔细论证与顶层设计。

上期所早在2001年就开展了原油期货上市的论证，由于上市原油期货的市场条件不够成熟，上期所对石油系列期货产品的上市路径提出分两步走的策略：先从石油产品中市场化程度最高的燃料油起步，开展燃料油期货交易，积累经验，创造条件，逐步推出其他石油期货。2004年，燃料油期货在上期所上市交易，此后，上期所、郑商所、大商所先后上市了PTA、LLDPE、PVE、甲醇、沥青、PP等石油化工产业链相关期货品种。2018年7月16日，上期所对因现货市场发生了根本变化而逐渐清淡的燃料油期货合约及相关规则进行了优化完善，将燃料油期货合约交割品级由 180 燃料油调整为保税 380 燃料油。作为原油期货之后的又一个能源期货品种，保税 380 燃料油期货将为中国成为未来全球加油中心、海事服务中心、国际航运中心的中远期目标贡献力量。2013 年，上期所又上市了另一个石油期货产品——石油沥青期货。截至 2017 年底，石油沥青期货的成交量在全球能源期货合约中排第五位。

通过这两种期货产品的交易，上期所对石油系列期货合约的设计、交易结算、交割流程、仓库管理、风险控制、市场监管等作了全流程的实际检验和完善，为原油期货上市积累了经验、奠定了基础。

2012 年 1 月，第四次全国金融工作会议明确提出"稳妥推出原油等大宗商品期货品种"的要求。数月后时任证监会主席郭树清要求推动期货市场健康发展，争取推出原油期货。同年，国务院对《期货交易管理条例》作出修改，删除了限制外国人参与国内期货交易的规定，允许外国投资者参与境内特定品种的期货交易。此举被认为是中国从金融市场层面和期货市场品种层面为重新推出原油期货作好的顶层战略保障，成为中国期货市场国际化的开端。

2013 年 11 月 12 日，党的十八届三中全会决议提出"深化资源产品价格改革，理顺价格调节体系，使市场在资源配置中起决定作用"，中国能源领域逐步推进市场化进程。2013 年 11 月 22 日，INE 在上海自贸试验区挂牌成立，目标是建立完善国际能源衍生品交易平台，客观反映亚太地区能源供需状况，提高亚太区能源市场在国际市场体系中的作用，为全球能源生产、流通、消费企业及投资者提供价格发现、风险管理以及投资管理的工具、功能，积极促进能源类商品的资源优化配置，促进经济发展。

2014 年 5 月 8 日，国务院发布《关于进一步促进资本市场健康发展的若干意见》（国发〔2014〕17 号），要求"推进期货市场建设，发展商品期货市场"。

2014 年 11 月 19 日，国务院办公厅公布《能源发展战略行动计划（2014—2020 年）》明确提出，"鼓励利用期货市场套期保值，推进原油期货市场建设"。国家发改委发布《能源发展战略行动计划（2014—2020 年）》，明确原油期货市场建设的目标是"鼓励利用期货市场套期保值"，为实体经济服务。

为了适应国际化的需要，2015年3月17日，INE发布《上海国际能源交易中心规则专有名词及含义中英文对照表》。

2. 统筹协调与法治先行。

为推进原油期货上市，上期所统筹协调，制度先行，与各部门交流协商，得到了财政部、税务总局、证监会、人民银行、外汇局、海关总署等国务院相关部门的大力支持，出台了一系列的配套政策：

2014年12月31日，证监会发布《境外交易者和境外经纪机构从事境内特定品种期货交易管理暂行办法（征求意见稿）》，拟允许境外交易者和境外经纪机构从事境内特定品种期货交易，并提供了多种参与模式，规范了境内特定品种期货交易涉及的主要业务环节，包括开户、运营、结算、保证金收取及存管要求、违约处理等。2015年6月26日，上述办法正式颁布。

2015年4月8日，财政部、税务总局发布《关于原油和铁矿石期货保税交割业务增值税政策的通知》，明确原油期货保税交割业务暂免征收增值税。

2015年7月20日，央行发布《关于做好境内原油期货交易跨境结算管理工作有关事宜的公告》，明确原油期货交易计价和结算货币、人民币相关账户的开立和收支范围、计息方式、专户管理、反洗钱和反恐融资要求等。

2015年7月29日，外管局发布《关于境外交易者和境外经纪机构从事境内特定品种期货交易外汇管理有关问题的通知》，明确外汇相关账户的开立和收支范围、结售汇业务、计息方式、专户管理、国际收支申报等。

2015年8月20日，海关总署发布《关于开展原油期货保税交割业务的公告》，支持原油期货保税交割业务。

这些政策法规的推出，为原油期货采用更便捷、更贴近国际市场的交易方式奠定了扎实基础，为境内外交易者参与期货交易提供了便利条件。

2018年8月24日，证监会发布《外商投资期货公司管理办法》，明确符合条件的外商持有境内期货公司的股份达到51%，三年后股比不受限，中介机构国际化进程加快。

2017年5月11日，INE正式发布的《上海国际能源交易中心章程》、《上海国际能源交易中心交易规则》和十一个相关业务细则，标志着原油期货上市筹备工作进入最后阶段。

3. 成功挂牌。

2014 年 12 月 12 日，证监会发布《关于上海国际能源交易中心开展原油期货交易的批复》，同意上海国际能源交易中心组织开展原油期货交易。2018 年 2 月 9 日，证监会宣布，中国原油期货将于 2018 年 3 月 26 日在 INE 挂牌交易，至此中国原油期货终于靴子落地。历经十七年，在证监会的大力推动、上海市委市政府的支持以及上期所的积极筹备下，原油期货正式挂牌。

自 2014 年 12 月 12 日证监会批准 INE 开展原油期货交易起，为保证原油期货顺利上市，INE 先后进行了六次上市前全市场生产系统演练，确保原油期货上市万无一失。

2018 年 3 月 26 日，原油期货终于在 INE 正式开锣交易。一经上市，立刻引来大量境外投资者积极入场。当日，中国国际石油化工联合有限责任公司与国际石油公司荷兰皇家壳牌的交易部门签署协议，未来按中国原油期货合约价格为基准购买中东原油。上市一周，总成交量超过 27 万手，总成交额突破千亿元。

表 3.1
上海国际能源交易中心成交情况 2018 年 03 月 30 日（周五）

商品名称	最高价	最低价	加权平均价	成交手	成交额（亿元）	年成交手（万手）	年成交额（亿元）
原油	421.7	367.7	412.0	58 824	242.379 79	27.823 4	1 159.225 712
总计				58 824	242.379 79	27.823 4	1 159.225 712

资料来源：上海国际能源交易中心网站交易数据栏目（http://www.ine.cn/statements/daily/?paramid=kx），2019 年 7 月 2 日登陆。

从交易情况看每天在逐步增长，全产业链参与期货交易比如贸易商、专业投资者、境外客户，企业类型比较均衡。价格趋势基本跟国际原油价格趋势趋同，且已体现出中国特色和亚太特色。

截至 2018 年 6 月底，原油期货挂牌一个季度，日均成交量已经超过迪拜商品交易所（DME）阿曼原油期货品种（Oman），成为亚洲交易量最大的原油期货合约，成交量达到 230 万手，仅次于美国纽约美国 WTI 原油期货与英国 Brent 原油期货，跻身全球交易量前三。

交易所名称	品种名称	今年累计成交总量（手）	当年累计成交总量占全国份额（%）
上海国际能源交易中心	原油	4 936 993	0.35%
	总额	4 936 993	0.35%

表 3.2
2018 年 6 月全国期货市场交易情况

资料来源：中国期货业协会网站统计数据栏目（http://www.cfachina.org/yjycb/hysj/ydjy/201807/t20180702_2553197.html），2019年7月2日登陆。

上海原油期货价格与国际主要原油期货品种的价格联动性不断增强，这也使得越来越多投资者关注上海原油期货，不少国际原油贸易商与中国原油进口商签订类似的原油供应长约协议，将上海原油期货作为定价基准。凭借着良好的量、价表现，INE 原油期货上市后获得了业内的广泛认可。INE 原油期货与 Oman 原油期货、Brent 原油期货和 WTI 原油期货的相关性分别达到 96%、95%、70%，同时与国内的 PTA、沥青期货相关性也达到了 97%、87%。

2018 年 9 月 7 日，INE 原油期货 SC1809 合约顺利完成交割，交割量共计60.1 万桶原油，交割金额 2.93 亿元（单边）。此次交割顺利完成，标志着原油期货走通了金融工具服务实体产业发展的全流程，打通了期货服务实体经济的"最后一公里"。

2018 年 9 月 9 日，时任证监会副主席方星海在第三届中国（郑州）国际期货论坛发表致辞中宣布：原油期货上市以来，成交量、持仓量稳步增长，按单边统计，原油期货累计成交量 1 180.82 万手，成交金额 5.77 万亿元，日均成交稳定在 10 万手以上，持仓稳定在 1.5 万以上，市场规模已迈入世界前三。

表 3.3
上海国际能源交易中心成交情况 2019 年 03 月 25 日（周一）

资料来源：上海国际能源交易中心网站交易数据栏目（http://www.ine.cn/statements/daily/?paramid=kx&dt=20180628），2019 年 7 月 2 日登陆。

截至 2019 年 3 月 25 日，原油期货上市一周年，INE 原油期货年成交额接近 90 000 亿元，日成交量超过 20 万手，是亚洲市场交易量最大的原油期货合约，在全球范围内已是仅次于纽约和伦敦的第三大原油期货交易市场。

商品名称	最高价	最低价	加权平均价	成交手	成交额（亿元）	年成交手（万手）	年成交额（亿元）
原油	473.9	445.5	451.8	299 624	1 353.794 314	2 038.178 8	87 644.849 406
总计				299 624	1 353.794 314	2 038.178 8	87 644.849 406

4. 境内外机构互动。

2018 年 3 月以来，上期所、郑商所、大商所均已在新加坡设立办事处。INE和大商所，已经在中国香港证监会注册为自动化交易服务（ATS）提供者，可向当地市场参与者提供电子平台交易服务，便利其直接参与境内特定品种交易。

2018 年 11 月 15 日，INE 获得新加坡金融管理局（MAS）批准，成为认可的市场经营者（RMO），允许新加坡符合条件的机构和个人入场交易，成为境内首家在新加坡取得 RMO 牌照的期货交易场所。符合条件的新加坡特殊参与者可根据《上海国际能源交易中心境外特殊参与者管理细则》申请成为境外特殊参与者，直接入场交易原油期货。INE 完成 RMO 注册，是落实加强中新双方资本市场合作、服务"一带一路"建设的具体举措，为境外交易者和境外经纪机构直接参与原油期货交易提供了更多的合法、高效的渠道，有利于 INE 更好地发挥服务实体经济功能。

同时，目前 INE 已完成 23 家境外中介机构备案，来自中国香港地区、新加坡和美国、英国的境外投资者已顺利开展了原油期货交易，国际交易者持仓量已占全市场的 5% 左右。

3.2 总体构架及其特点

上海原油期货不管是在合约总体设计还是在监管保障及独特制度安排上，都是从实际出发，具有自身的明显特点。

3.2.1 合约设计及主要内容与特点

上海原油期货合约总体设计思路是"国际平台、净价交易、保税交割、人民币计价"。

"国际平台"即交易、交割和结算环节国际化，以方便境内外交易者自由、高效、便捷地参与，并依托国际原油现货市场，引入境内外交易者参与，包括跨国石油公司、原油贸易商、投资银行等，推动形成反映中国和亚太时区原油市场供求关系的基准价格。

"净价交易"即计价为不含关税、增值税的净价，区别于国内目前期货交易价格均为含税价格，方便与国际市场的不含税价格直接对比，同时避免税收政策变化对交易价格的影响。

"保税交割"即依托保税油库，进行实物交割，主要考虑保税现货贸易的计价为不含税的净价，保税贸易对参与主体的限制少，保税油库又可以作为联系国内外原油市场的纽带，有利于国际原油现货、期货交易者参与交易和交割。

"人民币计价"即采用人民币进行计价和结算。美元可以冲抵保证金。

INE 原油期货合约主要内容和特点见表 3.4。

表 3.4
INE 原油期货合约一览表

资料来源：上海国际能源交易中心网站产品介绍栏目（http://www.ine.cn/products/oil/standard/text/），2019 年 7 月 2 日登陆。

交易品种	中质含硫原油
交易单位	1 000 桶 / 手
报价单位	元（人民币）/ 桶（交易报价为不含税价格）
最小变动价位	0.1 元（人民币）/ 桶
涨跌停板幅度	不超过上一交易日结算价 ±4%
合约交割月份	最近 1—12 个月为连续月份以及随后八个季月
交易时间	上午 9:00—11:30，下午 1:30—3:00 以及上海国际能源交易中心规定的其他交易时间
最后交易日	交割月份前第一月的最后一个交易日；上海国际能源交易中心有权根据国家法定节假日调整最后交易日
交割日期	最后交易日后连续五个交易日
交割品质	中质含硫原油，基准品质为 API 度 32.0，硫含量 1.5%，具体可交割油种及升贴水由上海国际能源交易中心另行规定
交割地点	上海国际能源交易中心指定交割仓库
最低交易保证金	合约价值的 5%
交割方式	实物交割
交易代码	SC
上市机构	上海国际能源交易中心

3.2.2　监管保障及独特制度设计

围绕期货市场健康发展，中国建立起了"五位一体"的期货监管协调工作机制进行监管。"五位"包括中国证监员会、地方证监局、期货交易所、中国期货监控中心和中国期货业协会。"五位一体"按照"统一领导、共享资源、各司其职、各负其责、密切协作、合力监管"的原则开展工作，目的是形成一个分工明确、协调有序、运转顺畅、反应快速、监管有效的工作网络。中国证监会负责监管协调机制统一领导、统筹协调和监督检查。中国证监会及各地证监局对期货公司及其分支机构进行监督管理。上期所、中国期货业协会依照有关法律、行政法规和本机构的章程、规则对期货公司实行自律管理。中国期货监控中心对客户的保证金实施监控。

1. 中央对手方制度。

根据《上海国际能源交易中心交易规则》(以下简称《交易规则》)第八十二条：能源中心作为中央对手方，统一组织期货交易的结算，依法依规承担期货交易义务和责任。该条明确了能源中心作为中央对手方，在期货交易达成后介入期货交易双方，成为所有买方的卖方和所有卖方的买方，以净额方式结算，为期货交易提供集中履约保障。2012 年修订后的《期货交易管理条例》规定，期货交易所承担履约担保职能，但没有明确期货交易所作为中央对手方，依法依规承担期货交易义务和责任。

同时，《交易规则》还规定，已经成交的交易指令、了结的期货交易持仓、收取的保证金、已经划转或者完成质押处理的作为保证金使用的资产、配对完成的标准仓单等交易、结算和交割行为或者财产的法律属性，以及采取的违约处理措施，不因会员进入破产程序而使得相关行为或者财产的法律属性被撤销或者无效；会员进入破产程序，INE 仍可以按照交易规则及其实施细则，对会员未了结的合约进行净额结算。当然该项规定需要《担保法》予以认可。

2. 人民币计价制度。

人民币计价制度是整个原油期货方案的核心。在此基础之上，为了引入境外投资者，允许外币作为保证金，市场运行初期，INE接受的主要是美元和境外人民币作为保证金，价格含义是净价交易，是单纯的商品价，定价方式与国际上保持一致。

境外交易者、境外经纪机构可以使用人民币，也可以直接使用美元作为保证金，但美元保证金结汇后方可用于结算。结汇和购汇应基于境外交易者、境外经纪机构从事原油期货交易的实际结果办理，只涉及期货交易盈亏结算、缴纳手续费、交割货款或追缴结算货币资金缺口等与原油期货交易相关的款项。

人民币计价制度是推进人民币国际化的重大战略举措。国际大宗商品定价权本质上是主权货币的地位。

3. 保税交割制度。

市场参与者参与保税交割与进口资质没有直接关系。因为原油在中国是许可经营的管制类商品，没有获得商务部的经营许可，任何机构不得从事原油贸易，但是保税状况下没有限制。引用保税交割以后，境内外的机构可以充分根据需要参与原油期货市场的运作。交割完成后，如果需要保关进口，就必须取得相应的进出口资质，如果是境内的买家没有进出口资质，持有的原油仓单可以通过在下个月交割，或者转让给有资格的进出口机构来完成。如果是具备进出口资质的可以直接报关进口，如果是境外的买家参与交割拿到仓单，也可以顺利从保税油库里出口到国外，整体上比较顺畅。

根据《上海国际能源交易中心交割细则》，原油期货合约采用实物交割（期货交易另外一种交割方式是现金交割，主要用于金融期货交割），到期原油期货合约应当按照标准交割流程进行交割，未到期原油期货合约可以按照期转现流程进行交割。原油期货合约交割实行保税交割，即以原油指定交割仓库保税油罐内处于保税监管状态的原油作为交割标的物进行期货交割的过程。同时采取仓库交割方式。

4. 境外投资者适当性制度。

境外机构投资者参与中国原油期货市场，应当符合《上海国际能源交易中心期货交易者适当性管理细则》的相关规定。对于境外投资者，一是可以通过境内期货公司代理参与交易；二是可以通过境外中介机构，并由境外中介机构委托境内期货公司会员或者境外特殊经纪参与者参与交易；三是可以通过境外特殊经纪参与者代理参与交易；四是可以申请作为境外特殊非经纪参与者直接参与交易。以上境外特殊非经纪参与者、境外特殊经纪参与者必须通过境内期货公司会员与INE办理结算业务。此外，市场运行中，并不限制境外中介机构中间介绍境外交易者给期货公司会员，而作为期货公司会员的客户参与交易。

5. 风险控制制度。

INE 严格遵守目前国内期货市场已被证明行之有效的期货保证金制度、一户一码制度（国际首创制度）、持仓限额制度、大户报告制度等，同时针对境外交易者的风险特征和原油期货交易的特点，积极落实境外交易者适当性审查、实名开户、实际控制关系账户申报，强化资金专户管理和保证金封闭运行，推动与境外期货监管机构建立多种形式的联合监管机制，探索建立切实可行的跨境联合监管和案件稽查办法。

3.3　国际影响与国内作用

上海原油期货的推出，其意义不仅仅是增加了一个期货品种或金融产品，丰富和完善了金融市场，更在于产生重大国际影响和促进国内改革开放发展的积极作用。

3.3.1　重大的国际影响

20 世纪 70 年代初发生的石油危机，极大地冲击了当时的世界石油市场，使得国际石油经济秩序发生了根本性变化，由此引起的石油价格持续动荡直接催生了石油期货的诞生。20 世纪 90 年代以来石油期货市场发展迅速，交易量超过金属期货，同时也逐步主导了国际石油贸易的定价体系。而原油期货是石油期货合约中交易量最大的期货品种。WTI 原油和 Brent 原油分别代表了美国和欧洲石油市场，在国际期货市场中占据重要地位。上海原油期货的推出，将产生重大国际影响。

1. 改变世界能源格局，促使亚太形成新的现货期货重要市场，成为全球石油储运加工贸易中心。

过去十多年，国际油气行业格局发生了深刻的变化，亚太地区进口原油最初是从亚太地区自身的产油国获取，随着炼油能力以及石油消费能力的提升，逐步向中东、非洲和美洲地区进口。美国页岩油革命催生了美国原油工业的快速发展，美国政府解除原油出口禁令，进一步促进了美国页岩油产量和出口增长。2017 年美国原油出口日均 100 万桶，2018 年已经超过 200 万桶／日，2019 年和 2020 年有机会达到 300—400 万桶／日，预计一半以上出口到亚太地区。因此，随着美国能源自给能力不断增强，欧洲能源消费水平停滞不前，以中国为代表的亚太地区能源消费正在进一步上升，国际能源市场供需格局和贸易格局正在发生深刻的调整和变化。据经济合作与发展组织（OECD）统计，中国的石油消费比例已从 38% 上升到 50% 以上，超过了 OECD 国家；亚太地区石油消费的比例从 23% 上升为 34%，超过了欧洲和北美。过去，中国及亚太地区进口原油的基准油是 Brent 原油。虽然 WTI 在过去也是世界石油贸易的基准油，但主要集中在北美区域市场。根据美国原油出口以及拉美国家未来的增长来看，WTI 在全球特别是在亚太地区的供应当中的比重会越来越大。

上海原油期货的推出将从根本上扭转全球能源供给关系和市场贸易关系，形成能源消费市场全球东移的新格局。目前亚太地区原油贸易缺乏一个能高效、准确反映本地区，既有利于提高出口国积极性，又有利于维护进口国利益的价格基准。常常出现北美和欧洲油价一旦"打雷下雨"，中国和亚洲就需要"打伞"的情况。因此，全球原油价格体系中，除北美、欧洲外，还需要一个第三个八小时时区，即亚太地区的市场价格中心，从而与欧美交易市场形成一个连续 24 小时交易的风险对冲机制，保障亚太地区经济平稳健康发展，方便全球投资者有效和及时完成价格风险管理。DME 董事奥利维埃·德纳普（Olivier Denappe）认为，上海原油期货已完成全球原油期货市场的闭环。

亚太形成新的重要市场正当其时，不仅会推出原油期货市场，相信更会形成重要的现货市场，成为全球石油储运贸易中心，其中商机无限。

2. 为"一带一路"沿线国家能源合作创造了广泛的空间。

20 世纪 40 年代以来，以石油为代表的能源贸易在全球贸易中扮演着越来越重要的角色，其在全球贸易中的比例曾维持在 30% 以上，成为全球货物贸易和大宗商品贸易的风向标。

"一带一路"沿线 60 多个国家与能源密切相关。其中既有沙特、俄罗斯等资源禀赋丰富的能源生产国家，也有印度、印度尼西亚等资源禀赋需求快速增长的消费国，以及新加坡、埃及等能源通道。这些国家与中国经济发展具有很强的而互补性，上海原油期货为"一带一路"沿线国家能源合作，尤其是能源贸易领域合作创造了广泛的空间。

首先，上海原油期货为促进中国与沿线国家建立更紧密的能源贸易关系提供了更加有效的工具，使产油国与消费国能源贸易合作更加紧密相连。从现在的交易情况看，中东的产油国正在密切关注上海原油期货的进展，也希望利用原油期货扩大在亚太地区的销售市场及销售份额。

其次，长期以来亚太地区作为全球最重要的能源市场，尚未有反映本地区供应关系的基准原油。上海原油期货推出，对于完善现行的国际石油体系和原油价格形成机制发挥着重要作用。

再次，通过推进"一带一路"沿线国家参与上海原油期货交易，有助于加快将上海原油期货打造成为国际基准原油的步伐，把资源和市场更加紧密地结合在一起，使中东等产油国与中国在产业链发展中有更大的扩展空间，进而推动"一带一路"合作向更深层次发展。

3. 完善国际石油价格形成机制。

国际市场上原油的价格变化影响着世界经济的发展以及国际政治关系。为了降低石油价格的波动风险，国际金融市场逐步推出了原油期货，自原油期货诞生以后，交易量一直呈快速增长之势，其对现货市场的影响也越来越大。首先，原油期货市场拥有众多的参与者：生产者、炼油厂、贸易商、消费者、投资银行、对冲基金等。因此，原油期货的价格体现的是市场买卖双方总体的对于未来价格的最优的预期和判断。其次，原油期货交易量巨大，价格能够通过交易所公开、透明、即时得以更新，可以更好地实现价格发现功能，并且有效避免价格操纵。

越来越多的原油贸易采用期货市场价格作为基准价，并根据不同油品差异和地理位置等其他因素给予一定的升贴水。

上海原油期货旨在通过建立原油期货市场，吸引大量境内外交易者参与竞价，形成反映中国石油市场供需关系的价格体系，有利于缓解和纠正基于国外市场价格造成的资源错配和逆向调节现象。上海原油期货提供了一个反映中国石油供求关系的定价基准，如果上海原油期货能够发展壮大，中国就不必再依赖其他区域的供求关系为自己的原油进口和成品油价格进行定价，这将提升国内的资源配置效率，有利于石油和相关行业的平稳运行。上海原油期货还很有可能成为亚洲乃至世界的原油定价基准。同时，如果中国原油期货形成的价格成为亚太地区原油贸易和中国进口原油的基准价格，将有利于推进亚太主要石油消费国和中东石油生产国之间建立互惠双赢的新型石油贸易关系，完善"一带一路"能源合作机制。

上海原油期货弥补了现有国际原油定价体系的缺口，建立反映中国及亚太市场供求关系的原油定价基准。对中国、对亚太地区乃至全球都有着极大的意义。全球交易所对石油定价权的争夺日趋激烈，而亚太地区缺少一个完全公认的市场。欧美传统期货市场正在强化它的定价功能，其他国家也正在上市不同的石油期货，各国之间的定价权竞争日趋激烈，发展上海原油期货，完善中国的石油价格形成机制，形成一个具有亚洲乃至世界石油市场定价权的中国价格，是顺应现实情况作出的选择。

目前全球范围内缺乏以中质含硫原油为标的的定价基准。从交易时间上看，上海大致处于伦敦和纽约之间，中国原油交易恰好能弥补 WTI、Brent 在时区分工上的空白点，形成 24 小时连续交易机制。上海原油期货具备成为亚洲乃至世界石油定价中心的基础条件，如果将这个潜在优势转换为真实影响力，将提升中国在国际石油市场中的影响力和话语权。

3.3.2　积极的国内作用

上海原油期货的推出，作为一个改革创新和市场建设的重要举措，对促进中国参与全球市场资源配置、人民币国际化、原油加工贸易和能源体制改革以及商品期货市场全面开放等都将产生积极作用。

1. 促进参与全球市场资源配置。

目前中国是世界第二大经济体和消费国，2017年原油对外依存度达到68.4%，石油安全形势不容乐观。作为石油进口额全球第一的中国市场，正需要通过与国际接轨的中国原油期货来建立面向世界范围的定价权。一个开放的、国际化的原油期货市场，有利于推动形成公开、透明、稳定的市场交易规则和监管体系，将为国内客户管理国际油价的波动风险，为国际进行资源配置提供可靠工具，提升中国在全球市场资源配置中的话语权。

2. 促进人民币国际化，助力上海国际金融中心建设。

人民币计价和结算的上海原油期货市场逐步成熟、吸引力逐步增加，将促进人民币在国际上的使用，有利于推动人民币国际化进程。在现代经济体系中，经济的强大需要和金融体系的强大相配合，只有这样才能具有主导全球经济金融治理的能力。国际货币的一项重要职能是作为全球商品贸易的定价货币，特别是成为大宗商品的定价货币。亚太地区的多个原油期货采取以本国货币作为标价单位。但是众所周知，在全球原油市场上以美元结算已经成为惯例。由于标价单位的不统一，造成了上市原油期货的定价存在汇率干扰，并且不方便结算和作为基准价使用。

历史经验表明，某一国家的主权货币的国际化进程，必然开始于大宗商品贸易的计价与结算功能，这一点在延续了40多年的"石油美元"体系中得到了充分的印证。从对国际形势的分析看，虽然在短时间内要打破由美元计价石油的局面难度较大。但是从长远看，以多种货币共同定价石油将是未来发展的大趋势。凭借中国日渐增长的石油需求，令人民币在世界石油期货定价权的竞争中谋取一席之地，并非完全不可能。一方面，页岩油革命增加了美国的原油供给量，美国在原油供需方面的角色正在发生改变，美国对亚洲石油的依赖程度明显下降，从而给中国增强在亚洲的石油定价权带来了契机；另一方面，在当前国际形势不断变化和金融全球化进一步加深的背景下，一些石油出口国政府也提出了用美元以外的货币进行结算的要求。2017年9月，委内瑞拉政府发布了以人民币计价的石油和燃料价格；2017 年 10 月，中国外汇交易中心推出了人民币对卢布的交易同步交收业务，中俄两国的"石油人民币"双边设施得到进一步完善。由此可见，国际原油由多种货币定价的趋势将不可阻挡，发展"石油人民币"具有重要的现实基础。

尽管欧美地区已经拥有了成熟的原油期货市场，但由于其价格难以反映亚洲地区的实际需求变化，其波动给亚洲国家带来了经济损失，因而亚洲各国对于加强能源合作的呼声很高。东京商品交易所推出的以日元计价的中东原油期货作用非常有限。中国原油期货将有利于完善整个亚洲地区的石油价格体系，能够客观地反映亚洲地区的具体需求情况，将受到亚洲投资者的欢迎，进而增加人民币的使用范围，同时规避汇率变动带来的结算风险。从这方面看，推进人民币石油定价将是人民币走向亚洲，乃至国际的重要契机。以"石油人民币"推进人民币国际化大有可为。

中国推出原油期货，采用人民币计价和结算，但外币可以作为保证金使用，平衡兼顾了国内投资者和国际投资者的需求。未来人民币国际化与人民币成为大宗商品市场主要定价货币，将是相辅相成的关系。因此，一方面，"石油人民币"如能得到市场的广泛接受，市场交易规模足够大，必将极大地推动人民币国际化取得新的进展。初始阶段可以重点推进"石油人民币"在亚洲的发展，加强与亚洲原油期货交易所的合作，争取更多的市场参与者参与交易，使期货交易合约能够更加准确地反映亚洲市场的原油供求。另一方面，所有有利于人民币国际化的政策措施，包括稳定人民币汇率预期管理、扩大人民币在全球大宗商品贸易中的使用、推进人民币在金融投资领域的运用、进一步完善人民币国际化的金融基础设施建设等，如能得到有效实施，不仅有利于推进人民币的国际化程度，也有利于推动人民币石油期货市场稳定、健康地发展。总之，加快建设上海原油期货建设，让石油市场价格波动能够更多地体现中国需求的变化，对中国商品期货市场的发展、能源安全的提升、全球大宗商品定价权的取得，以及人民币国际化的推进都将具有积极的意义。人民币石油价格形成影响力的一个重要条件是上海原油期货得到国际石油界和金融界的认可。只有国际市场认可和使用了中国价格，中国才可能仿照"石油美元"建立自己的能源货币循环模式，通过输出人民币换取石油等，促进生产国的人民币储备最终回流至中国金融资产，形成双向流动。

3. 服务于原油加工贸易和能源体制改革。

过去十年中国及亚太地区的炼油能力已经居全球前列，未来新增炼油能力也主要集中在亚太地区，预计将占全球新增产能的80%，而国际能源署（IEA）预计未来原油增量主要在美国及拉美地区，所以从供应格局看，在需求市场潜力最大的亚太市场也需要一个基准油，上海原油期货的推出迎合了市场的普遍预期，正逢其时。

作为能源衍生品市场重要的一环，上海原油期货市场既服务于中国原油生产消费，也有利于原油的加工贸易。"十三五"期间，中国新投产炼油能力超过300万桶/日，炼油能力增长将带动原油进口量不断攀升。2017年中国进口4.2亿吨原油，其中从"一带一路"沿线国家进口达到2.7亿吨，占原油进口的62.1%。2018年继续增长，预计到2020年，将突破5亿吨，原油对外依存度超过70%。最大石油消费和最强炼油能力使得全球的资源必然趋向转移至亚太地区。

上海原油期货是推动能源体制革命的重要实践，是还原能源商品属性的关键一环，成功的原油期货市场可以为能源供给革命、能源消费革命和能源技术革命营造良好的市场环境和机制保证。2015年中国已放开原油的进口使用权和进口权。2017年非国营贸易进口原油8000多万吨，2018年估算增加到1.2亿吨。原油进口参与者增加，推动了原油期货交易和交割环节的市场主体多元化，有利于原油期货健康发展。原油期货也使更多的生产企业、交易商和投资者参与原油交易，降低原油进口环节的市场垄断，助推石油领域改革开放。

4. 有助于推动中国商品期货市场全面开放。

上海原油期货在开放路径、税收管理、外汇管理、保税交割及跨境监管合作等方面积累的经验可逐步拓展到铁矿石、有色金属等其他成熟的商品期货品种，推动中国商品期货市场全面开放。

原油期货的推出上市将为中国金融市场全面走向国际化探路，推动金融市场对外开放进程。原油期货作为中国期货市场对外开放的起点和试点，以建设原油期货市场为契机，进行制度创新以及积累跨境监管方面的经验，可以应用于其他现有期货品种，逐步推动期货市场的全面开放。同时，原油期货市场全面引入境内外投资者参与，将使其与国际市场的联系更加密切，从而进一步提高中国在全球化环境下的竞争力和综合国力，也推动上海国际金融中心的建设。

3.4　未来展望

上海原油期货作为国际原油期货体系中的新生事物，首先，必须加强与各国交易所之间的合作，使上海原油期货合约条款在保持自身特色的前提下，尽可能实现与WTI、Brent等成熟的原油期货合约条款接轨，便于境外投资者理解和参与。其次，要找准中国原油期货定位，设定中国原油期货的发展路线图和目标。在发展初期，应以完善交易规则，增强投资功能，逐步提升活跃度为主，把建立世界原油定价基准设定为长期目标。最后，要充分认识到中国原油期货的发展最终将与现有具有世界影响力的其他原油期货，特别是近期与新加坡交易、迪拜原油期货以及未来与WTI、Brent原油期货形成竞争关系。

国际石油公司和国际原油贸易商参与度越高，对上海原油期货价格的接受度越高，越愿意在与中国的原油贸易中采用上海原油期货价格进行定价和交易。因此，实行与国际接轨的市场化监管，建立行之有效的期货市场监管制度和市场化的监管机制是促进中国原油期货健康发展的重要前提。

国际社会已开始关注上海原油期货，我们应加强与欧美等金融发达国家商品期货监管机构的合作，吸取其监管经验，学习其成熟的监管制度、监管机制，不断完善中国的监管制度，建立市场化的监管机制，有效应对原油期货市场运行中面临的风险。

上海原油期货要走向成功，成为区域基准原油，直至全球原油定价基准，有很长的路要走。纵观历史经验，上海原油期货成为国际标杆不会一蹴而就，需要市场和相关各方长时间的培育，努力使上海原油期货与Brent原油和WTI原油等现行主要基准原油形成良好联动关系，将上海原油期货打造成为基准原油期货。

参考目前成功的原油期货WTI和Brent的发展历史，未来上海原油期货可能的发展路线图可以分成三个阶段：

第一阶段，近期的阶段目标——尽快把上海原油期货做成一个高流动性的期货合约。基于中东基准原油的到岸中国价值，在套利关系中构建与国际油价的关联性，从而成为一种有效的对冲工具，不断地为国内外客户所接受和应用，不断巩固和提高交易量，提高流动性。

第二阶段，努力成为国内石油市场的价格基准。随着国内现货原油市场的放开和发展，原油期货价格与现货市场形成相互反馈的良性发展，现货市场应用期货价格进行价格传递，场外实货交易，积极引用期货价格指数，进一步扩大衍生交易规模，成为国内原油现货市场的基准原油。

第三阶段，成为具有国际影响力的标杆基准原油。这一阶段，需要产油国、大石油公司、国际石油贸易普遍接受上海原油期货价格作为现货的基准原油价格，在原油官价系统、国际现货原油贸易、纸货衍生交易品种中应用。在油价和基本面的引导下，国内国际石油市场形成互动，上海原油期货与WTI、Brent原油期货形成竞争，构建新的石油定价格局。

参 | 考 | 文 | 献 ────────────────────────

［1］ 赵永杰、朱颖超、张在旭：《建立和完善我国石油期货市场的对策建议》，《未来与发展》2009年第4期。

［2］ 萨尔瓦多·卡罗拉（Salvatore Carollo）：《解读石油价格——驱动当今石油市场价格波动因素分析》，周琼琼、李成军译，上海财经大学出版社2012年版。

［3］ 陈明华：《基于金融因素的国家石油价格波动研究》，经济科学出版社2015年版。

［4］ 凯特·凯利：《商品交易之王》，大连商品交易所译，机械工业出版社2015年版。

［5］ 徐东、张立宗、高永刚、林清安、郑爽：《对中国原油期货市场的几个认识误区——基于国际原油期货市场的发展》，《国际石油经济》2017年第2期。

［6］ 常清、颜林蔚：《原油期货与人民币国际化》，《中国金融》2018年第6期。

［7］ 钟红：《"石油人民币"助力我国石油安全和人民币国际化》，《国际金融》2018年第3期。

［8］ 冯保国：《关于促进中国原油期货发展的思考》，《国际石油经济》2018年第4期。

4

上海航运指数及其
金融衍生品发展

上海航运指数及其金融衍生品经过 20 年发展，在指数设计上种类丰富，包含 17 大类 200 余个指标，且以应用为导向，结合中国特色进行了相关金融衍生品的开发，已经在市场信息服务、指数挂钩协议以及衍生品交易等方面取得成功，为上海国际航运中心争取定价权和话语权奠定了基础。上海在航运金融衍生品建设方面仍需在突破制度瓶颈、不断创新研发远期交易品种上下功夫，推动上海成为最有影响力的国际航运定价中心之一。

After 20 years of development, Shanghai Shipping Index and its financial derivatives have developed a rich variety of index design, which includes more than 200 indicators in 17 categories, and are application-oriented with unique Chinese characteristics. "Shanghai Shipping Index" has proved to be successful in market information services, index-linked agreements and derivatives trading, and thus laid the foundation for Shanghai International Shipping Center to acquire pricing power and discourse influence. In terms of shipping financial derivatives construction, Shanghai still needs to break institutional bottlenecks, to continuously innovate and develop long-term trading products in order to build Shanghai into one of the most influential international shipping pricing centers.

在上海国际航运中心建设中，航运金融、航运信息、航运保险、航运经纪、海事法律等航运服务，从小到大，从弱到强，取得了可喜的成绩。2018 年新华—波罗的海国际航运中心发展指数对全球航运中心的航运服务评价结果显示，排名前 5 位的城市依次为伦敦、新加坡、香港、上海、迪拜。在航运服务业发展中，最具代表意义的是"上海航运指数"及其金融衍生品的建设和发展。"上海航运指数"系列成为航运业的"晴雨表"和"风向标"，以运价指数为结算依据的指数挂钩协议、指数相关衍生品交易更是创新了航运业定价和交易模式。

4.1 背景与意义

上海在建设国际航运中心的初期，硬件基础设施的发展很快。随着洋山深水港、外高桥码头、长江深水航道等工程的推进，上海在港口、码头和基础设施建设方面已居世界领先的水平。与此同时，上海航运服务业的发展却显得相对滞后（表 4.1）。航运服务业发展不起来，上海国际航运中心建设就只能处于一种低水平的发展过程中，发展将失去动力和后劲，难以形成对全球航运资源的配置能力。

表 4.1
上海与境外国际航运中心部分指标（2005 年）

注：表中数据为专家打分。
资料来源：2005 年上海航交所相关研究成果。

指　标	新加坡	香港	伦敦	上海
集装箱吞吐量	5.0	5.0	0.1	5.0
港口费率水平	6.2	6.0	5.3	7.8
港口信息化水平	8.3	8.5	6.8	7.8
港口集疏运效率	8.3	8.5	6.8	6.0
航运衍生服务（包括航运经纪、航运金融、海事服务等）	8.2	8.2	9.0	4.5
国际影响力	7.8	8.0	8.5	5.5
国际海事机构	7.5	7.2	9.0	3.0

航运服务业涉及面很广，可分为航运主业、航运辅助业和航运衍生服务业。航运主业包括船舶运输和港口服务；航运辅助业分为代理服务、船舶供应、修理服务、船员劳务、货运服务、航运经纪和船舶检验；航运衍生服务业包括航运金融、航运保险、航运信息、海事仲裁与法律服务、航运教育与培训。其中，高端航运服务业主要指的是航运衍生服务，特别是航运金融、航运保险、信息服务等是衡量航运服务水平高低的重要标志。

上海航交所在 20 世纪 90 年代借鉴国际航运中心发展经验，提出并开始将航运指数及其金融衍生品作为上海发展航运服务业的主要抓手和突破口。

伦敦的航运服务具有全球领先性，是上海航交所的主要借鉴对象。从 20 世纪 70 年代开始，伦敦航运量开始衰退，货物吞吐量落到世界 30 位以后，集装箱吞吐量徘徊在世界 25—30 位，但其依旧牢牢占据国际航运中心的统治地位，原因就在于伦敦的航运服务业高度发达，拥有数千家大规模的各类航运服务企业，可提供全方位的现代航运服务。这些国际机构，如波罗的海航运交易所、德鲁里航运咨询公司、克拉克森咨询机构、劳氏海运信息服务公司等，在航运领域具有全球影响力。

在伦敦诸多航运服务中，由波罗的海航运交易所推出的波罗的海指数（BDI）是世界范围内广泛认可和接受的航运价格指数，反映了世界航运业的景气水平。同时，基于波罗的海指数进行交易的指数期货 FFA，也获得了极大成功，不仅成为货主和船东套期保值的有效工具，也为金融界提供了一个简单易懂投资航运的工具。

在波罗的海指数及其金融衍生品已获得广泛认可和应用的情况下，当时上海提出发展新的航运指数和航运金融衍生品是否具有可行性和必要性呢？

1. 上海发展航运指数和航运金融衍生品的可行性。

从货种上看，发展上海航运指数和航运金融衍生品具有可行性。波罗的海指数主要反映干散货运价的变化，然而，航运市场正发生着集装箱运输快速崛起的变化，众多航运企业迫切需要反映集装箱货物的运价变化的指数。以上海为例，1997 年上海港国际集装箱吞吐量达到 252.7 万标准箱，比上年增长 28.2%，且连续 8 年以年增长率 25% 以上的增幅递增，2013 年以后上海港的货物吞吐量增速

专栏 4.1　波罗的海指数及其金融衍生品

波罗的海指数（BDI）

波罗的海航交所于 1985 年开始发布日运价指数——BFI，该指数是由若干条传统的干散货船航线的运价，按照各自在航运市场上的重要程度和所占比重构成的综合性指数。

1999 年，波罗的海综合运费指数 BDI 取代了 BFI，成为代表国际干散货运输市场走势的晴雨表。BDI 具有以下几个特点：

（1）BDI 是散装原物料的运费指数。

（2）反映运价的航线选择要求地理分布平衡，航线既反映大西洋和太平洋贸易，还反映各大洋间的贸易（保持往返航线的平衡），每条航线权重不超过 20%。

（3）指数的样本数据来源于经纪公司。

基于波罗的海指数的航运金融衍生品

1. 远期运价协议（FFA）

远期运价协议（FFA）是指交易双方就未来的运费价格达成协议，从而实现锁定远期价格的目的。在约定的到期日来临时，合约双方根据协议价格和当时的运费现货（价格指数）进行轧差结算。场外交易市场（OTC）是 FFA 进行交易的主要场所。

FFA 的概念是由航运巨头克拉克松（Clarksons）于 1991 年首次提出，2006年，FFA 交易量达到 165 万笔，交易额约 570 亿美元，约占整个航运金融市场 2/3 的交易。

2. 航运运价期权（FOP）

航运运价期权（FOP）是指一种合约，该合约赋予持有人在某一特定日期或该日之前的任何时间以固定价格购进或售出航运运价的权利。

FOP 最早出现于 1991 年，以 BFI 为基础，采用了欧式期权的形式，在伦敦国际金融期货和期权交易所开创了第一单交易。但之后由于 BFI 的日渐式微，该航运运价期权并没有发展起来，最终于 2002 年 4 月停止交易。

2004 年后，全球经济迎来了景气周期，航运运价的巨幅波动使得运价期权产品又重新获得发展，跻身于航运金融市场中受到市场广泛关注的衍生品序列中。目前，航运运价期权的交易主要集中在波罗的海航运交易所、挪威奥斯陆国际海运交易所以及纽约商品交易所。

资料来源：付文阁、苏晓欢、高扬：《完善我国航运指数的国际经验借鉴——以波罗的海航运指数为例》，《统计研究》2012 年第 6 期。

开始低于集装箱，2015 年出现了 5% 左右的增速差距。集装箱运输的快速发展需要有专门的运价指数反映市场的变化。

从航线上看，发展上海航运指数和航运金融衍生品具有可行性。波罗的海指数主要反映传统干散货船航线的运价变化，即以欧洲鹿特丹港口为中心的发达国家为出发点。事实上，世界贸易形势已经发生了巨大变化，国际干散货海运市场重心正逐渐向亚太地区转移，而传统的航线运价并不能反映这一点。同样以上海为例，自 2010 年至今，上海的集装箱吞吐量连续八年位列世界第一。贸易重心的变化也需要有专门的指数反映运输市场的变化。

从要素上看，发展上海航运指数和航运金融衍生品具有可行性。航运业的资源要素包括货物、船舶、人等，波罗的海指数作为运价指数，只能反映部分市场信息，更广阔的指数内容应该包括其他要素，如船舶的交易价格、人员的薪酬变化、市场景气度等等，从而为市场各方运营与战略决策提供依据。

综上，波罗的海指数及其金融衍生品存在的不足，使得上海具备了进行创新和差异化竞争的空间，同时，依托上海庞大的货物吞吐量和集装箱吞吐量，更依托中国经贸大国的地位与广阔的腹地资源，上海完全可以发展具有"中国元素"和"上海特点"的航运指数与金融衍生品。

2. 上海发展航运指数和航运金融衍生品的必要性。

首先，是发展上海航运服务业的需要。航运指数属于航运信息服务的核心内容，其不仅自身是航运服务的一部分，而且是其他高端航运服务的基础，航运交易、航运保险以及航运金融等高端航运服务业都离不开专业的航运信息研究机构。通过这些机构对航运信息的收集、整合和挖掘，能够发布权威的航运高端服务信息，进而对全球航运资源的配置产生影响，能够促进上海在全球范围内吸纳、凝聚、配置和激活航运发展所需的战略资源，吸引国际知名航运服务企业、国际航运组织和功能性航运机构入驻。

其次，是上海争取成为班轮运输定价中心的需要。如果中国航运界不掌握航运定价权，那么国内航运企业就会承受巨大的海运运费波动风险，对整个航运业的健康发展会产生不良的影响。为此，有必要尽早开发航运指数及其金融衍生品工具，推动上海成为班轮运输市场的定价中心。

再则，是中国航运企业规避市场风险的需要。航运市场是一个波动性很大的市场，中国的航运企业和贸易商在海运市场大幅波动的背景下，承受着巨大的市场风险。BDI 和 FFA 聚焦于国际干散货运输，而由于集装箱运输的快速上升，中国航运企业亟须对集装箱运输的运价及其波动进行管理。

最后，有利于上海发展具有城市特色的航运及相关服务业。航运服务作为服务业的一部分，在上海的经济发展中占据越来越重要的地位。通过航运指数及其金融衍生品的发展，不仅能够形成独具上海特色的航运服务业，还可以繁荣上海的金融市场。打造"上海航运指数"品牌能够显著提升上海的国际认知度、美誉度和影响力。

综合上述可行性与必要性的分析，上海航交所将航运指数及其金融衍生品作为发展上海航运服务业的抓手与突破口，具有重要意义及高度的前瞻性。

专栏 4.2　上海航运交易所简介

上海航运交易所（航交所）是经国务院批准、由交通运输部和上海市人民政府共同组建，于 1996 年 11 月 28 日成立的我国唯一一家国家级航运交易所，是我国政府为了培育和发展中国航运市场，配合上海国际航运中心建设所采取的重大举措。

航交所遵循"公开、公平、公正"原则，围绕"规范航运交易行为，维护航运市场公平，沟通航运动态信息"三大基本功能，现已成为国际班轮运价备案受理中心、国际航运信息中心、航运运价交易中心、船舶交易信息平台和鉴证中心、航运业资信评估中心和上海口岸航运服务中心。美国联邦海事委员会称赞航交所是"世界海运大国市场监管的风向标"，国际权威航运媒体《劳氏日报》也称其为"中国航运信息的源头"。

资料来源：根据上海航交所官网资料整理。

4.2　发展历程

航运指数及其金融衍生品属于航运产业的上游资源。从伦敦和新加坡的经验来看，上游资源附加值较高，获得成本较高，一般由各类市场化的航运机构来整合和运作。例如，波罗的海航运交易所和新加坡交易所都是属于市场化运作的企业。

上海要发展航运指数及其金融衍生品却不能照搬国外的经验，在实践中是以政府为主导进行，即以上海航交所为主体运作，其主要原因是国内外发展的历史和特点不同。国外的航运服务业发展经过了较长的历史沉淀，各项服务由市场自发形成，运作主体必然也是企业；而上海的航运服务业基础薄弱，若仍由市场自发形成，则可能造成与国外差距越拉越大，另一方面，如果由企业运作，中国特有的体制优势在信息整合中的作用将无法体现出来。

在上海航交所的推动下，"上海航运指数"及其金融衍生品经历了快速发展的过程，目前已成为具有国际影响力的信息源和交易产品。

4.2.1 "上海航运指数"的发展

1998 年 4 月 13 日，即上海航交所成立一年半之后，由交通部主持、上海航交所研究编制的中国出口集装箱运价指数（CCFI）正式发布，这是全球航运业发布的首个集装箱运价指数。

自 CCFI 发布起，上海航交所在航运市场不断起伏中勇立信息潮头，陆续发布了十多类航运指数，逐渐形成"上海航运指数"系列。2017 年 7 月 7 日，"上海航运指数（SHSI）"商标正式注册成功。

"上海航运指数"的发展是在中国国际贸易快速发展的大背景下，根据航运市场的需求，不断创新完善而形成的。从表 4.2 可以看出，在近 20 年的发展过程中，"上海航运指数"已经形成了众多类别：从货种上看，既有反映集装箱运输的指数，如上海出口集装箱运价指数（SCFI）等，又有反映散货运输的指数，如中国进口干散货运价指数（CDFI）等；从航线上看，既有反映世界航运市场的指数，如中国出口集装箱运价指数（CCFI）、远东干散货指数（FDI）等，又有反映地区和国内市场的指数，如东南亚集装箱运价指数（SEAFI）、中国沿海煤炭运价指数（CBCFI）等；从要素上看，既有反映航运运价的指数，又有反映船舶和人员的指数。

表 4.2
"上海航运指数（SHSI）"
品牌系列发展历程

资料来源：根据上海航交所官网资料整理。

日　　期	事　　件
1998 年 4 月 13 日	中国出口集装箱运价指数（CCFI）正式发布
2001 年 11 月 28 日	中国沿海散货运价指数（CBFI）正式发布
2009 年 10 月 16 日	上海出口集装箱运价指数（SCFI）正式发布
2010 年 4 月 7 日	上海船舶价格指数（SPI）正式发布
2011 年 12 月 7 日	中国沿海煤炭运价指数（CBCFI）正式发布
2013 年 11 月 28 日	中国进口干散货运价指数（CDFI）正式发布； 中国进口原油运价指数（CTFI）正式发布
2014 年 11 月 27 日	台湾海峡两岸间集装箱运价指数（TWFI）正式发布
2014 年 11 月 28 日	中国进口集装箱运价指数（CICFI）对外试运行
2015 年 7 月 29 日	"一带一路"货运贸易指数、"海上丝绸之路"运价指数试运行
2015 年 11 月 30 日	中国进口集装箱运价指数（CICFI）正式发布； 东南亚集装箱运价指数（SEAFI）正式对外试运行
2017 年 6 月 25 日	中国（上海）海员薪酬指数（CCRI）正式对外试运行
2017 年 7 月 7 日	"上海航运指数（SHSI）"商标注册成功
2017 年 7 月 11 日	"一带一路"贸易额指数（BRTI）、"一带一路"货运量指数（BRCI）、"海上丝绸之路"运价指数（SRFI）正式发布
2017 年 11 月 28 日	远东干散货指数（FDI）正式对外试运行

4.2.2　上海航运金融衍生品的发展

指数的生命力在于应用，除了信息发布功能之外，"上海航运指数"更需要进一步开发相关金融衍生产品，才能真正扩大其影响力，提升上海国际航运中心在全球的话语能力。

为此，上海航交所于 2010 年 10 月联合上海市虹口区国有资产经营有限公司等单位发起成立了上海航运运价交易有限公司（简称 SSEFC），其成立的目的主要是围绕"上海航运指数"开发和发展相关金融衍生品。

尽管上海航交所发布的指数令人眼花缭乱，但适合做航运衍生品到期结算的现货价格指数并不多。判断的准则主要是：（1）现货市场是否具有不确定性。如干散货海运市场运价的不确定性就催生了 FFA。（2）现货市场对不确定的远期市场是否有对冲的需求。如二手船价格是不确定的，但船东一般不会预先设定一个卖出或买入二手船的远期目标（时间、价位），故尽管波罗的海交易所发布二手船价格指数，但至今未推出远期合约的交易品种。

SSEFC 经过研究，将上海出口集装箱、中国沿海煤炭、国际干散货三大航运运价作为衍生品交易标的，以指数期货和运力交收为产品形式，形成了"三个品种，两个系列"的格局。其中，指数期货包括基于上海出口集装箱运价指数和基于中国沿海煤炭运价指数的两类期货，运力交收则涵盖了上海出口集装箱、中国沿海煤炭、国际干散货三个品种。

2011 年 6 月 28 日，SSEFC 推出全球首创的基于上海出口集装箱运价指数的 SCFI 衍生品交易合同。合同以上海出口至欧洲航线（鹿特丹和汉堡）及上海出口至美西航线（洛杉矶和长滩）标准集装箱运价为标的。当年，首笔以 SCFI 作为结算标的的运价衍生品成功实现交易。

2011 年 12 月 7 日，SSEFC 进一步推出基于中国沿海煤炭运价指数（CBCFI）的衍生品交易合同，合同以秦皇岛至上海和秦皇岛至广州两条航线煤炭运价为标的。

有了运价指数期货交易，只能说航运金融衍生业务迈出了第一步。如果集装箱运价交易平台只有线上交割，没有线下现货交收，那很容易使衍生品合同与实际运力之间脱节，从而让其成为资本对赌的工具，聚集大量投机资本，而真正的产业资本却难寻觅。

为此，SSEFC 创新性地提出了航运运力交收产品。通过运力交收，可以实现线下现货的实际交收。如果企业能通过航运运价交易市场为自身的航运需求进行保值，同时在交易过程中或持有至到期时能够转化为实际集装箱运力，将极大地稳定实体企业的生产运营，优化资源的配置。

鉴于此，SSEFC 自 2013 年开始，推出了中国沿海煤炭、上海出口集装箱、国际干散货三大航运运力交易品种，覆盖了航运市场主要货种及航线。

2013 年 10 月 10 日，SSEFC 顺利推出全球首创的实际航运运力交收产品——中国沿海煤炭运力交易；2014 年 2 月 21 日，推出上海出口集装箱运力交易合同；2014 年 6 月 18 日，推出国际干散货运力交易合同。至此，SSEFC 运力交易产品覆盖国际集装箱（欧洲、美西）、国内沿海散货和进口散货三大领域。

这三个品种也成功实现了交易。2014 年 9 月，中国沿海煤炭运力"秦沪 1409 合同"成功交收 4.5 万吨运力，实现中国航运衍生品市场首笔实际运力交收；2015 年 1 月上海出口集装箱运力交易产品实现上海至美西航线的首次运力交收；2015 年 9 月 8 日，国际干散货运力交收产品首次顺利完成交易。

实际的运力交收印证了 SSEFC 三大运力交收产品已初步具备产业功能，实现了金融资本与产业资本的有效融合，三大航运运力交收品种也被列为"十二五"期间上海国际航运中心建设阶段性成果。

专栏 4.3 航运运力交收的一个例子

假如某船东害怕运价下跌，在原来的运价衍生品市场进行了卖出保值，在合同到期之后，价格确实从 100 美元下跌到 70 美元，船东获得了 30 美元的保值收益。然而，指数合同并不能保证船东能够按照 70 美元价格将船租出，如果船东实际的租出价格是 50 美元，船东总共收到 80 美元，仍然亏损 20 美元；如果不幸船东没能租出其船舶（在价格快速下跌时这种情况并不少见），船东将亏损 70 美元。

然而，通过 SSEFC 设计的运力交割金融衍生品，船东可在抛出运力后选择实际运力交割，这样能够保证船东在 100 美元 / 吨抛出运力，按照 100 美元 / 吨收到运费，这样的优势，对于航运企业而言，是显而易见的。

资料来源：根据前海传媒 2016 年对上海航运运价交易有限公司吴笛采访内容整理。

4.2.3 发展中遇到的挑战及其解决

在"上海航运指数"及其金融衍生品建设与发展过程中，遇到了很多挑战，既有指数和产品本身的研发困难，也有政策与体制上遇到的问题。上海航交所在政府和业界支持下，克服困难，最终使其走向国际，服务全球市场。

1. 指数与产品研发的挑战及其解决。

首先，需要进行大量的调研与分析工作。"上海航运指数"及其金融衍生品的类别非常丰富，开发时不仅要考虑区别于其他指数的差异性和代表性，更要考虑未来使用过程中的实用性、时效性，这就要求在货种、航线和权重等方面结合市场实际进行挑选和标准化，因而需要大量频繁的调研与分析工作。

其次，数据源对于指数的编制至关重要，需要付出巨大精力开发编委会成员单位。波罗的海指数全是由经纪人报送相关数据，而"上海航运指数"则汇集了船方、货方以及经纪人，基本将所有的市场参与者都予以纳入，因而在发展编委会成员单位时具有一定的挑战性。在优选编委单位、保证样本的代表性的基础上，对各个潜在的编委会成员还需要不断解释、有足够的吸引力才能够吸引其加入，尤其是有些交易信息涉及企业机密，更是需要让参与的企业充分了解"上海航运指数"对行业发展的推动作用。

最后，还需应对来自其他航运交易所和境外企业的压力。据上海航交所总裁张页介绍，"一是国际上个别机构对上海航交所运价指数研发工作设置了一些障碍，比如不让其会员加入我们的指数编委会，不允许订购他们的指数产品，等等；二是指数研发编制工作不但需要中国航运企业的支持，还须获得境外企业的支持"。

面对上述挑战，上海航交所大力发掘来自政府以及企业的数据资源，通过大量投入及开放创新，不但顺利推出了指数和产品，而且不断完善和扩大，编委会成员单位数量不断增加，指数和产品的内涵和外延也不断扩展，当初质疑上海航交所指数研发的个别机构现在也已经给予了充分的肯定。

2. 政策与体制的问题及其解决。

上海航运运价交易有限公司（SSEFC）于 2011 年 6 月推出基于上海出口集装箱运价指数（SCFI）的衍生品交易合同之后不久，2011 年年底，国务院发布《国务院关于清理整顿各类交易场所切实防范金融风险的决定》，明确要求"除依法设立的证券交易所或国务院批准的从事金融产品交易的交易场所外，任何交易场所均不得采取集中竞价等集中交易方式进行交易"。

SSEFC 根据该决定要求，在保证业务平稳有序的同时，将航运运价衍生品市场的交易模式由电子集中交易更改为场外电子交易，即"运价衍生品报价、登记、清算服务平台"，实行成交确认、实名交易等非连续协议转让模式。

目前国际上较为成熟的航运运价衍生品 FFA，采用经纪人撮合的场外交易模式，这种模式存在交易成本高、交易对手方风险大、信息不公开透明等缺陷。

SSEFC 的航运运价衍生品交易率先实行场外电子交易，以公平、透明、高效的交易机制开启国际航运运价衍生品发展的新篇章，实现了航运运价衍生品的跨越式发展。

与此同时，外部政策环境也进一步明朗。2013 年 9 月，《中国（上海）自由贸易试验区总体方案》提出"加快发展航运运价指数衍生品业务。完善监管制度，防范航运金融风险，加强远期运价监管"。2016 年 6 月《上海市推进国际航运中心建设条例》发布，SSEFC 通过了"清理整顿各类交易场所部际联席会议"的审查，作为上海保留的交易市场之一，更是迎来了全新稳定的发展机遇。

4.2.4　取得的成效

现在的上海航运交易所已经和伦敦航运交易所、纽约航运交易所并称为世界三大航运交易所，它们所发布的一系列专业的航运信息，例如航运指数、航运定价等，是船厂、船舶所有人和航运企业作出决策的重要参考依据。

"上海航运指数"及其金融衍生品取得的成效主要表现在三个方面：市场信息服务、指数挂钩协议以及航运金融衍生品的交易。

1. 市场信息服务。

在现货运输市场上，"上海航运指数"系列已成为港航企业、贸易企业、证券投行等业内外人士第一时间了解市场动态、把握市场走势的重要指标。彭博社表示："上海航交所的指数很受客户欢迎。CCFI 和 SCFI 与国际其他机构德鲁里、WCI 和 CTS 的集装箱指数进行竞争，我们乐于在彭博社上展现其更多的细节。"英国《劳氏日报》曾评价 SCFI 是全球"反映上海出口至世界各地主要航线运价最权威和最准确的指数之一"。国务院台湾事务办公室发言人范丽青评价 TWFI 是"两岸集装箱运输乃至经贸往来的'风向标'，对稳定两岸的运输价格和物流成本、深化两岸海运直航具有积极意义"。上海航交所总裁张页曾五度入选"劳氏全球年度最具影响力航运人物百强榜"，"上海航运指数"系列是其主要成就之一。

"上海航运指数"系列也已进入政府的大数据平台。2013 年，海关总署将 CCFI 应用于其发布的"中国外贸出口先导指数"的编制中。2014 年 9 月 30 日，上海航交所与国家统计局签署战略合作框架协议，上海航交所被国家统计局授予"国家统计局大数据合作平台单位"，上海航交所发布的运价指数成为国民经济价格体系的重要组成部分。

2. 指数挂钩协议。

"上海航运指数"不仅发挥了晴雨表的作用，而且已经直接作为运价的标准。对于航运企业而言，在动荡的市场态势下，现货合同的签署已越来越多地与运价指数挂钩。在中国沿海煤炭运输市场中，使用"上海航运指数"挂钩协议的比重达到40%以上。在国际班轮市场上，使用"上海航运指数"的挂钩协议已成为美国联邦海事委员会运价备案的标准，被大量航运企业引用，包括马士基航运、达飞轮船、中远海运散运等。美国联邦海事委员会前主席李丁斯基表示："美国进

专栏4.4　国际上对"上海航运指数"及其金融衍生品的评述

马士基航运：

我们在中国市场的 CIF 会选择与 SCFI 挂钩，在海外市场会选择采用 CTS。目前与 SCFI 挂钩的合同处于尝试阶段，感觉效果还不错，将来会考虑扩大这类合同。采用指数挂钩合同使合同期内的执行价格反映市场变化的实际情况，在一定程度上避免由于运价波动给企业及客户带来的损失。同时我们也希望有一种机制能把我们从具体的合同谈判中解放出来，与指数挂钩合同是一个可行的方法，有非常好的市场前景。

达飞轮船：

目前，公司与某些 IFF/NVOCC 签约时会采用与指数挂钩的方式，挂钩业务量约占业务总量的 17%，未来该类业务量是否会扩大取决于客户的需求是否上升。我们主要选择与 SCFI 挂钩。我们认为指数挂钩合同可以丰富报价结构，满足不同客户的需求，其未来市场应用前景取决于客户需求的变化。

中远海运散运：

公司每天都在关注上海航交所发布的相关散货运价指数，如 CBFI、CBCFI、CDFI，指数较好地反映了即期市场运价走势，作为第三方机构一定程度上保障了指数的公正性。公司 COA 中的 60%—70% 采用指数挂钩方式，既丰富了运价结算方式，又有利于规避市场波动风险。

资料来源：上海国际航运信息中心：《"上海航运指数"：绽放东方　配置全球》，http://info.jctrans.com/news/hywx/201611292301482.shtml，2016 年 11 月 29 日。

口商和出口商都从我们规则（允许指数挂钩协议备案模式）的改变中获利，这一监管自 2012 年开始生效，让他们能够在运输合同中纳入自行选择的指数。上海航交所在这方面发挥了带头作用，SCFI 和 CCFI 是最受货主欢迎的选择。"

3. 航运金融衍生品的交易。

在运价衍生品的应用中，在 2010 年，以 SCFI 作为结算标的的全球首笔集装箱运价衍生品交易成功实现，填补了国际集装箱运费衍生品交易的空白。克拉克森运费衍生品经纪人曾表示："对于完成对冲交易来说，SCFI 足够精确。"伦敦清算所、新加坡交易所亚洲结算行、上海清算所先后与上海航交所签订指数授权和合作协议，为 SCFI 运价指数衍生品场外交易提供清算服务。2015 年 12 月 8 日，上海清算所推出以 SCFI 作为人民币集装箱掉期交易结算标的和以 CBCFI 作为中国沿海煤炭远期运费交易结算标的的清算服务。从上海出发的运价指数成为国际结算标准，凸显国际衍生品交易市场对于"上海价格"的认可。

4.3　创新设计及特色

"上海航运指数"及其金融衍生品与国际上其他同类产品相比，表现出了鲜明的创新性和中国特色。

4.3.1　类别丰富的"上海航运指数"

20 年来，上海航交所持续研发创新，其陆续发布的十多类航运指数涵盖了集装箱、干散货、油运、船舶买卖、船员薪酬、"一带一路"等。

目前，"上海航运指数"包括了 17 大类指数，200 余个指标，如表 4.3 所示，而全球没有一家发布指数类别超过 15 类的，所以在覆盖指数类别上，上海已经是国际领先了。

1."上海航运指数"中的航运运价指数。

上海航交所将航运运价指数作为指数开发的重点，先后针对集装箱运输和散货运输发布了 11 个相关运价指数。

表 4.3
"上海航运指数"系列指数

资料来源：上海航交所官网。

类 别		名 称	简称	发布频率
集装箱		中国出口集装箱运价指数	CCFI	每周五
		上海出口集装箱运价指数	SCFI	每周五
		中国进口集装箱运价指数	CICFI	每周五
		台湾海峡两岸间集装箱运价指数	TWFI	每周三
		东南亚集装箱运价指数	SEAFI	每周五
散货		中国沿海散货综合运价指数	CBFI	每周五
		中国沿海煤炭运价指数	CBCFI	每日
		中国沿海成品油运价指数	CCTFI	每周五
		中国进口干散货运价指数	CDFI	每日
		中国进口原油运价指数	CTFI	每日
		远东干散货运价指数	FDI	每日
宏观	"一带一路"航贸指数	"一带一路"贸易额指数	BRTI	
		"一带一路"货运量指数	BRCI	每月末
		"海上丝绸之路"运价指数	SRFI	
船员		中国（上海）国际海员薪酬指数	CCRI	每月末
船舶买卖		上海船舶价格指数	SPI	每周三
航运企业		中国港航船企指数	CMEI	每周五

在集装箱运输领域，主要包括 5 个运价指数，即中国出口集装箱运价指数（CCFI）、上海出口集装箱运价指数（SCFI）、中国进口集装箱运价指数（CICFI）、台湾海峡两岸间集装箱运价指数（TWFI）、东南亚集装箱运价指数（SEAFI）(图 4.1)。

CCFI 作为上海发布的第一个航运运价指数，自发布以来，在国内外航运界引起较大反响，并以其科学性、权威性而成为继波罗的海干散货运价指数之后的世界第二大运价指数，被联合国贸发会海运年报作为权威数据引用。

SCFI 是上海航交所为适应国际集装箱运价指数衍生品开发需要，对 2005 年发布的原 SCFI 进行改革而推出的新版指数，于 2009 年 10 月 16 日正式对外发布。新版 SCFI 主要反映上海出口集装箱即期运输市场运价的变化。

目前 CCFI、SCFI 不仅成为反映国际集装箱运输市场的"风向标"，更被广

图 4.1
"上海航运指数"中的集装箱运价指数

泛应用到现货和远期运价交易中，其市场代表性、准确性、灵敏性获得国际广大货主和大船东的高度认可。2010 年，SCFI 科学、规范的编制方法和控制流程通过了毕马威会计师事务所的严格审计。

后三个集装箱运价指数，CICFI、TWFI、SEAFI 则是根据前两个指数的运行效果，进行了针对性开发，目的是形成全面覆盖以中国为原点的、进出口双向的国际集装箱贸易流向。

CICFI 是在中国进口量日益增长，班轮运输双向不平衡性逐渐改善的背景下开发的，主要目的是为了全面反映中国进出口集装箱运输市场行情。TWFI 是为促进海峡两岸间经贸往来与合作交流，全面反映两岸间集装箱运输市场供需态势与价格变化，由上海航交所和厦门航运交易所合作进行了开发。SEAFI 则反映上海出口至东南亚基本港的集装箱即期运输市场运价变化，满足了市场对于了解东南亚区域运价时效性、精细性、灵敏性的需求。

在散货运输领域，"上海航运指数"主要包括 6 个运价指数，即中国沿海散货综合运价指数（CBFI）、中国沿海煤炭运价指数（CBCFI）、中国沿海成品油运价指数（CCTFI）、中国进口干散货运价指数（CDFI）、中国进口原油运价指数（CTFI）和远东干散货运价指数（FDI）。

前三个指数，CBFI、CBCFI 和 CCTFI 主要反映我国沿海干散货的运价变化。其中，CBFI 是在国内水运价格体制改革的背景下开发的，目的是为了综合反映我国沿海散货运输价格的市场变化；而 CBCFI 和 CCTFI 则是在 CBFI 的基础上进行开发，分别反映我国沿海煤炭与成品油运输价格的市场变化。

作为沿海运输市场的"晴雨表"，这三个指数有利于政府部门对沿海运输市场的宏观调控，有利于船公司、货主、贸易企业、港口、代理等相关企业获取市场信息，掌握市场动态。指数的编制规范科学，得到了广泛认可和应用，2012年，CBCFI 顺利通过安永会计师事务所的严格审计。

除了这三个指数之外，另外三个指数，CDFI、FDI、CTFI 主要反映国际干散货市场的运价变化。在国际散运市场，尽管已有闻名航运界的 BDI，但中国在全球散运市场中占有重要地位，矿、煤、粮等大宗散货运输上所占市场份额接近50%。为突出反映以中国为重心的国际散货运输市场状况，上海航交所开发了相关指数。CDFI 反映中国进口大宗散货航线运价及其分货种运价水平；CTFI 与CDFI 同年发布，反映中国乃至亚太地区进口原油运输市场行情变化；FDI 是2017 年发布的最新指数。

上海航交所开发的这三个国际干散货运价指数在亚洲工作时间发布，并广泛采集国际船东、租家和经纪人的运价信息，形式上包括租金和运价，较好地满足了船货双方的需求，获得国际上较为广泛的关注，尤其是在及时、灵敏地反映太平洋市场方面，与波罗的海指数形成了互补。

2."上海航运指数"中的其他指数。

除了航运运价指数之外，上海航交所还针对航运市场中的人、船等要素，以及围绕航运市场景气情况和中国经济发展需要开发出了其他指数，包括中国（上海）国际海员薪酬指数（CCRI）、上海船舶价格指数（SPI）、中国港航船企指数（CMEI）和"一带一路"航贸指数（BRSTI）等四类。

CCRI 是为了反映上海航运市场中人的要素。通过 CCRI 的发布，可以更好地维护中国海员权益，推动海员市场人力资源的优化配置，建立高效运行的海员市场运作体系，促进海员市场健康发展。

SPI 是反映国内外远洋、沿海和内河航区的典型船舶成交价格水平以及波动情况的指数体系的总称，分为价格体系与指数体系两部分。价格体系目前包含 17 个典型船舶估价，远洋、沿海和内河航区的典型船舶样本个数分别为 9 个、3 个和 5 个；指数体系包含 5 条综合指数。

CMEI 通过资本市场投资者对中国航运、港口和造船企业的整体估值及投资信心变化来反映整个行业的整体表现和景气度。同时，也为业内人士和投资者进行行业趋势分析、公司价值比较、行业资产配置及企业业绩评价提供了一个全新的参考标的。

BRSTI 主要反映中国与参与国家共建"一带一路"经济贸易与运输方面的成果，该指数由"一带一路"贸易额指数、"一带一路"货运量指数、"海上丝绸之路"运价指数三大类组成（图 4.2）。美国联邦海事委员会（FMC）前主席李丁斯基曾表示："'一带一路'货运贸易指数和'海上丝绸之路'运价指数覆盖了新的主要贸易地区，将给货主带来更多选择。"

图 4.2
"一带一路"航贸指数

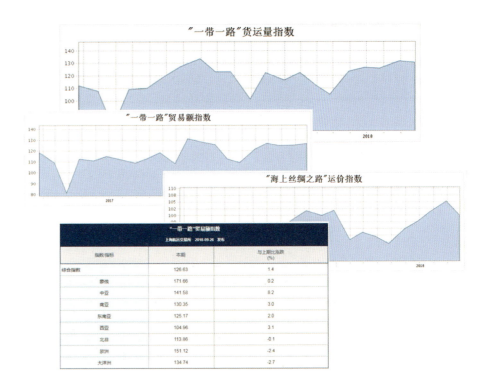

4.3.2　应用为导向的运价指数设计

"上海航运指数"在开发过程中始终以应用为导向，不断根据市场需求进行调整，这也是其获得市场广泛认可和应用的基础。其中，航运运价指数中的上海出口集装箱运价指数（SCFI）的开发最能体现这一特点。

SCFI 的前身可以认为是中国出口集装箱运价指数（CCFI）。CCFI 指数作为中国第一只航运运价指数，为国内航运业参与者提供了一个有益的市场指标，有效促进了行业的信息效率。

然而 CCFI 仅能表征中长期供求关系是其自身局限所在，如果作为航运金融衍生品的标的，则需要在时效性和灵敏度上作进一步改善。因此，上海航交所于 2005 年 12 月 7 日在 CCFI 的基础上进行改进和创新，研究发布了 SCFI。经过几年的探索、发展，上海航交所于 2009 年 10 月 16 日在更新改进的基础上又推出了新版的 SCFI。

表 4.4
新版 SCFI 指数编制方法

资料来源：根据上海航交所官网资料整理。

航线	覆盖上海出口集装箱运输的主要贸易流向及出口地区，分别为欧洲、地中海、美西、美东、波斯湾、澳新、西非、南非、南美、日本关西、日本关东、东南亚、韩国
目的港	为该航线的基本港，如地中海—巴塞罗那 / 瓦伦西亚 / 热那亚 / 那不勒斯；欧洲—汉堡 / 鹿特丹 / 安特卫普 / 弗利克斯托 / 勒阿弗尔；美西—洛杉矶 / 长滩 / 奥克兰；美东—纽约 / 萨凡纳 / 诺福克 / 查尔斯顿；日本关西—大阪 / 神户；日本关东—东京 / 横滨
价格类型	针对一般货主即期市场主流（众数）成交价格的评估价，不因船型、船龄、承运船公司或箱量的特殊性等影响成交价格
附加费构成	燃油附加费（BAF/FAF/LSS）、紧急燃油附加费（EBS/EBA）、币值附加费（CAF/YAS）、旺季附加费（PSS）、战争附加费（WRS）、港口拥挤附加费（PCS）、运河附加费（SCS/SCF/PTF/PCC）等；不包括始发港和目的港的码头操作费、港口设施安全附加费、华南地区原产地附加费、美国自动报关费、内陆转运费等
计费单位	USD/TEU，美西、美东航线为 USD/FEU
贸易和运输条款	出口 CIF，CY—CY
箱型 / 货物品名	普通干货箱，美西、美东航线为一般普通货类
综合指数基期	综合指数以 2009 年 10 月 16 日为基期，基期指数为 1 000 点

表 4.5
新版 SCFI 综合指数编制权重

资料来源：卢玮，《SCFI 期货可行性分析》，上海交通大学硕士论文，2013 年，第 16—19 页。

分 航 线	航线权重（%）	分 航 线	航线权重（%）
欧洲（基本港）	20.0	南非（德班）	2.5
地中海（基本港）	10.0	南美（桑托斯）	5.0
美西（基本港）	20.0	日本关西（基本港）	5.0
美东（基本港）	7.5	日本关东（基本港）	5.0
波斯湾（迪拜）	7.5	东南亚（新加坡）	7.5
澳新（墨尔本）	5.0	韩国（釜山）	2.5
西非（拉各斯）	2.5		

　　新版 SCFI 的开发初衷即是作为航运金融衍生品的标的，因而在指标选取、样本范围、发布频率等方面做了一系列的优化，在时效性、灵敏度、权威性方面实现了突破。表 4.4 和表 4.5 分别介绍了新版 SCFI 分航线和综合指数的编制方法及有关情况。

　　在运价样本选取方面，与传统的 CCFI 的编委会组成结构不同，更与波罗的海指数仅从经纪公司获得运价不同，新版 SCFI 不仅涵盖了班轮公司，还选取了货主货代企业，通过这些编委会成员收集运价信息，进而编制运价指数。

　　编委会成员均是在全球享有盛誉或在某一领域表现卓越、资信良好的企业。目前，有 20 家班轮公司委员和 17 家货主货代委员提供运价信息。

　　班轮公司包括法国达飞轮船（中国）有限公司、中远海运集装箱运输有限公司、长荣海运股份有限公司、上海海华轮船有限公司、赫伯罗特船务（中国）有限公司、汉堡南美（中国）船务有限公司等，这些公司均属于世界集装箱班轮公司百强，这就保证了 SCFI 各航线运价的权威性。

　　除了 20 家班轮公司外，还有 17 家货主货代委员。由于 SCFI 选取的航线均由上海港出发，故而这 17 家货主货代委员也全都选择了本地企业，可以更精准地反映市场价格。货主货代委员如东方国际物流（集团）有限公司、利通物流有限公司、锦海捷亚国际货运有限公司、上港集团物流有限公司等均属于业界知名企业，市场参与程度高，拥有一定的定价话语权。新版 SCFI 与 CCFI 的比较如表 4.6 所示。

	CCFI	新版 SCFI
航线组成	1 条综合指数, 12 条分航线指数	1 条综合指数, 15 条分航线指数
运价含义	即期市场海运费	即期市场海运费及航运相关附加费
编委会	20 家中外航运班轮公司	20 家班轮公司委员和 17 家货主货代
运费起算点	国内十大港口为出发港, 但目的港没有明确规定	上海为出发港, 并且明确规定各条航线目的港
计费单位	USD/TEU	美东、美西航线为 USD/FEU, 其他航线为 USD/TEU
基期	以 1998 年 1 月 1 日为基期	以 2009 年 10 月 16 日为基期

表 4.6
新版 SCFI 与 CCFI 比较

4.3.3　具有中国特色的航运金融衍生品交易设计

如前所述,上海航运运价交易所(SSEFC)目前已开发出基于上海出口集装箱、中国沿海煤炭、国际干散货三大航运运价为标的的"三个品种,两个系列"的航运金融衍生品。

这些产品在合约与交易流程设计上借鉴了国外运价指数期货的经验和教训,融入了符合中国市场环境的产品条款和市场规则,不仅保证了市场的公平、公正、公开、规范,而且尽可能地提高了市场活跃程度,增加了市场流动性。

1. 运价指数期货的合约设计与交易流程。

SSEFC 推出的运价指数期货包括上海出口集装箱运价指数交易产品和中国沿海煤炭运价指数交易产品两类。

(1)合约设计。

上海出口集装箱运价指数交易产品是基于 SCFI 的类期货合约,该系列包括以 SCFI 中上海—欧洲航线、上海—美西航线为标的的两个产品,填补了中国航运金融衍生品市场的空白。

在上海出口集装箱运价指数期货问世不到半年之后,2011 年 12 月 7 日,SSEFC 又开发出了基于 CBCFI 的中国沿海煤炭运价指数交易产品。与前者类似,该产品也包含了两个标的,即以 CBCFI 中的秦皇岛—上海航线、秦皇岛—广州航线为合约标的。

	美　西	欧　洲
交易代码	UW	EU
合同标的	集装箱上海—美西航线运价	集装箱上海—欧洲航线运价
报价币种	美元	
报价单位	1FEU	1TEU
合同价值	1FEU 至 500FEU	1TEU 至 1000TEU
最小变动价位	1 美元 /FEU	1 美元 /TEU
合同月份	当月起连续 6 个月	
交易时间	上午: 9:30—11:30, 下午 13:30—15:00	
结算价	合同单日全部成交的成交价格按照成交量计算的加权平均价	
交割价	截至合同交割日, 前四个连续自然周内 (包含交割日) 上海航运交易所发布的"新版上海出口集装乡运价指数 (SCFI)"对应分航线运价的算术平均值 (交割价精确到 1 位小数)	
每日价格最大波动限制	上一交易日结算价的 ±5%	
交易保证金比例	合同价值的 20%	
每笔最大下单量	500FEU	1 000TEU
单个交易商最大订货量	5 000FEU	10 000TEU
最后交易日	合同到期月份倒数第二个指数发布日	
交割日	同最后交易日	
交割方式	现金交割	
交易手续费	合同价值的 0.05% (单边)	
平今手续费	暂免	
交割手续费	合同价值的 0.1%	
可否转让	可在交易商之间转让	
合同费率	合同上市前一个工作日中国外汇交易中心公布的人民币对美元汇率中间价	

资料来源: 上海航运运价交易所官网。

两个品种在交易平台上市的均为最近连续 1 至 6 个月的标准合约，每月最近的合约到期后会在下月自动推出新的合约。交易采取保证金制，保证金比例为 20%，因而投资者可以获得 5 倍杠杆，放大交易。同时设置了最大涨跌幅限制，防止交易被市场情绪过度左右，影响市场功能的实现。

（2）合约交易方式。

航运运价指数期货合约的交易方式有两种，场内交易和场外交易（OTC）。考虑到中国航运金融市场尚处于起步阶段，成熟市场所采用场外经纪人撮合的交易方式不适合现阶段的发展状况，同时政策上对金融产品场内集合竞价的限制，上海航运运价交易公司采用场外电子交易平台的方式进行交易。

SSEFC 电子交易平台具备了行情查询功能以及自助交易终端，使交易的便捷性得到显著的提升。在该交易平台系统上，客户可以使用网络自行操作，下达买卖指令进行交易；平台会根据所有客户的指令进行交易的自动撮合，然后计算浮动盈亏，并将该信息向结算银行反馈，委托银行进行结算；银行根据平台的委托指令，对客户资金进行划拨，完成整个交易的操作流程。基于此平台，各个合约的持仓量、交易成交量、涨幅跌幅等信息会在系统报价牌上进行实时显示，还可以提供关于走势、K 线图等行情的分析工具和信息。

图 4.3 将国际流行的场外交易流程和 SSEFC 平台上的航运运价指数期货交易流程进行了比较，两者的差别可以从该图中得到更清楚的显示。

图 4.3
场外交易与上海航运运价交易公司交易流程比较

2. 运力交收的合约设计与交易流程。

经过多年航运运价衍生品交易的创新与实践，SSEFC探索出一条为中国航运市场提供健全完善的航运运力交收管理与服务的创新之路。原有现金交割的运价指数衍生品被实际运力交收的交易产品替代，所有到期转让合同均以实际运力交收方式了结。

航运运力交收产品包括中国沿海煤炭、上海出口集装箱、国际干散货三类产品的运力交收，其合约及交易流程以中国沿海煤炭运力交收为典型代表。

中国沿海煤炭运力交收产品是首支全球实际航运运力交收产品，其合同涵盖秦皇岛港至上海港、宁波港、南京港、张家港、福州港、广州港六大煤炭运输航线，直接受益群体包括煤炭产业链上游的生产加工企业、贸易商，下游的煤炭消费企业，如电厂、钢厂等，以及实现煤炭运输的货运代理机构、船公司等实体企业，市场容量庞大。

中国沿海煤炭运力交收合约为连续一年的标准合约。交易采用定金制度，在运力交收环节定金比例为15%。定金制度正中行业痛点，现货市场没有对违约行

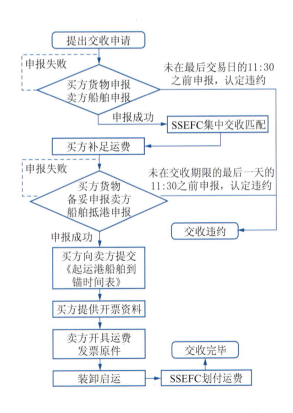

图 4.4
中国沿海煤炭运力交易合同按期交收流程图

资料来源：上海航运运价交易所官网。

专栏 4.6　中国沿海煤炭运力交易合同

交易代码	NS（2014 年），QH（2015 年）
合同标的	中国沿海煤炭运力
报价币种	人民币（RMB）
报价单位	100 吨
合同价值	100 吨至 100 000 吨
最小变动价位	2 元 / 百吨
合同系列	1—12 月
交易时间	9:00—10:15，10:30—11:30，13:30—15:00
结算价	合同当日全部成交的成交价格按照成交量计算的加权平均价
交收价	见附注：交收价计算方式
每日价格最大波动限制	上一交易日结算价的 ±5%
最低定金比例	15%
单笔最大下单量	10 万吨
单个交易商单月最大签订合同数量	500 万吨
最小交收数量	4.5 万吨
交收溢短	±5 000 吨
单个交易商单月最大交收数量	200 万吨
全市场单月最大交收总量	200 万吨
最后交易日交收期限	合同到期月份倒数第二个星期五（以合同上市公告为准）
交收期限	最后交易日的随后七天（以合同上市公告为准）
交收方式	实际船舶运力交收
交易手续费	2 元 / 百吨（单边）
平今手续费	暂免
交收手续费	50 元 / 百吨（单边）（暂收 10 元 / 百吨）
港口升贴水	运费计价以秦皇岛至上海航线为基准，秦皇岛至宁波、张家港、南京、福州和广州航线与基准航线之间实行升贴水； 升贴水为包含最后交易日在内的最后五个交易日上海航运交易所发布的"中国沿海煤炭运力指数"（CBCFI）指数分航线价格和秦皇岛至上海航线价格的差的算术平均值； 运力交收必须符合 CBCFI 指数各分航线所对应的货量和标准船型
可否转让	可在交易商之间转让

资料来源：上海航运运价交易所官网。

为采取必要的惩罚措施，SSEFC 利用定金制度可以督促运力交收双方履约，其中若有一方违约且核查属实，守约方就能获得违约方的定金补偿。同时，合约设计上还根据我国的特点设置了涨跌停板制度、合同数量限额制度、代为转让制度、代为减舱制度等，保证市场功能的实现。

交易商交收申请经 SSEFC 予以审批后，由双方按照现货常规交易流程进行交收，如图 4.4 所示。

4.4　经验启示及展望

"上海航运指数"及其金融衍生品的建设发展过程能够提炼总结的经验非常多。这些经验除了有助于上海国际航运中心建设之外，更为重要的是，在新时期下对上海建设卓越全球城市具有启发意义。

4.4.1　对标国际水准的特色发展

上海在建设国际航运中心过程中，积极对标其他领先的国际航运中心。通过总结伦敦、新加坡、香港等地的发展经验，上海很早就提出要将高端航运服务业作为全球航运资源集聚与配置的建设重点，并借鉴波罗的海指数成功的经验，将航运指数及其金融衍生品作为重要抓手。

在建设过程中，上海把握住全球国际贸易重点区域变化的机会，依托深厚的腹地资源，发展出了具有中国和上海特色的航运指数及其金融衍生品，打造出"上海航运指数"品牌。

这也对上海建设卓越全球城市具有很大的启发意义：一是要把高端服务业作为上海建设卓越的全球城市发展的重点，形成上海的比较优势；二是在卓越的全球城市建设过程中，要把世界最好的标准和最好的水平作为上海发展高端服务业的标杆；三是借鉴之外，高端服务业的发展还需要融入上海乃至中国的特色，才能获得成功。

4.4.2　创新驱动

上海航交所在建设"上海航运指数"及其金融衍生品的过程中，始终坚持贴近市场需求，进行了大量创新。

首先，在指数品种上进行了创新，与波罗的海指数形成了互补与同台竞争的关系。例如，集装箱运价指数、运力交收等均属于全球首创，而远东地区干散货运价指数则与波罗的海指数形成了一定的竞争关系。其次，在指数自身的设计以及数据源上，也遵循规范与权威的原则，形成了自身特色。例如，"上海航运指数"编委会成员不仅包括传统的经纪公司，还包括了班轮公司、货主货代企业等市场主体，更能反映市场的变化，因而更容易为市场接受。最后，在航运金融衍生品上进行了创新，如独创的航运运力交收等。

这对上海建设卓越全球城市的启发意义在于：创新不仅是制造业的驱动力，也是高端服务业发展的驱动力。上海在建设发展过程中，要始终坚持创新在城市发展中所起的作用。

4.4.3　渐进发展

"上海航运指数"及其金融衍生品从无到有、从小到大、从少到众、从被怀疑到被接受，经过了 20 多年的发展过程。尽管在国际影响力上仍与波罗的海指数存在差距，但是已基本实现了"打上海品牌，发中国声音，做国际标准"的设想。

在发展过程中，上海航交所不断根据新的市场需求对指数和产品进行调整，推陈出新，起到了重要作用。例如，上海出口集装箱运价指数是在中国出口集装箱运价指数的基础上发展起来的，其后又在航线、运价构成、编委会等方面进行了革新，最终达到满足市场需求、获得市场接受的效果。

这对上海建设卓越的全球城市的启发意义在于：一方面，对于从劳动密集型向资本密集型再到知识密集型转变后形成的高端服务业，仅仅依靠原来传统的低成本和劳动密集的方式去实现，面临着无法克服的困难，必须转变发展方式；另一方面，高端服务业乃至城市的发展不可能一蹴而就，必须以渐进的思维看待，在历史演进中针对环境的变化不断进行调整。

尽管"上海航运指数"及其金融衍生品建设取得了不俗的成绩，但是随着上海国际航运中心建设的不断推进，其不足之处也逐渐显现出来，主要表现为两个方面：一是对航运指数的深度挖掘不足，二是航运金融衍生品的价格发现功能不能充分发挥。

第一，"上海航运指数"类别丰富固然是其优点，但也带来了负面影响。指数越纷繁复杂，需要跟踪更新与深度挖掘的成本就越大，同时，过多的指数也会带来以量取胜的错觉。事实上，从波罗的海指数成功的经验看，航运指数属于高端航运服务，是劳动密集型向资本密集型再到知识密集型转变后形成的，因此，航运指数成功与否，更看重指数自身的质量，即其是否能有效为市场运作主体提供不可替代的服务。

因此，未来"上海航运指数"可以对目前系列中的个别指数，视市场情况进行调整甚至删除，而对于实践中受到欢迎的指数则进一步做精做细：拓展指数数据收集渠道，研究采用大数据技术等新方法编制；以指数为依托，深度分析和研究市场形势，为市场、会员等提供定制化的市场分析报告；积极推广应用指数挂钩，加强国际市场指数挂钩协议的应用等。

第二，基于"上海航运指数"的金融衍生品仍处于起步阶段，其价格发现功能不能充分发挥。一方面，由于制度的掣肘，上海航运运价指数期货放弃了到期合约按现货指数结算的惯例（FFA 的做法），改成了"运力交收"，但这一"创新"并不符合航运市场的一般商业逻辑，所以也就很难得到市场的广泛认同。另一方面，航运企业的参与积极性不高。国内很多航运企业对航运金融衍生品的风险规避、价格发现等功能不够了解，同时鉴于已有的一些失败经验（如中航油新加坡分公司期权投机事件），"谈衍生品色变"，导致参与航运金融衍生品交易的积极性不高；同时，由于受到外汇管制等因素的影响，国际航运企业也很难参与到上海航运金融衍生品市场之中，没有国际航运企业的参与，其国际认知度更难提升。

未来上海在航运金融衍生品建设方面仍需在突破制度瓶颈、不断创新研发远期交易品种上下功夫。根据上海航交所规划，到2020年将形成覆盖面全、功能定位合理、应用广泛的指数体系，确立上海航交所在国际航运领域指数编制的权威地位，推动上海成为最有影响力的国际航运定价中心之一。展望未来，"上海航运指数"及其金融衍生品的建设将推动上海国际航运中心高端服务取得新突破，提升上海全球航运资源的集聚和配置能力，从而为上海建设卓越的全球城市做出新的贡献。

参 | 考 | 文 | 献

［1］ 张页：《开发上海航运运价指数衍生品　提升航运服务水平》，《航海技术》2011年第2期。

［2］ 卢玮：《SCFI期货可行性分析》，上海交通大学硕士论文，2013年。

［3］ 陈继红、真虹：《上海国际航运服务业集群发展对策》，《港口经济》2009年第30期。

［4］ 付文阁、苏晓欢、高扬：《完善我国航运指数的国际经验借鉴——以波罗的海航运指数为例》，《统计研究》2012年第6期。

［5］ 上海航运交易所：《航运指数》，http://www.sse.net.cn/indexIntro?indexName=intro，2018年10月10日。

［6］ 刘俊：《"上海航运指数"的领军者思维》，http://hd.jctrans.com/hdinfo/2376799.html，2017年11月28日。

［7］ 上海国际航运信息中心：《"上海航运指数"：绽放东方　配置全球》，http://info.jctrans.com/news/hyxw/201611292301482.shtml，2016年11月29日。

5

洋山港四期自动化集装箱码头建设

上海洋山深水港四期码头作为全球最大的第五代单体全自动化智能码头，其综合自动化程度、采用的硬件和软件技术都达到了世界领先水平；设计定位准确，建设按时高质；在总体设计方案与布局、技术和创新等方面体现了上海港对智慧港口、绿色港口、科技港口的追求。上海洋山深水港四期码头建设，立足于最高标准和最好水平，勇于技术创新，创造了世界上多个"第一"，在中国港口发展史上写下了浓墨重彩的一笔。

As the world's largest fifth-generation single automated smart dock, Shanghai Yangshan Deepwater Port Phase IV Terminal has achieved world-leading level in comprehensive automation, hardware and software technology. Its design has been accurately positioned and its construction is characterized by punctuality and high quality. The overall design and layout, technology employed and innovation implemented all embody Shanghai Port's pursuit of smart, green and high-tech port aims. The construction of the fourth phase terminal of Shanghai Yangshan Deepwater Port aims at the highest standards and level. Its construction is typical of relentless technological innovation and has broken many world records. It cannot fail to be an epic project in the history of China's port development.

上海洋山深水港四期码头（以下简称"洋山四期"）建设在探索"智慧港口"方面迈出了领先的步伐，通过高新技术的创新应用，极大提升港口对信息的综合处理能力和对相关资源的优化配置能力。洋山四期的建成进一步强化集装箱货物吞吐能力世界第一地位，巩固上海的国际海港枢纽地位，促进上海对全球资源的集聚与配置，也有利于更好发挥上海的辐射力，对我国特别是长江中下游和杭州湾地区港口的改造升级起到了示范作用。

5.1　建设智慧港口的重大选择

洋山四期建设是增强上海国际集装箱枢纽港综合实力的需要，但不是重复传统码头建设和简单扩大规模，而要探索智慧港口建设，建设第五代全自动化集装箱码头。

5.1.1　建设的迫切性和必要性

近年来，受益于"一带一路"倡议、长江经济带战略及上海自贸试验区的政策利好，洋山深水港在总吞吐量连年创新高的同时，国际中转与水水中转比例持续增长，国际枢纽港地位逐渐确立。

而与之形成对比的是，面对持续增长的货量，几年来上海港既有集装箱码头交出的吞吐量成绩已远远超出当初的设计能力，受制于泊位资源与设备资源的数量，高负荷运转已无法从根本上满足上海港未来逐年增高的吞吐量预期（表5.1）。

表 5.1
上海港码头 2009 年与 2015 年吞吐能力与实际吞吐量

注：集装箱年通过能力为交通运输部核定通过能力，非港口设计通过能力。
资料来源：国家统计局、《上海国际航运中心建设年报》。

	2009 年规划	2009 年实际	2015 年规划	2015 年实际
货物年通过能力（亿吨）	5.03	5.9	5.38	7.17
集装箱年通过能力（万 TEU）	2 002	2 500	2 850	3 653.7

与此同时，上海国际航运中心也面临空前激烈的外部竞争环境，韩国、日本、新加坡和中国台湾等地的许多港口都在着力增强自身作为国际集装箱枢纽港的综合实力。比如，韩国釜山提出了"21 世纪环太平洋中心港"的战略目标，日本神户提出了"21 世纪亚洲母港"的战略目标，中国台湾高雄提出了"亚太运营中心"的战略规划等。着眼未来，上海需要一座新的集装箱码头来承载更艰巨的使命，应对更激烈的挑战，为"一带一路"建设和长江经济带国家战略服务。

在这样的历史背景下，承接洋山深水港一、二、三期工程的历史使命，进一步开发建设洋山四期就提上了日程。

专栏 5.1　上海洋山深水港

自近代开埠以来，上海港一直是个河口港，最初的对外贸易港口都是沿黄浦江、苏州河的河浜形成的。

1996 年上海国际航运中心建设以来，上海港的货物吞吐量快速上升。上海最初形成的港口已然不适应未来的需求，没有深水良港成为上海建设国际大港的一个瓶颈。

对于上海深水港曾经有过多个选项，先后有北上罗泾、东进外高桥、南下金山嘴，甚至宁波北仑等诸多提案。最终，跳出黄浦江，越过长江口、到大海中建设深水港成为时代发展的必然选择。

1996 年到 2002 年，共有国内外 128 家研究机构、高校、咨询公司，计 4 300 多名科研人员（知名专家 780 人，两院院士 20 人）参与了上海洋山深水港的论证工作，完成专题研究项目 200 多个，形成 100 多万字的论证报告。2002 年 6 月，经国务院批准，洋山深水港区一期工程开工建设。

洋山港区规划总面积超过 25 平方公里，包括东、西、南、北四个港区，按一次规划，分期实施的原则，自 2002 年至 2020 年分三期实施。

2008 年 12 月，北港区三期二阶段工程顺利竣工，标志着洋山深水港已初步建成，洋山港为上海港国际枢纽港地位的进一步巩固提供了有力的支撑。

资料来源：根据 2018 年"扬帆新进代——上海国际航运中心建设成果展"相关资料编写。

当前的港口码头可分为传统码头和自动化码头，其中，自动化码头又可进一步分为全自动化码头和半自动化码头。洋山四期定位建设何种类型的码头，关乎着上海港未来的发展。上海国际港务集团于 2013 年开始对洋山四期码头进行规

　　自动化集装箱码头首先在劳动力成本昂贵的欧洲诞生，在欧洲、亚洲、北美、澳洲等地应用案例较多，其与传统集装箱码头最大的区别在于，通过使用先进的管理和控制软件使得运营设备部分或全部替代原先由人工完成的集装箱搬运和装卸工作。全球自动化集装箱码头分布于不同国家和地区，至今已超过 40 多座。

部分全球自动化集装箱码头

所在地区	港口	码头名称	建成年份	所在地区	港口	码头名称	建成年份
欧洲	荷兰鹿特丹	ECT	1993	亚洲	新加坡	巴西班让	1996
	荷兰鹿特丹	APMT MVII	2014		韩国釜山	釜山新港	2009
	德国汉堡	HHLA CTA	2002		阿联酋阿布扎比	ADPC	2012
	比利时安特卫普	DPW	2010	北美	美国弗吉尼亚	APMT	2007
	英国	Thamesport	1996		美国洛杉矶	Trapac	2014
	西班牙阿尔赫西拉斯	TTI	2010	澳洲	澳大利亚布里斯班	DPword	2016

　　根据上海国际港务集团尚东分公司经理罗勋杰的观点，这些集装箱码头根据自动化程度可以分为五代：

　　第一代自动化码头仅在堆场环节实现自动化，其他环节仍保留人工操作；

　　第二代自动化码头进一步在闸口收发车环节实现自动化；

　　第三代自动化码头实现了水平运输环节的自动化；

　　第四代自动化码头则在海侧岸边装卸环节也实现了自动化；

　　第五代自动化码头使用智能控制系统，实现整个码头的智能操作。

　　前两类码头只能称为半自动化码头，约占自动化码头的 2/3，典型的如韩国釜山新港码头、阿联酋阿布扎比 ADPC 码头、美国弗吉尼亚 APMT 码头等；后三类码头可称为全自动化码头，约占自动化码头的 1/3，典型的如荷兰鹿特丹 ECT 码头、德国汉堡港 HHLA CTA 码头等。

　　资料来源：程泽坤、刘广红、张斌、罗勋杰：《国外自动化集装箱码头应用现状及建设借鉴》，《水运工程》2016 年第 9 期。

划，经过详细论证，第五代全自动化集装箱码头成为洋山四期的最优选择。

1. 国家科技进步和发展的需求。

　　工业 4.0 浪潮下，我国提出了《中国制造 2025》计划，上海也在积极建设具有全球影响力的科技创新中心。与全球科技进步相对应的是，港口也正朝着绿色化、智能化、智慧化的方向发展。

我国自动化集装箱码头建设起步较晚，相应的科技积累较为薄弱。在洋山四期码头规划之前，国内的厦门港和青岛港已经开始建设自动化码头，但是采用的关键技术，特别是在自动化码头的工程设计、装备制造和信息系统研发等方面仍大量采用国外的技术。因此，我国亟须通过建设一座具有标杆性的码头来集成和提升自动化码头的开发和建设技术。

2. 上海港全球资源整合的需求。

2020 年上海要基本建成具有全球航运资源配置能力的国际航运中心，上海国际港务集团据此制定了长江战略、东北亚战略、国际战略的"三步走"规划，致力于成为全球卓越的码头运营商。

上海港要实现全球资源整合，需要有强大的管理输出和参与国际码头经营标准制定的能力。例如，2015 年上海国际港务集团获得以色列海法新港码头 25 年的特许经营权，2020 年竣工运营后将成为以色列最大的海港，码头的设施建设、机械配置和日常运营都将由上海国际港务集团负责。这就要求洋山四期建设具有世界领先水平的码头，促进上海港的管理和技术积累。

3. 上海港提升港口效率与岸线生产率的需求。[1]

从作业效率看，上海港每艘船每小时的泊位平均作业效率为 101 次操作（moves），全球排名仅为第 9 位，与排名第一的杰贝阿里港每小时 131 次操作的效率相比仍有较大的提升空间。

从岸线生产率看，上海港百米岸线产量仅 62 万吨，虽好于欧洲汉堡港和国内宁波—舟山港，但与香港、鹿特丹、新加坡等港口相比仍有显著差距，例如香港港的百米岸线产量就达到了 253 万吨。

高标准的全自动化集装箱码头可以极大提升上海港的作业效率与岸线生产率。在上海港吞吐量不断攀升、劳动力成本持续上涨以及岸线资源不足的情况下，洋山四期选择建设第五代全自动化集装箱码头已是必然。

特别值得一提的是，洋山四期的定位选择与其后上海发布的建设卓越全球城

---

① 本小节数据来自张婕姝（2017）。

市的愿景高度契合，二者均强调技术创新对发展的驱动，以及通过提高经济密度和投入产出效率来提升实力。

5.1.2 面临的挑战

洋山四期位于东海大桥以南，依托颗珠山岛及大、小乌龟岛围海填筑形成。该项目是洋山深水港区（北港区）规划的最后一个集装箱港区，位置见图5.1。

图 5.1
洋山四期位置图

专栏 5.3 洋山四期的几个数字

港区设计总用地面积236.16公顷，其中码头生产作业区平均陆地纵深约500米，占地面积145.4万公顷。

工程计划建设5个5万吨级和2个7万吨级集装箱泊位以及1个工作船泊位等配套设施，泊位总长2 800米。

设计年吞吐量为年通过能力初期为400万标准箱，远期为630万标准箱，最大靠泊20万DWT集装箱船。

项目规划自动化运营设备主要包含有：26台双小车岸桥、116台自动化轨道吊（ARMG）和130台提升式自动导引小车（AGV）。

项目总投资约116.6亿元，其中110亿元（含外币23 887万美元）用于港区工程，6.6亿元用于航道工程。

项目资金来源由项目资本金和银行贷款两部分组成，项目资本金占总投资的30%，银行贷款占总投资的70%。

资料来源：张宇欣：《洋山深水港四期自动化码头AGV项目风险管理研究》，华东理工大学硕士论文，2018年，第10—13页。

尽管洋山深水港一至三期的建成为四期建设带来了不少有利条件，但作为世界第一个外海孤岛建港的工程，洋山四期工程仍然面临着诸多困难。

　　自然条件复杂。据中国交建三航局时任洋山四期项目总工韩振飞介绍，洋山四期近海海底地形复杂，码头施工区域易受海浪、天气等自然因素的影响，水下岩石起伏很大，部分地方的岩石表面覆盖的泥沙层太薄，插入泥沙层的钢桩就像把筷子插在稀粥里一样无法稳定，给施工带来了极大的困难。

　　工程规模浩大。洋山四期工程除了传统码头建设所必需的土建工程，如水工码头、深水筑堤、陆域形成及地基加固、房屋建筑、航道工程之外，还需要围绕全自动化集装箱码头的建设目标，进行设备选型与研发、工艺创新、自动化系统开发等。

　　施工条件艰苦。由于地处外海，孤岛施工，因此施工面临着自然条件恶劣、施工区域狭小、原材料供应及运输受限等问题，给施工组织带来了很大困难。

　　建设工期紧张。洋山四期是上海国际航运中心建设的重要工程，码头的科技水平定位极高，吸引了国内外众多关注目光，在技术难度高的情况下要尽快完成工程建设，工期极其紧张。

　　在众多困难中，最具挑战的当属自动化集装箱码头核心系统的构建。自动化集装箱码头的核心系统应是具有高可靠性、高安全、高效率的管控一体化系统，其构建涉及识别、信息、管理、控制等多种技术。一旦实现自动化，核心系统是不允许"试错"的，因为如果发生故障，很有可能导致码头生产瘫痪，这对于一个日集装箱吞吐量达到100万箱的码头而言是不可想象的。因此，自动化系统和设备的可靠性和稳定性至关重要。由于我国自动化码头探索的时间较短，自动

专栏5.4　自动化集装箱码头核心系统

　　自动化集装箱码头的核心系统包括码头操作系统和码头设备控制系统。码头操作系统是各种指令生成及各类设备运行的指挥系统，是保证自动化码头高效运行的最重要组成部分，目前国际上占主导地位的操作系统是Navis；码头设备控制系统是码头操作系统指令的执行者，同时也是设备状态的反馈者，其在现场相当于操作员的角色，目前国际上占主导地位的控制系统是TBA。

资料来源：根据课题组相关调研编写。

化集装箱码头核心系统并未实现完全国产化，其关键技术仍被国外的大公司所垄断，要突破这一瓶颈，需要接受挑战，进行自主创新。

5.1.3 工程建设的组织与管理

洋山四期项目规模大、系统复杂，为了保证这样一个庞大工程的顺利实施，需要建立强有力的指挥团队。

参加洋山四期建设的单位众多，业主方为上海国际港务集团，参建单位则包括四方：以中国交建第三航务工程设计院为主体的勘察设计和科研团队，以上海国际港口工程咨询有限公司为主体的工程项目监理和监测团队，以中港集团第三航务工程局、上海航道局、上海港务工程公司为主体的施工单位，以及以振华重工为主体的设备制造和系统开发团队。

从业主方的角度，需要对项目参与各方进行组织协调，确保整个建设管理系统的有效运转。上海国际港务集团针对洋山四期项目的特点，构建了强矩阵式组织结构：在总指挥和各个副总指挥之下，横向设置了各个职能部门，如办公室、

图 5.2
振华重工洋山四期工程组织结构图

资料来源：张宇欣：《洋山深水港四期自动化码头 AGV 项目风险管理研究》，华东理工大学硕士论文，2018年，第 10—13 页。

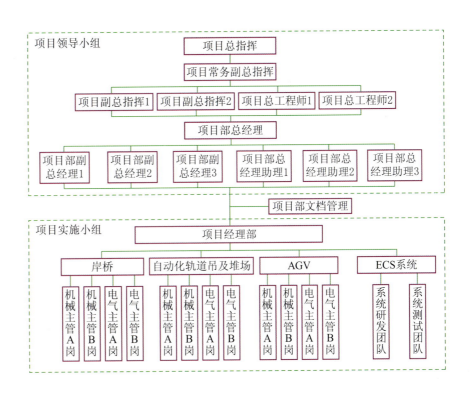

工程部、计划财务部、机电设备部、物资部、生产准备部等；纵向则划分为各个子项目部，实行项目经理负责制，包括码头项目部、陆域项目部、道堆项目部、房建项目部、信息管理项目部、环保项目部等。

与此同时，各个参建单位出于对项目的高度重视，也纷纷组成了最强大、最精锐的项目团队（图 5.2）。

在健全的组织结构保障下，上海国际港务集团和参建单位重点抓施工过程中的进度计划管理、质量管理、安全管理和技术创新管理。

进度计划采用指挥部、监理、施工单位分层管理：总目标分解为节点性目标，再据此编制总控性计划和控制性进度计划，最后落实到各施工单位的详细计划。

质量管理方面则建立了政府、业主、监理、施工单位四方质量保证体系，通过全过程、全方位控制，实现了工程质量总体受控。

专栏 5.5　两个施工过程管理的例子

例 1：安全管理。

船舶管理是深水港安全管理的重点之一，指挥部要求参建单位建立船舶动态安全管理制度和台账，严格执行海事部门有关船舶安全管理的各项规定，把好船舶使用准入关，严禁超载、超员和超区航行，确保了船舶航行安全。

季节性安全工作主要包括夏季的防台防汛、防暑降温和冬季的防寒潮、防突风、防雾等工作，其中，防台防汛工作为台汛期间安全工作的重中之重。指挥部一方面通过召开紧急会议或安全专题会议、发布紧急通知等形式布置、落实防台防汛工作，另一方面积极开展宣传教育，切实提高全体参建人员的防台意识，紧紧抓住落实责任、落实措施、落实船舶撤离等主要环节。通过这些措施的有效执行，洋山四期实现了无重大季节性安全事故的目标。

例 2：技术管理。

上海国际港务集团为了发展自动化码头，一方面专门投巨资成立系统开发公司——上海海勃物流软件有限公司，另一方面积极组织参观学习。除了与国内已建成的厦门远海码头交流之外，还多次组织人员到国外学习，如三次参观德国汉堡码头等。在不断学习借鉴的基础上，最终成功开发了适合洋山四期的自动化码头操作系统。

资料来源：根据课题组相关调研编写。

安全管理方面推行施工全过程动态安全管理，重点实施对危险点、危险源和危险场所进行有效预控的安全管理模式。

技术管理上，对新工艺和新技术依托参建单位组成课题攻关小组，在调研类似项目的基础上，开展模型试验；而对于重大技术难题，则借助"外脑"，开展技术论证和科研攻关。

5.2　设计方案与技术创新

洋山四期建设取得成功，在于港区总体方案和布局的优化，发挥港区综合效能，以及坚持自主技术创新，在工艺设计、新材料应用、系统开发等方面均取得了骄人的成绩。

5.2.1　总体方案与布局

尽管洋山四期拥有大规模深水岸线，但陆域纵深十分狭窄，成为制约港区综合效能发挥的瓶颈。如何突破瓶颈、实现资源利用最大化，是港区总体方案和布局的关键。

为了充分发挥深水资源优势，洋山四期指挥部确定了"三高两低"的总体建设目标：（1）高能力：目标年设计通过能力达 630 万 TEU；（2）高效率：目标船时装卸效率达 400 TEU；（3）高智能：实现主要装卸环节的智能化、无人化操作；（4）低能耗：较大程度地降低港区能源消耗；（5）低排放：大幅降低港区尾气排放。

在深入分析工程建设条件及建设目标的基础上，项目组借鉴国外自动化码头的经验，通过合理确定装卸工艺系统，因地制宜地布置堆场、道路和辅助设施等组合措施，总体上达到了功能布局合理、土地利用率高、综合能力大的既定目标。

1. 合理确定装卸工艺系统。

码头的装卸工艺选择是总体设计方案的核心，直接决定了上述目标能否实现。洋山四期项目组在比较国内外 10 余种装卸工艺解决方案之后，选择了"自动化双小车岸桥＋自动导引车＋自动化轨道吊"的方案。

远程操控让工作人员可以在办公室内通过操作台控制岸桥；自动导引车让码头前沿的水平运输实现了无人化自动进行；自动化轨道吊甚至可以让堆场在夜间无照明的情况下运行。

船舶和堆场计划、配载计划、生产作业路线计划等全部交由系统自动生成，显著降低了码头各个环节的人力资源成本，实现了码头 24 小时全天候、高效、绿色、安全的作业服务。

专栏 5.6　自动化集装箱码头常见的三种装卸工艺解决方案

模式 1："双小车岸桥＋自动导引车＋自动化轨道吊"的全自动化工艺模式。鹿特丹港 Euromax 码头为该模式的代表案例。码头采用满堂布置形式，堆场一般采用垂直码头岸线方向布置，为封闭式；闸口采用智能化闸口，可以自动读取集卡、箱号、自动分配集卡任务等。该模式可以实现码头装卸船、堆场海侧水平运输、堆场装卸作业等自动化，是当今较为流行的全自动化集装箱码头工艺模式。

模式 2："单小车岸桥＋自动跨运车＋自动化轨道吊"的全自动化工艺模式。巴塞罗那港 BEST 码头为该模式的代表案例。相对模式 1，其区别在于岸桥和水平运输环节。水平运输采用自动跨运车时，岸桥不需要采用双小车，可选择单小车岸桥。自动跨运车配备有 GPS 自动导引装置，由计算机控制并且能够沿规划的导引路径自动行驶。自动跨运车在码头取箱过程中，无需等待岸桥或场桥落箱，可直接从地面取箱后进行运输。该模式在当今全自动化集装箱码头中有一定的应用。

模式 3："岸桥＋人工跨运车＋自动化轨道吊"的半自动化工艺模式。新加坡巴西班让码头是该布局模式的代表案例。该模式与模式 2 的总体布置相似，区别在于岸桥、跨运车为人工操作，仅堆场为自动化、全封闭作业。该模式适用于半自动化集装箱码头的同时，为全自动化集装箱码头预留改造空间，因此应用较多。

资料来源：程泽坤、刘广红、张斌、罗勋杰：《国外自动化集装箱码头应用现状及建设借鉴》，《水运工程》2016 年第 9 期。

2. 优化的港区总体布局。

按照上述装卸工艺系统，集装箱从船舶到堆场指定位置的全部过程，大体经历如下几个关键步骤：首先桥吊海侧吊车抓取集装箱，放到桥吊的中转平台上；

接着岸侧的吊车将中转平台上的集装箱放到自动导引车 AGV 上；AGV 依据指定路径，驶向特定的堆场箱区；最后箱区上的轨道吊把 AGV 上的集装箱抓取放置到指定的位置。

围绕着这些关键步骤，洋山四期在泊位、堆场和闸口等方面进行了优化布局。

（1）适应自动化装卸工艺系统需要，优化泊位前方作业地带布置。

为了避免相互干扰，泊位前方作业地带以岸桥陆侧轨道为界，划分为自动化和人工作业区。岸桥轨内为人工作业区，布置 3 条集卡车道及舱盖板堆放区；自动化作业区位于轨道另一侧，又可细分为装卸区、缓冲区和行驶区。

AGV 在装卸区完成装卸后，经穿越车道转弯进入缓冲区排序，根据指令进入相应的行驶车道。泊位前方作业地带布置如图 5.3 所示。

图 5.3
洋山四期泊位前方作业地带断面

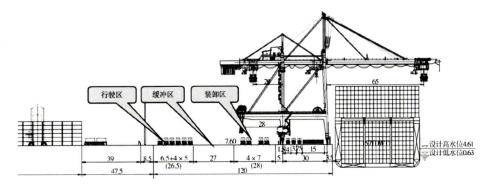

（2）巧妙的堆场布局，实现多元化堆场作业交互模式。

与一至三期工程相比，四期工程的堆场面积小得多。通过作业线与码头垂直布置，并采用高密度堆场方式，大幅度提高了土地与深水岸线资源的利用率，实现了集装箱在港内运输距离的最短化。

自动化堆场平面布置如图 5.4 所示，装卸设备采用无悬臂、单悬臂、双悬臂三种轨道吊，无悬臂箱区和带悬臂箱区采用间隔混合布置。丰富的设备类型带来多元的交互模式，现场作业的机动性和灵活性大大增强，目前这一模式在全球的自动化码头中是独一无二的。

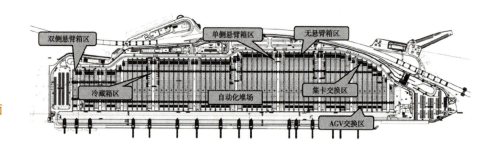

图 5.4
洋山四期自动化堆场平面布置

（3）合理布置进、出港闸口，简化交通流程。

洋山四期陆域横向宽度大，但纵深狭小，且后方紧贴东海大桥。结合东海大桥的交通接口条件，四期工程采用了与其他大多数自动化码头闸口不同的布置模式——"东进西出"分散化闸口布置，一方面适应港区陆域地形条件，另一方面使得外来车辆在港内单向行驶，流向简单，交通效率高。

进港闸口总共布置三级道口，如图 5.5 所示。一级道口为门架式结构，用于读取车辆信息；二级、三级道口联合布置，根据一级道口识别信息，二级道口对进港车辆进行分流处理，一部分由第三级道口进入港区，另一部分进入港外停车场临时等待或补录信息。

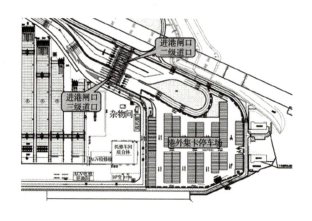

图 5.5
洋山四期进港闸口及港外停车场布置

5.2.2　技术与创新

洋山四期在规划和建设过程中，坚持自主技术创新，在工艺设计、新材料应用、系统开发等方面均取得了骄人的成绩。

硬件方面采用上海振华重工制造的自动化装卸设备，整个装卸过程所涉及的三大机种——自动化双小车岸桥、全锂电自动换电提升式 AGV、自动化轨道吊，均为中国制造。

软件方面，除了由振华重工自行研发的设备控制系统（ECS）作为码头"神经"之外，还采用上港集团自主研发的全自动化码头智能生产管理控制系统（TOS）作为码头的"大脑"。

概括起来，洋山四期的技术与创新突出表现在四个方面：自动定位与智能操作、远程控制与监测、AGV 电池更换站的创新、零排放的环保实现。

1. 自动定位与智能操作。

（1）自动化双小车岸桥光学定位系统新技术。

自动化双小车岸桥由门架小车系统和主小车系统协作完成装、卸船工作。

图 5.6
洋山四期自动化双小车岸桥

通过项目团队自行研发的码头设备控制系统，综合应用 SPSS、TDS、SDS 光学定位系统，实现了门架小车系统全自动抓放箱及主小车系统半自动抓放箱，并具备了吊具与集装箱之间的智能防撞功能。在整个装卸流程中，门架小车系统都是自动运行的，自始至终没有人员参与。

（2）自动化双小车岸桥中转平台的布置与系统实现。

中转平台的布置需解决好锁钮检测及人员安全保障等问题，除此以外，该布置对应的码头操作系统（TOS）及电控系统（ECS）也需具备集装箱台座功能分工、锁钮框更换及人员安全保障等功能。

项目组开发出了符合洋山四期集装箱装卸特征的双小车岸桥中转平台系统，并通过中转平台新型布置方式、TOS 和 ECS 间的辅助配合，来实现码头安全、可靠、高效的目标。

（3）全锂电自动换电提升式 AGV。

AGV 具有无人驾驶、自动导航、定位精确、路径优化以及安全避障等智能化特征，可有效减少营运成本、提高作业效率。且 AGV 以绿色环保全锂电池为设备动力，相比传统柴油发动机驱动，具有自质量轻、能耗较小、能源效率系数高等优势，无主要污染物排放，可获得良好的节能减排效果。

洋山四期项目组开发使用的提升式 AGV，如图 5.7 所示，可直接对接设置在堆场交接区的集装箱支架，有效解决水平运输与堆场作业间的"解耦"问题（"解耦"指的是只分析设备的主要运动，解决设备要求的控制参数较多带来的问题），同时，AGV 无需被动等待堆场设备对其进行作业，大大降低因相互等待而

专栏 5.7　自动化双小车岸桥光学定位系统

由于激光打到目标物体就会返回，通过计算就能得到物体的距离和角度信息，所以通过在自动化双小车岸桥中运用激光定位系统，可以成功实现对吊具和目标集装箱的定位，以及吊具对集装箱的自动抓、放功能。

SPSS 又称为船型扫描系统，使用 3 个高精度和扫描频率的激光器，实现小车当前贝位和相邻贝位的防撞保护和智能减速功能。SPSS 使用触摸屏提供人机交互界面，显示轮廓地图和系统的运行状态，同时配置 DP 从站实现 SPSS 系统和控制系统的数据交换。

TDS 在门架小车系统中主要用于检测目标集装箱的位置和当前列位集装箱箱高、箱长，同时检测旁边集装箱离当前列集装箱最小距离，用于做安全保护。

SDS 的作用是检测吊具的姿态、实时追踪吊具位置，根据吊具的姿态数据对吊具进行定位，并实现防摇功能。

资料来源：顾沁、茹鹏、黄秀松、吴尚：《自动化双小车岸桥光学定位系统新技术》，《水运工程》2016年第 9 期，第 102—106 页。

TOS 系统在船舶靠泊前根据进、出口船图及箱量分布情况计算每条作业路舱面及舱下锁钮数量，得出相应的锁钮框布置方案，同时将单人或多人拆装锁信息推送至岸桥电控。当对单个台座作业状态进行确认时，多人拆锁模式需由左右两侧操作盒同时管控，单人拆锁模式只需由单侧一个操作盒确认即可。

实际船舶作业时，若实际情况与信息不符（即 TOS 系统推送的信息显示该箱无需拆卸锁钮，而实际集装箱需拆卸锁钮），工人需按进入平台按钮，以确认需进平台进行作业。1 台桥吊的中转平台常规配置 2 个拆装锁钮工人。2 名工人同时对一个台座的集装箱进行拆装锁钮作业，作业完毕后 2 人均到达两侧操作盒，同时负责最终确认。此方案工人行走路径统一，负重行走路径最短，电控系统简便，同时安全系数高。

资料来源：朱赟杰、张晓龙、刘树、郭亚梦：《自动化码头双小车岸边起重机中转平台布置》，《水运工程》2016 年第 9 期，第 96—101 页。

造成的能源消耗。

（4）基于新材料的码头面层结构设计。

集装箱在船岸之间的装卸、堆场装卸、水平运输均采用无人驾驶机械，其中，码头范围内的无人驾驶机械包括自动化岸桥和自动导引小车 AGV。为了实现自动化运作，需要在运行区域的地面上埋设磁钉对岸桥和 AGV 进行实时定位。

图 5.7
洋山四期全锂电自动换电提升式 AGV

根据 AGV 对磁钉的要求，码头水平面以下最大 216 mm 范围内不能有金属；同时，在进行岸桥安放集装箱作业时，AGV 的最大轮压为 427 kN，大大超过传统集装箱卡车的最大轮压 73 kN。因此，码头面层的材料既不能使用钢铁等金属材料，也无法完全使用混凝土等常规材料。

针对码头面层的要求，洋山四期采用了新材料进行施工。面层的顶层使用玻璃纤维增强复合筋（FRP 筋）代替传统钢筋。与普通钢筋相比，FRP 筋的抗拉强度标准值较高，抗腐蚀性好，同时，由于是非金属材料又不影响磁钉。孔洞处的盖板则采用 FRP 板或混凝土盖板代替。码头的伸缩缝处采用了两种办法，第一是调整伸缩缝与磁钉的相对位置；第二是采用预制高强混凝土块体加 FRP 锚筋代替护边角钢。

2. 远程控制与监测。

（1）远程操控自动化轨道吊（ARMG）。

自动化堆场垂直于码头前沿线布置，装卸设备为具有远程操控功能的自动化轨道吊，每个箱区海陆侧各布置一台轨道吊，采用全电驱动，不设置驾驶室。

图 5.8
洋山四期自动化轨道吊

依托 AGV 车和箱区支架的检测装置，以及控制管理系统，轨道吊可实现自动运行、自动定位、自动着箱功能，陆侧轨道吊可实现人工远程操控，海侧可实现完全自动作业模式。相对传统柴油机驱动人工操作的 RTG，自动化轨道吊可大大降低设备能源消耗，减少对环境污染。

（2）给排水仪表远程监测系统。

传统集装箱码头给排水仪表监测系统采用手动抄表方法，存在效率低、误差率较高、不能及时监测到管网漏损及仪表设备的故障、不能及时维护处理等问题。

洋山四期采用自动化监测仪表行业成熟的 DCS 系统架构方法，并结合四期工程的具体情况，开发了功能完善、系统可靠、效率高且易操作的自动化集装箱码头给排水仪表远程监测系统。

（3）变电所机械通风及空调远程控制系统。

鉴于传统港区变电站机械通风和空调设备多为就地控制且管理方式粗放，不能满足全自动化集装箱码头的管理要求，洋山四期根据部分变电站位于封闭的无人作业区的新特点，创新设计了变电所机械通风及空调设备的远程自动控制系统，解决了其远程自动控制的问题，并通过优化达到了节能减排的效果。

3. AGV 电池更换站的创新。

合理的充换电方式是超大型全自动化集装箱码头 AGV 中的一个重要课题，洋山四期对多种充换电方式进行比选后，采用了整体更换电池方案。

目前 AGV 使用纯电池作为动力系统的港口主要有荷兰 RWG、APMT MVII、厦门远海港、青岛前湾港等。其中，荷兰 RWG、APMT MVII 码头均为 2013 年建设项目，AGV 电池选用铅酸电池，在码头内布置有电池换电站，这两个码头的换电站均已成功运营，运行状况得到了业界广泛的认可。

厦门远海港自动化码头与青岛前湾港自动化码头为国内自动化码头先驱者，AGV 电池选用锂电池，在码头海侧交换区设有机会充电的装置，即每次装卸箱的时候都会通过布置好的滑触线进行充电补电，目前运行状况还有待时间的检验。

由于国外自动化码头采用整体更换电池方案，并已得到实际运营的证实，而国内自动化码头刚起步，机会充电方式的可靠性尚未得到证实。为了便于充电设施的集中管理、提高 AGV 的设备利用率、简化大型码头的供电设施、减少自动化区域的故障点，洋山四期采用 AGV 整体更换电池的方案。

这个方案的具体要求为：电池更换站及其辅助设备应在第一阶段满足 80 台

AGV 的充电要求，在第二阶段满足最终 130 台 AGV 的充电要求；电池更换工艺要能适应 AGV 车辆使用需求，且电池更换工艺简便；充电机、电池架等设备要布置紧凑合理、技术先进、合理减少占地面积；设备选择要安全可靠，具有电池充电、电池更换、电池监控、电池维护等功能。

由于 AGV 每小时运行 9 个循环，并且需求平均电池更换时间小于等于 6 分钟，所以，AGV 换电站设计需求见表 5.2。

表 5.2
AGV 换电站设计需求

资料来源：金祺、罗劢杰、陈迪茂：《超大型全自动集装箱码头 AGV 电池更换站的布置模式》，《水运工程》2016 年第 9 期，第 66—70 页。

AGV 数量	需要电池最小数量	所需每小时处理 AGV 数量
80	26	8.4
130	40	13.2

项目组比较了三种方案："一个大换电站 + 一个小换电站"，"第一阶段建设两个小换电站 + 第二阶段建设一个小换电站"，"只建设一个大换电站，里面有两个机器人"。最终，根据投资额与安全生产目标选择方案 1，其布置与配置均能够满足远期 130 台 AGV 的充电需求，并在备用电池数量、充电机容量的选用方面做到最优。

通过方案的优化设计，不仅合理减少码头占地面积，而且从根本上满足了换电站备份冗余的原则，即使任意一个换电站内的机器人发生故障，也能够满足远期 130 台 AGV 的峰值充电需求。优化的设计方案最终实现了 AGV 与电池更换站的发展相适应，通过电池更换，使 AGV 换电像加油一样快捷。

4. 零排放的环保实现。

绿色环保不仅是上海港自身建设资源节约型和环境友好型的"两型"港口的需要，也是上海建设卓越全球城市的内在要求。

洋山四期高度重视环保的实现，积极主动在码头设计、设备选型和港口操作等环节采取有效措施促进节能减排。

（1）自动化装备与高效节能辅助装备能源系统。

除了前述的自动化双小车岸桥、全锂电提升式 AGV、自动化轨道吊之外，洋山四期在危险品堆场、特种箱作业区等区域采用电缆卷盘式全电动轮胎式龙门起重机，进一步减少传统柴油起重机对环境的污染。该新型起重机也具备远程操控功能，全电驱动，无二氧化碳排放。

结合码头照明实际和自动化控制特点，洋山四期将绿色、节能的新光源充分运用到码头堆场、房建、道路、停车场等区域，改变传统钠灯照明能源消耗大的现象。岸桥投光灯采用陶瓷金卤投光灯，其他照明采用 LED 照明灯；轨道吊投光灯采用 LED 照明；自动化堆场不设置照明；高杆灯采用陶瓷金卤投光灯等。节能新光源的使用可大大降低照明能源消耗，相比普通的高压钠灯，在同样照度下功率下降近 70%。[①]

（2）船舶岸基供电。

洋山四期在码头岸边设立船舶岸电系统，专门应对船舶在港期间冷藏、空调、加热、通信、照明、生产和生活用电需求。

据国际环保组织自然资源保护协会发布的《船舶港口空气污染防治白皮书》数据显示，一艘使用 3.5% 含硫量燃油的中大型集装箱船舶，一天排放的 PM2.5 相当于 50 辆使用国四柴油货车的排放量。相较于传统码头，岸电系统能满足船舶在港区航行及靠港期间的用电需求，减少大量重油或柴油的燃烧，最大限度降低向大气中排放大量污染性气体，缓解船舶在港期间对当地大气环境的影响，生态效益十分明显。

（3）电网高压动态无功补偿技术。

针对供电网络常处于高负荷状态的实际，洋山四期使用高压动态无功补偿装置进行动态无功补偿，稳定电网电压，改善供电系统的电能质量，保证供电系统运行的安全。高压动态无功补偿技术能提高供电质量、减少送变电过程的线路损耗、节省能源消耗。

（4）太阳能辅助供热。

充分利用洋山港区光照度，洋山四期设立了"太阳能 + 空气源热泵热水系统辅助电锅炉"对职工浴室用水进行加热。太阳能热水系统基本不消耗电能，空气源热泵机组每天晚上利用谷电工作 8 小时，可以节约能耗。

---

① 数据来自方怀瑾、罗勋杰、周维峰（2016）。

（5）中水回用系统。

港区北侧大乌龟山脚绿化带内设置一座 1 000 立方的贮水池，收集清洁雨水作为道路喷洒及绿化浇灌用水。港区危险品箱堆场设置 1 座调节沉淀池，在正常情况下，最多可收集 1 080 立方清洁雨水，作为危险品箱喷淋降温水源，循环使用。

港区各油污水处理站设中水回用水池各一座，能储存油污水处理站一天连续运行的处理水；港区生活污水处理站内设中水回用水池一座，能储存生活污水处理站 1.5 天连续运行的处理水。这样，油污和生活污水处理站处理后的出水均能够达标回用。

除了以上突出的技术与创新之外，洋山四期处处体现着最新的科技成果，从不同方面展示着"中国智造"：在洋山港地基加固中，企业自主开发的振冲自动监控系统能把采集的各项原始数据转换成直观、形象的施工曲线，实时监控整个过程；在沉桩施工中应用 GPS 远程定位技术，克服了常规测量方法在外海施工中的种种困难，提高了沉桩定位精度；首次大规模推广使用 PBC 预拌混合胶凝材料进行高性能砼施工，减少了运输、贮存困难，节省了搅拌时间；洋山工程基础置换全部采用直径 1 000 毫米大直径深水砂桩，是国内首次大面积使用；针对集装箱码头传统冷藏箱钢结构电源插座支架易腐蚀、维护工作量大的特点，采用防腐性能优异的连续纤维增强树脂基复合材料代替传统钢结构作为冷藏箱支架……

5.3　建设成效及经验启示

在合理的港区设计和布局及大量技术创新的基础上，经过高效的组织及建设管理，洋山四期建设取得显著成效，意义重大。在此过程中，也提供了宝贵经验，对上海建设卓越全球城市有重要的启示。

5.3.1　创造了多个"第一"

2014 年 12 月 23 日，洋山四期正式开工；2015 年 11 月，水工码头沉桩作业提前顺利完成；2016年6月，第一批调试桥吊运抵码头；2016年9月，集货区基础建设完成；2016年12月，中控塔初见雏型；2017年5月开始，进入最后调试及开港准备阶段。2017年12月10日，洋山四期历时近三年时间的艰苦建设，如期高质量完成，正式开港，建成后的洋山四期全貌如图5.9所示。

图 5.9
洋山四期码头全貌

　　2017年12月10日，上海洋山深水港区，天气晴朗，万里无云。满载集装箱的货柜船静静地停靠在码头岸边，一排高高的桥吊凌空伫立，几十台自动导引车在旁整装待命。"上海国际航运中心洋山港四期码头开港！"中共中央政治局委员、上海市委书记李强一声令下，汽笛鸣响，这个建设历时近三年的自动化智能码头开始运作，第一箱集装箱从船上吊到了自动导引车上，奔向堆场。有意思的是，除了汽笛声，整个码头没有传统码头的喧闹，全场安安静静，只有自动导引车不声不响地载着集装箱跑前跑后，还有轨道吊在前前后后地移动，将一个个集装箱放到指定的堆场位置。人们印象中脏、重、吵的码头，现在如画一般优雅美丽。

　　洋山四期创造了多个"第一"，在中国港口发展史上写下了浓墨重彩的一笔。

　　首先，洋山四期是全球最大的单体自动化智能码头。自1993年全球第一座自动化集装箱码头在荷兰鹿特丹投产后，到目前为止，全球建成和在建的全自动化、半自动化集装箱码头超过 40 座，而洋山四期无论从面积、泊位还是吞吐能力上，都是位列自动化码头第一。此前，国内先后建设的厦门远海港和青岛前湾港两大智能码头，分别只有 1 个泊位和 2 个泊位，而到洋山四期，达到了 7 个泊位，而且是一次性建成投产。

其次，洋山四期是全球综合自动化程度最高的码头。整个码头的操作只需操作人员远程操控，无需现场干预。例如，海侧的岸桥全部采用自动化远程操控，陆侧使用的轨道吊也实现了自动堆箱，通过安装在自动导引小车上的激光摄像头进行实时扫描，可帮助轨道吊实现精准平稳的自动抓放箱和防摇防扭功能，从而让轨道吊在堆场内部作业时完全实现了自动化运行。

再次，洋山四期是国内唯一一个采用"中国芯"与"神经"的自动化码头。码头软件系统主要由码头操作系统和码头设备控制系统组成，长期以来，这些软件系统被国外几家公司垄断。洋山四期选择了自主研发的道路，集合上港集团和振华重工的科研力量，开发出了安全流畅的自动化码头系统，打破了国外的技术垄断。

最后，洋山四期还在亚洲港口中首次采用中国自主研发的自动导引车自动换电系统。按照设计，更换电池全程只需 6 分钟，电池充满电仅需 2 小时，整个充电过程零排放，可节省能耗 40% 以上。这一系统同样打破了欧美的技术限制与垄断，可为用户提供多样的自动导引车系统方案选择。

洋山四期自开港以来，运营情况足以让人自豪。据上港集团尚东分公司总经理柳长满介绍，截至 2018 年的 6 月底，码头已经合计作业大型干支线船舶近 300 艘次，完成集装箱吞吐量 63.2 万标准箱，昼夜的最高吞吐量达到了 8 955.25 标准箱；生产效率和装卸服务质量稳定，为广大行业客户带来了全新的服务体验。

5.3.2　意义重大

洋山四期的建成和投产，除了标志中国港口行业在自动化码头技术开发和工程建设上实现了里程碑式的跨越升级与重大变革，已跃居世界领先地位之外，更为重要的是，洋山四期的开港意味着上海港已经往"智慧港口"的发展方向迈出了坚实的一步，为上海加速跻身世界航运中心前列提供了全新动力，对上海建设全球卓越城市提供了有力支撑。

洋山四期体现了上海"创新之城"的追求。洋山四期汇聚众多先进科技，全部由中国制造，拥有完全自主知识产权。通过创新，显著提高了劳动生产率，使码头运作效率和通过能力得到极大提升。据估算，相比传统集装箱码头，由于采用自动化集装箱装卸，码头全员劳动生产率可提高 20% 以上，堆场通过能力提升 25% 以上。

洋山四期体现了上海"人文之城"的追求。洋山四期极大地释放了劳动力，表现出强烈的人文关怀。过去，一台桥吊需要配几十个工人服务，现在，一个工人就能服务几台桥吊，而且只需在后方的中控室工作。过去，操作工人坐在 50 米高空的桥吊控制室，俯身向下操作集装箱，眼部、腰部损伤严重。现在，工人坐在中控室，看着电脑屏幕，就可以把庞大的集装箱吊起放下，工作变得轻松。过去，桥吊操作工人大多需要男性壮劳力，现在，无论男女都可以作业了。未来，工人还有望实现远程操控，无须到码头，人在市区控制室就可以操作了。

洋山四期体现了上海"生态之城"的追求。洋山四期使用的三大装卸机种——桥吊、AGV、轨道吊均采用电力驱动，码头装卸、水平运输及堆场装卸环节完全消除了尾气排放问题，环境噪音也得到极大改善。同时，装卸行程的优化以及能量反馈技术的大量采用，也进一步降低了码头的能耗水平。

5.3.3 经验与启示

洋山四期取得的成就众多，能够提炼总结的经验也非常多。这些经验除了有助于其他港口改造或建设自动化集装箱码头之外，更为重要的是，这些经验对上海建设卓越的全球城市具有启发意义。

1. 定位高远。

洋山四期在 2013 年开始进行规划时面临着诸多选择，在码头类型上可选择传统码头、半自动化码头、全自动化码头，在实施方案上可以选择引进国外技术、自主创新等。

上海市政府和上海国际港务集团高瞻远瞩，顶着短期成本的压力，从国家科技进步、港口强国发展的角度，将洋山四期定位为全球最大的自动化集装箱码头，这与2015年上海提出的加快建成具有全球影响力的科创中心、2016年国家发布的旨在实现制造大国向制造强国转变的《中国制造2025》遥相呼应。

洋山四期的高远定位展现了上海的眼光与胸怀，对上海建设卓越全球城市的启发意义在于：未来上海规划建设项目时，必须紧紧抓住卓越全球城市的内涵，不仅仅立足于城市自身需要，更要从区域和全球视角审视项目的定位；不仅仅立足于当下的发展水平，更要着眼于未来的发展趋势。

2. 自主创新。

洋山四期的广大工程技术人员和建设者发扬开拓创新的精神，敢于创造、勇于探索，不断优化工程设计方案和施工工艺，突破技术瓶颈，解决了一个又一个难题。在工程取得成功的同时，洋山四期还培育了一批优秀的工程技术人才，形成了一批国家级科技创新成果。可以说，洋山四期走出了一条具有中国特色、时代特征和上海特点的科学创新之路。

洋山四期的成功很好地诠释了创新是发展的原动力，对上海建设卓越全球城市的启发意义在于：必须加强创新在城市发展中所起的作用，通过创新带动产业和城市的转型升级；特别是对于受到国外垄断和限制的技术，更需要强调自主创新的作用。

3. 上海特点。

洋山四期从规划、管理到施工，无不融入了上海特色。在规划上，上海市政府和上海国际港务集团追求卓越，将洋山四期定位为第五代全自动化集装箱码头；在管理上，指挥部精明务实，针对洋山四期码头的建设特点，构建组织结构，加强过程控制，是工程建设成功的关键；在施工过程中，以上海本地建设单位为主的团队踏实肯干，对工程建设作出了贡献。

洋山四期码头建设过程中展现的上海特点，对上海建设卓越全球城市的启发意义在于：将中国元素与上海韵味注入城市建设中，将是对"卓越"最好的诠释。

4. 洋山精神。

在洋山深水港建设全程，广大建设者充分认识建设洋山工程的重要意义，用心血汗水培育和体现了"洋山精神"，即不辱使命的负责精神、勇挑重任的拼搏精神、保持本色的奉献精神、不断学习的进取精神、团结协作的大局精神。

诚如周其仁教授指出的那样，"上海要将别的地方难以做的事情作为自身的主攻目标，聚精会神地做那些其他城市做不了的事情"。由此，洋山四期建设对上海建设卓越全球城市的又一个启发是：在抓住上海特点进行错位竞争时，要充分宣传发扬"洋山精神"，攻克城市建设过程中的难题，努力形成城市竞争的壁垒。

雄关漫道真如铁，而今迈步从头越。洋山四期的建成已成为上海港发展的新起点，打造自动化码头是主动迎接港口行业变革的第一步。建立并不断完善集互联网、物联网和码头自动化技术为一体的、多边界属性的、系统化的港口生态圈将是上海港未来努力的方向。未来三年，上海港将通过对其他码头的改造升级，伴随产能的逐步释放，努力使自身建设成为智慧港口、绿色港口、科技港口的典范，为上海建设卓越的全球城市贡献力量。

参 | 考 | 文 | 献

［1］ 谢卫群、沈文敏：《这个码头看不到人》，http://politics.people.com.cn/n1/2017/1211/c1001-29697271.html，2017 年 12 月 11 日。

［2］ 程泽坤、刘广红、张斌、罗勋杰：《国外自动化集装箱码头应用现状及建设借鉴》，《水运工程》2016 年第 9 期。

［3］ 张婕姝：《全球视野下的国际航运中心发展》，上海浦江教育出版社 2017 年版。

［4］ 洋山同盛港口建设有限公司：《上海国际航运中心洋山深水港区一期工程论文集》，人民交通出版社 2006 年版。

［5］ 张宇欣：《洋山深水港四期自动化码头 AGV 项目风险管理研究》，华东理工大学硕士论文，2018 年。

［6］ 刘广红、程泽坤、罗勋杰、庄骅、何继红：《洋山四期工程全自动化集装箱码头总体布置》，《水运工程》2016 年第 9 期。

［7］ 顾沁、茹鹏、黄秀松、吴尚：《自动化双小车岸桥光学定位系统新技术》，《水运工程》2016 年第 9 期。

［8］ 朱赟杰、张晓龙、刘树、郭亚梦：《自动化码头双小车岸边起重机中转平台布置》，《水运工程》2016 年第 9 期。

［9］ 王晓晖、顾祥奎、陆敏：《全自动化集装箱码头面层结构设计》，《水运工程》2016 年第 9 期。

［10］ 王施恩、何继红、林浩、罗勋杰：《自动化集装箱码头堆场布置新模式》，《水运工程》2016 年第 9 期。

［11］ 牛建涛、徐兆祥、周维峰、陶永飞：《自动化集装箱码头给排水仪表远程监测系统》，《水运工程》2016 年第 9 期。

［12］ 丁飞虎、张斌、牛建涛、唐杰:《自动化集装箱码头变电所机械通风及空调远程控制系统设计》,《水运工程》2016
      年第 9 期。

［13］ 金祺、罗勋杰、陈迪茂:《超大型全自动集装箱码头 AGV 电池更换站的布置模式》,《水运工程》2016 年第 9 期。

［14］ 方怀瑾、罗勋杰、周维峰:《自动化集装箱码头环境保护分析与展望》,《水运工程》2016 年第 9 期。

6

上海轨道交通
建设发展

轨道交通长期以来被公认为解决大城市交通问题，促进城市内部经济资源输送的有效手段，并逐渐发展成为城市公共交通系统的主干，承担城市运行与发展的大部分出行活动。上海在城市化过程中，为解决紧迫的交通问题，满足不断上升的出行需求，在轨道交通网络建设领域投入规模巨大，并通过技术国产化和创新，克服建设施工中面临的诸多难题，建设进度不断加快，在较短时间内形成了有效的轨道交通网络，体现了大量"以人为本"的设施建设及人性化因素。未来在全面建成轨道交通基本网络的基础上，对照国际经验及先进做法，上海将进一步优化轨道交通系统。

Rail transit has long been regarded as an effective tool to solve the traffic problems in large cities and to facilitate the transportation of economic resources within the city. It has gradually become the backbone of modern urban public transportation system and undertakes most of the travel activities of urban operation and development. In the process of urbanization, in order to solve the urgent traffic problems and meet the rising travel demand, Shanghai has invested enormously in the construction of a large-scale rail transit network, and overcomes many difficulties during construction through technology localization and innovation. The construction process has kept accelerating and the rail transit network has been formed within a relatively short time. A large number of convenient human-oriented facilities and humanistic designs were incorporated. Upon completion of the basic rail transit network, Shanghai is aiming at further optimizing the system by drawing on international experiences and best practices.

本章聚焦研究上海轨道交通系统中的市内线，即地铁网络的发展历程。该历程不仅包括路网规模的扩大与延伸，还包含重要建设技术的国产化和创新，以及相关软硬件完善与结构设计方案优化。在此基础上，上海地铁运营系统不断创新，建立了包括诸如防火、应急疏散、应急处置、监控、运营信息直播等在内的各个子系统。在对照国际先进经验基础上，我们提出上海轨道交通系统进一步发展与优化的对策思路。

6.1　发展背景

轨道交通是解决大城市交通问题，促进城市内部经济资源输送的有效手段，并逐渐发展成为城市公共交通系统的主干，其对城市空间布局及形态发展影响重大。世界上轨道交通发展已有较长历史，并形成了相当规模和完善形态。上海在轨道交通建设与发展方面属于后起者，对此同样具有重大必要性和迫切性。

6.1.1　轨道交通建设的迫切性

交通基础设施是城市空间布局的基本骨架，是城市空间扩展的主要内在适应性因素，对城市空间形态影响巨大。轨道交通被公认为改善大型城市交通状况的根本途径，是城市交通的发展方向。随着上海城市规模不断扩大以及城市功能与形态变化，带来交通需求的迅速增长和城市空间布局的重新调整，常规公交已无法满足特大城市的交通需求，轨道交通建设发展成为其必然选择，尤其是通过开发地下空间来解决城市发展中的交通问题。

在城市发展历程中，交通方式与技术的每一次革新都对城市空间形态的演变起举足轻重的作用。人类最早是以步行为主的移动手段，城市形态结构主要取决于人类步行能力与距离，社会经济运作范围有限。因而，城市发展集中在小规模点状环形的核心圈，利用核心集会空间进行重要商业与政治行为。此时，城市规模大约为步行一小时活动范围，其典型特征是高密度，街道长度和城市规模较小。后续的马车时代，基本只是从原有核心向外扩张活动范围。

有轨电车的出现打破了步行城市的移动限制，借助轨道交通的扩张与牵引，原有城市紧凑发展格局被拉开，铁路沿线车站形成多个新的城市核心，并进一步由这些新的核心向外放射扩张。有轨电车交通让城市发展出现了两个新结构变化：第一，铁路技术为城市带了一种线性发展体系与点状扇形放射体系；第二，由于轨道站向外发展相互重叠，城市出现了串珠状的带状发展走廊，同时城市也将生活圈扩张至郊区。

当城市以小汽车交通为主时，对交通站点与枢纽设施没有要求，人们开始摆脱在居住、出行等方面对公共交通的依赖，主干路、次干路与支路等城市道路沿线土地有较高可达性，人们经济活动围绕着纵横交错的城市道路分散开来，城市空间形态沿水平方向蔓延发展。以小汽车为主的交通模式，容易导致城市发展失控。

现今城市发展则改为走向交通工具的综合混用阶段，城市开始转移到以步行与轨道交通为主的城市优点，并开始将步行与轨道交通提升为城市发展核心。以轨道交通网络为骨干的综合交通系统时代是对以往交通方式的重要变革。这一系统具备庞大的网络和功能，具备在长距离短时间内对人与物实现位移，对于促进城市规模扩张，提高城市功能与活力的作用不言而喻。综合交通运输系统与城市功能区紧密结合，功能强大的轨道交通对城市功能分区有着强有力的促进作用，而城市功能区形成后又产生对轨道交通的大量交通需求。

综上所述，城市空间规模与交通方式密不可分。交通方式通过对城市区域可达性来影响土地使用功能。通勤时间对扩大城市规模有重要作用，在通勤时间内的出行范围往往是城市空间范围。轨道交通具有运量大的特点，是城市交通系统的骨干，其所承载的大量客流对一个地区功能的形成起着支撑引导作用。同时，轨道交通建设在地下，各线路一般不交叉，高度集中的调度运营方式，不存在被其他交通流干扰的情况，故而能保证运行速度。

特别对于高密度紧凑形态布局的城市来说，土地开发利用强度大、密度高而且城市布局集中，从而要求具有高运载能力的交通模式与之相适应。轨道交通由于运量大，运能集中的特点，是人流集聚点和城市功能区聚集中心，本质上是一种高强度土地开发模式下的大运量公共交通系统。这种交通方式占用土地资源较少，资源浪费和环境污染小，是城市交通可持续发展的方向。

城市轨道交通作为城市投资最大的基础设施，其经济效益在城市经济发展过程中扮演着重要的角色，轨道交通的外部性效应对于城市经济发展方向的引导作用十分明显。城市轨道交通建设和运营能拉动工业、运输、房地产等相关产业发展，刺激就业。当城市轨道交通形成网络化发展运营后，其他各种网络（如交通运输、服务、商贸物流等）都可被搭载其间。轨道交通网络强大的聚集和释放效应使网内的客流、物流、资金流、信息流等资源和服务在城市区域及其周边快速流通，在一定程度上改变了社会消费、生活和生产方式，对城市未来经济运作产生深远影响。由于轨道交通的出现大大影响了人们日常能承受的移动范围、速度与可达性。空间可达性不同，直接连带改变土地价格与使用方式，带动沿线房地产的增值，产生极大的外部效益，进一步拓展城市发展空间。

6.1.2　国内外轨道交通发展

世界轨道交通自诞生已有一个半世纪的历史，其发展大致经历了萌芽、成长、快速发展三个阶段。

西方早期轨道交通系统在小汽车和公共汽车问世之前发展起来，当时主要出行方式是步行和马车。轨道交通作为唯一长距离、大容量快速公共交通工具，占领了庞大且不断增长的市场。伦敦于 1863 年开通运营的地铁是世界第一条地铁线路。至 1899 年，美、英等 5 个国家 7 个城市开通地铁。1900 年到 1924 年，欧美又有 9 个城市新建地铁线路。1925 年到 1945 年间，由于受世界大战影响，世界各地地铁建设速度明显放缓。二战后，从 1950 年到 1974 年，欧洲、亚洲、美洲共有 30 余座城市开通地铁。从 1975 年到 2000 年，相继又有 60 余座城市新建地铁开通运营，其中，亚洲城市 20 余个。20 世纪七八十年代是各国地下轨道建设的高峰。发达国家的主要城市，如纽约、华盛顿、芝加哥、伦敦、巴黎、柏林、东京、莫斯科等均基本完成地铁网络建设，而后起的中等发达国家和地区，特别是发展中国家地铁建设相对滞后。亚洲共有 26 个城市有地下铁道，除了东京与大阪在二次大战前就建有地下铁道外，其余 24 个城市均在战后建成，因此，亚洲的地下铁道兴建高潮大体比欧美发达国家晚十年。20 世纪八九十年代环保问题、能源结构问题突出，在经济可持续发展战略方针指导下，全世界又掀起了新一轮的轻轨交通系统建设高潮。据不完全统计，2018 年，全球有 55 个国家 170 多座城市修建了地铁，线路总长度 5 500 多公里；有 200 余座城市建设了轻轨，轻轨线路总长度 26 000 多公里。对于大中型城市，城市轨道交通在缓解地面交通压力、疏散城市中心区人口、改善城市环境等方面发挥着极其重要的作用。

尽管小汽车进入家庭后对轨道交通有一定影响，但世界上许多发达国家仍然实施"公交优先"交通管理模式。特别是那些历史悠久，高密度建成区的城市轨道交通长盛不衰。以东京和伦敦为例，轨道交通分别承担了 86% 和 71% 的客运量，是居民最主要的出行方式。由于轨道交通明显运量优势，世界各国都越来越认识到建立轨道交通系统的重要性。经过 140 多年发展，世界上经济水平较高的城市，大多具有较成熟与相对完整的轨道交通系统，相当一部分城市轨道交通运量占城市公交运量比重达 50% 以上，有的甚至超过 70%。世界各国纷纷开始采用立体化的快速轨道交通来解决日益恶化的城市交通问题。大城市逐步形成了目前以地下铁道为主体，多种轨道交通类型并存的现代城市轨道交通新格局。

改革开放 40 年以来，我国城市轨道交通正逐步进入稳步、有序和快速发展阶段；尤其是近 20 年，由于国家政策的正确引导和相关城市对规划建设轨道交通的积极努力，从发展速度、规模和现代化水平，突显了后发优势。

我国轨道交通发展始于北京，1965 年 7 月北京地铁一期工程正式开工，于 1971 年 1 月 15 日开始试运营，1981 年经国家批准正式投入运营，这是中国内地开始修建内地第一条城市轨道交通系统。1984 年 9 月 19 日，北京地铁二期工程沿建国门、东直门、西直门、复兴门站以"马蹄型"试运营。

天津地铁于 1970 年 4 月 7 日开工，1976 年 1 月 10 日通车。其后，上海地铁轨道交通 1 号线于 1995 年 4 月 10 日正式运营，是继北京地铁、天津地铁后，中国内地投入运营的第三条城市轨道交通。

广州地铁 1 号线于 1999 年 6 月通车运营 18.5 公里，北京地铁复八线于 1999 年 9 月通车运营 13.5 公里。到 90 年代末，经过近十年建设，城市轨道交通共增加 54 公里，运营里程达 97 公里。

由于在轨道交通装备制造中始终坚持国产化方针，并有效地采用众多新技术、新设备，使地铁每公里造价由初期的 7—8 亿元人民币降低到现今 4—5 亿元，建设水平跃上了新台阶，接近国际先进水平。一条 20 公里的线路，3—4 年就可建成并通车运营。

截至 2018 年 7 月，我国已开通地铁的城市有 36 个，累计开通城轨交通线路 165 条，线路总长达 5 033 公里。其中，地铁 3 884 公里，占比 77.2%；其他制式城轨交通运营线路长度约 1 149 公里，占比 22.8%。表 6.1 给出我国当前主要城市地铁的开通时间。

表 6.1
我国各主要城市地铁开通时间

资料来源：根据相关资料整理。

2005 年及以前（除高雄捷运）			
北京地铁	1971 年 1 月 15 日	天津地铁	1976 年 1 月 10 日
香港地铁（港铁）	1979 年 10 月 1 日	上海轨道交通	1995 年 4 月 10 日
台北捷运	1996 年 3 月 28 日	广州地铁	1997 年 6 月 28 日
长春轨道交通	2002 年 10 月 30 日	大连轨道交通	2002 年 11 月 8 日
武汉轨道交通	2004 年 9 月 28 日	重庆轨道交通	2004 年 11 月 6 日
深圳地铁	2004 年 12 月 28 日	南京地铁	2005 年 4 月 10 日
高雄捷运	2008 年 3 月 9 日		
2010 年以后			
沈阳地铁	2010 年 9 月 27 日	成都地铁	2010 年 9 月 27 日
佛山地铁	2010 年 11 月 3 日	西安地铁	2011 年 9 月 16 日
苏州轨道交通	2012 年 4 月 28 日	昆明轨道交通	2012 年 6 月 28 日
杭州地铁	2012 年 11 月 24 日	哈尔滨地铁	2013 年 9 月 26 日
郑州轨道交通	2013 年 12 月 28 日	长沙轨道交通	2014 年 4 月 29 日
宁波轨道交通	2014 年 5 月 30 日	无锡轨道交通	2014 年 7 月 1 日
青岛轨道交通	2015 年 12 月 16 日	南昌轨道交通	2015 年 12 月 26 日
福州轨道交通	2016 年 5 月 18 日	东莞轨道交通	2016 年 5 月 27 日
南宁轨道交通	2016 年 6 月 28 日	合肥轨道交通	2016 年 12 月 26 日
桃园捷运	2017 年 3 月 2 日	石家庄轨道交通	2017 年 6 月 26 日
贵阳轨道交通	2017 年 12 月 28 日	厦门轨道交通	2017 年 12 月 31 日
乌鲁木齐轨道交通	2018 年 7 月 9 日		

6.2　发展历程

　　上海轨道交通建设和发展，与发达国家相比，起步较晚。即使在国内，也是 1995 年才开通地铁 1 号线，在北京、天津之后。但在不到 30 年的时间里，上海轨道交通建设在面临诸多难题情况下取得长足进展，全面建成轨道交通基本网络。

6.2.1　建设中面临的主要难题

　　上海地铁建设大部分工程项目都在市区繁华地段，实施过程面临高难度、高风险，同时工期紧，施工周围环境苛刻等困难。以上海地铁在世博会之后开始动工的新五线为例来分析。所谓"新五线"指上海地铁 2012 年底开通的 5 条地铁线路，包括 9 号线南延伸段、11 号线北段二期、12 号线东段、13 号线一期东西段和 16 号线，共 80 个车站，150 公里隧道。当时，有 23 个地铁站在建，其余的土建施工已经阶段性竣工，盾构区间剩余 19 个。新五线共 7 个换乘车站。

1. 常伴有台风、汛期自然灾害。

　　上海市区地面高程一般在 3—4 米，黄浦、静安等地在 3 米以下；地区地势平缓较低，有多条河流，其中排水河道最大的是黄浦江。每年上海都会经历梅雨季节，持续时间长，还伴有汛期，汛期雨量占整年一半以上；受太平洋热带气旋影响，汛期当地还会有突发性暴雨灾害。海陆和热岛效应变换，同时地面沉降、海平面上升影响，上海地区灾害频数和频率有不断上升趋势，特别是局部性灾害逐年增加，这对于上海地铁建设带来不利影响。

2. 对周围建（构）筑物影响巨大。

　　近年，上海城市各级管理层和地铁工程参建方在具体实施过程都注意并尽力降低工程建设对环境的影响。但上海作为都市化大城市，特别在市中心地段施工，高楼林立，大量建（构）筑物，必然会给地铁建设带来施工交叉困难。例如，13 号线淮海路站周边重点建（构）筑物有地铁 1 号线隧道、卜龄公寓、向明中学等；同时，该站 32.7 米基坑开挖深度，这一深度在地下承压水影响范围内，施工条件极为苛刻。而新五线工程拥有众多换乘枢纽站：除 3 号线换乘汉中路站和南京西路站和 2 号线换乘龙华站，还有大量与已运营 2 号线的换乘车站，这些都深基坑工程车站；同时周围大量建（构）筑物、管线和拥挤交通，给地铁实施增加了难度。

3. 地质水文条件复杂。

上海地层为第四世纪沉积层，大量软土地层分布在地下 0—40 米，主要为溶水性高、压缩性大、易塑流的黏土、粉质黏土、淤泥质黏土等。地面水系发育，有黄浦江、苏州河、吴淞江、川杨河、蕴藻浜、白莲泾等十条河流，地下有承压水、微承压水，以及其他多层承压水。上海地质水文特点给地铁建设带来了不少的问题，行内常说，"上海地铁是在豆腐里打洞"。例如，新五线地铁工程埋深不断加深，因为新五线是建在既有线路基础上，工程地质随着站深度的加深发生了本质的变化。地铁站基坑工程在软黏土的变形控制问题上，还增加承压水降压及环境影响控制问题（刘建航、侯学渊，1997；白廷辉，2005）。新五线大约 3/4，68 座车站深基坑工程属于超深基坑，开挖深度普遍超过了 20 米。在新五线建设中，一般会出现上部软黏土层的影响以及下部承压水层的影响；埋藏浅但却有复杂的地质情况在金沙江路沿线的 13 号线 1 期工程尤为突出，建设过程中质量、安全、环境保护都需要在水文地质条件下实施。

4. 对施工范围运营项目影响大。

地铁建设过程中对于保护周围建（构）筑物虽然有难度，但相比较而言对运营项目的保护更是一个难题，按厘米计算的运营许可结构位移标准更为苛刻（刘纯洁，2000）。例如，12 号线龙槽路站，车站基坑与 3 号线高架区间下 2 个桥墩距离十分近，假如基坑开挖前没有对桥墩做好保护或隔离措施，开挖后桥墩单侧土压力将被释放，极易造成桥墩发生过大位移，严重影响 3 号线运营安全。所以说，在新建地铁站的实施过程中，尤其与已运营项目有交叉的工程，要控制好已建项目的结构变形，同时还应合理安排好施工工序，防止施工中产生的水、声、光、气、噪声污染，满足运营需求。

6.2.2　发展阶段

轨道交通的发展阶段往往与城市化进程一致。结合上海轨道交通发展历程和地铁相关项目建设与进展，其建设发展历程从路网规模角度可划分为三个不同阶段：基本网络构建阶段、基本网络建成阶段、基本网络的补充和延伸阶段。各阶段轨道交通线路规模不断扩大延伸形成网络，轨道交通网络经历了一个从量变到质变的过程。通过对上海轨道交通运营建设网络里程进行梳理，可以清晰得出路网规模发展的不同阶段如下。

1. 基本网络构建阶段（1993—2007 年）。

由于城市经济快速发展，上海城市人口呈爆发式增长，以及小汽车的普及，已有公共交通系统已不能满足不断增加的交通需求，城市交通问题开始显现，形成交通供给相对城市发展滞后。因此，轨道交通基本网络构建阶段主要特点表现为以满足不断增加的交通需求而建设。由于轨道交通只承担了个别客运走廊上的客运需求，与该走廊上道路公交线路之间存在竞争和依存关系，无法影响上海整个城市的公交系统。同时，该阶段的城市发展很大程度上表现出无序和蔓延问题，上海基本网络构建就是在这种状况下建立起来。

1993—1999 年间，上海仅有轨道交通 1 号线。轨道交通 1 号线从建成到试运营，然后再到延伸段线路的试运营，最终到全线正式运营。轨道交通 1 号线是上海地铁建设的开始，实际工程建设面临许多技术难题，1 号线的成功建设为上海后续轨道交通网络建设打下坚实基础。1 号线线路运营区间为莘庄——上海火车站，全长 21.5 公里。该线途经上海火车站、人民广场、淮海路商业街、徐家汇购物中心，是上海南北向的主要客运走廊。

1999—2007 年间，轨道交通 2 号线、3 号线基本建成，地铁 4 号线形成环路。轨道交通 6 号线、8 号线、9 号线于 2007 年 12 月 29 日同一天正式运营，上海轨道交通运营里程达到 323 公里。由于轨道交通线路一旦建成，线路几乎无法更改，同时轨道交通基本网络也影响着城市的空间布局和功能分区。至 2007 年末，上海轨道交通基本网络的主要线路已经形成，考虑到后期线路规划建设往往是初期线路的延伸或补充，该阶段轨道交通线路对后期线路网络的形成有着重要影响。

2. 基本轨道交通网络建成阶段（2008—2013 年）。

2008—2013 年是上海轨道交通网络基本建成阶段。与上海经济发展相同步，这一阶段的城市交通压力不断加大，地铁乘客人数屡创新高，已出现严重交通拥挤问题。合理的轨道交通规划对解决当前交通问题以及未来城市发展尤为重要。由于这一时期已有前期地铁的建设经验，地铁建造技术开始国有化。因此，该阶段的主要特点是轨道交通建设速度快，运营里程增长快。与此同时，地铁技术国产化趋于成熟，地铁网络建设发展规划更加合理，其结构功能更加符合城市长期发展规划，提高疏解城市内部交通的能力。

2013 年 8 月 31 日和 10 月 16 日 11 号线二期和 11 号线北延伸段花桥段开通试运营，12 号线东段和 16 号线均于 12 月 29 日开通试运营。至此，上海轨道交通全网运营线路总长 567 公里，车站 331 座。上海轨道交通网络基本网络形成，上海地铁网络功能基本满足当前城市发展中的交通需求。在这一阶段，上海线网规模超过北京，居全国第一。

这一阶段的轨道交通相互连接形成基本路网，承担了 40% 以上城市公共交通需求，极大程度缓解了城市交通拥堵问题，基本满足城市发展需要。和发达国家轨道交通网建成阶段相比，我国轨道交通网络载客率相对偏低。例如，纽约市轨道交通承担公交系统客运量 59%—68%，承担的客运周转量为 83%—87%。

3. 基本网络的延伸与补充阶段（2014 年至今）。

2014 年至今是上海轨道交通的延伸与补充阶段，也是上海轨道交通基本网络全面建成阶段。轨道网络规模效应和大容量、可靠等特性使轨道交通成为通勤交通首选出行方式，其承担的客运量和客运周转量比例将决定轨道交通在公交系统中地位。这一阶段特点是"地铁建设规模"与"地铁运营规模"均有所放缓，而运营管理水平向信息化、智能化发展。新运营的地铁区段往往是对已有网络的补充，城市发展规划和地铁线路规划趋于成熟。

2015 年 12 月 19 日，上海城市轨道交通 11 号线罗山路站—康新公路站区段、12 号线七莘路站—曲阜路站区段、13 号线长寿路站世博大道站区段顺利通过评审，首班车起载客试运营。这标志着 2005 年 6 月 25 日国家发展改革委批准的"上海城市轨道交通基本网络"全面建成。此时，上海轨道交通全网运营线路总长超过 600 公里，增至 617 公里（588 公里 + 磁浮 29 公里），车站增至 366 座（364 座 + 磁浮 2 座），换乘车站增至 51 座。截至 2017 年底，上海城市轨道交通已建成 17 条线路的环形放射状轨交线网，运营总长 673 公里（不含上海磁悬浮列车、金山铁路，3、4 号线共线段不重复计算），车站 395 座，2017 年轨道交通日均客运量 1 083.3 万次，最高达 1 235.5 万次。

6.3　技术国产化和创新

　　轨道交通系统是一个复杂系统工程，包含轨道路线、车站、车辆、维护检修基地、供变电、通信信号、指挥控制中心等。上海轨道交通建设在较短时间内克服种种困难取得显著成效，不仅表现在线路里程的不断扩大，也同时表现在核心技术不断国产化和创新。在建设初期，我国轨道交通系统国产化水平较低，各主要城市地铁建设主要依赖进口。这不仅导致了成本上升，也使得城市轨道交通对国外过度依赖。在运营后期的维护和改建扩建对城市地铁发展仍然是一大问题。国产化进程中，我国轨道交通建设技术在吸收外国现今技术上，推陈出新，根据上海地区独特地理地质条件，不断攻坚克难，解决了地下水系压力对地铁结构影响问题，解决了在不影响当前线路运行条件下盾构新线路问题，经过数十年建设与创新，我国已经具备了高度国产化水平和地铁绝大部分领域的关键技术。

6.3.1　盾构设备制造及隧道工程技术

1. 盾构设备制造技术发展。

　　2002 年前，盾构机设备几乎全部依赖进口。上海隧道工程股份有限公司于 2004 年 9 月研制出中国首台具有多项专利权的地铁盾构机——先行号盾构机，2004 年 10 月，"先行号"盾构机投入上海轨道交通 2 号线西延伸段古北路站—中山公园站区间隧道工程上行线施工，施工效率、工作质量、运作稳定等综合指标达到国际先进水平。时至今日,国产地铁盾构机已具备 4 种型号,累计投产、销售和使用近 50 台,并先后应用于上海、南京、杭州、武汉、郑州、新加坡等地的轨道交通工程,受到了业主、承包商和设备租赁商的好评。具有自主知识产权的国产盾构设备满足了我国基础建设、国防安全和经济增长的需要,提升了我国掘进机制造业的自主创新能力与核心竞争力,缩短了与国际先进水平的差距,填补了国产盾构机设计制造核心技术空白。

2. 盾构隧道工程技术发展。

20 世纪末,上海率先对日本的双圆盾构隧道工程技术进行引进、消化,通过管片结构设计和现场模拟试验对该项技术进行开发、应用,于 2003 年上海轨道交通 8 号线工程黄兴路站至开鲁路站的施工中首次成功采用了此项施工技术,标志着中国软土地区盾构法隧道工程技术新的突破,也使得中国成为继日本之后第二个掌握此项技术的国家。2004 年,上海市轨道交通 6 号线中民生路站—源深体育中心站—世纪大道站三个区间再次采用双圆盾构施工,该工程运用的新技术代表了当前双圆盾构隧道施工上最高水平。

3. 区间及隧道施工技术。

区间隧道施工新技术包括复杂工况下盾构机始发接收技术、盾构机正面切削障碍物辅助技术、盾构穿越运行中的轨道交通的施工技术、国产地铁盾构设计制造技术、DOT 双圆盾构施工技术等。

（1）复杂工况下盾构机始发接收技术。

在盾构始发接收的地基加固技术中,双高压旋喷、全方位高压喷射施工方法（MJS）等加固新工艺得到运用。同时,在复杂工况下合理确定加固范围和多种加固工艺相结合的加固方案,以形成最佳匹配。针对盾构接收期间,渗漏通道多、渗漏风险大的特点,技术人员优化了盾构接收流程,创新了二次进洞（接收）及多次进洞接收的工艺流程,提高了洞圈封堵效果,有效减缓了渗漏风险。

（2）盾构机正面切削障碍物辅助技术（9 号线复兴路隧道工程）。

在上海轨道交通 9 号线复兴路隧道工程中,盾构需穿越运营中的复兴东路隧道浦西引导段及其地下连续墙。在盾构穿越前施工人员采取爆破地下墙方案,确保爆破振动和爆破破裂不损坏已有的复兴路隧道结构,并保证爆破后的地墙能被盾构切削，最后盾构仅花费了 24 小时就成功穿越复兴东路隧道浦西引导段及其地下连续墙。通过数个工程实践，盾构机正面切削障碍物辅助技术得到了长足发展，并初步形成一整套技术措施，为今后盾构切削障碍物提供了有力支持。

（3）盾构穿越运行中的轨道交通的施工技术（外滩隧道与 2 号线）。

外滩隧道工程是上海一条纵向地下快速路，其隧道段为上下 2 层各 3 车道的圆隧道结构，全长约为 1 098 米；圆隧道采用直径 14.27 米的土压平衡盾构施工；2009 年 6 月 18 日，盾构成功穿越了运营中的轨道交通 2 号线。该隧道工程施工中采用超大直径土压平衡盾构近距离穿越运营中轨道交通，穿越范围共计 40 米，盾构顶部最小覆土仅为 8.52 米，间距 1.46 米。

6.3.2　站点建设施工技术

车站施工新技术涉及轨道交通枢纽站施工综合技术、新型盖挖法施工技术和深层地基加固新技术。

1. 三线轨道交通换乘枢纽共建技术（济阳路站）。

上海轨道交通济阳路站是上海轨道交通 6 号、8 号、11 号三线同站换乘的枢纽。三线共用下沉广场、非付费区及付费区；车站总平面沿东、西向布置 6 号线及 11 号线车站，整个车站为浅埋地下 3 层：地下 1 层为三线共用的站厅层；地下 2 层为设备层及 8 号线站台层；地下 3 层为 6 号、11 号线共用站台层。

实现了 6 号、11 号线平行同站台"零"换乘的最佳形式，即换乘量最大、换乘距离最短。同时在 8 号线与 6 号、11 号线的 2 个岛式站台间分别设置了 2 组换乘楼梯。最终达到三线乘客在站内付费区实现站台至站台以及站台至站厅间的多点换乘。

2. 运行轨道交通车站改扩建换乘枢纽站施工技术（世纪大道站）。

上海轨道交通世纪大道站位于浦东世纪大道、张杨路、东方路，有 2 号线、4 号线、6 号线和 9 号线在此换乘，是上海目前规模最大的轨道交通换乘枢纽站。世纪大道站工程在原轨道交通 2 号线东方路站的基础上先后增加建设轨道交通 4 号、6 号、9 号线换乘站。整个车站建筑空间分为三层，其中 2 号线轨道交通站属地下二层建筑空间；4 号线轨道交通站位于 2 号线轨道交通站北侧，属地下三层建筑空间；9 号线车站位于 2 号线轨道交通站南侧，属地下二层建筑空间；6 号线世纪大道站以地下一层的形式横跨世纪大道，并与 2 号线东方路站、4 号线张杨路站及规划中的 9 号线车站形成"丰"字型换乘，属地下一层建筑空间。

3. 利用既有地下空间新技术（徐家汇站）。

徐家汇枢纽是上海轨道交通 1 号线与 9 号线、11 号线三线换乘的交汇点。在施工技术方面采用了既有地下空间改造成地铁车站技术和盖挖向下加层建设换乘大厅技术。为满足轨道交通 1 号线和 9 号线、11 号线之间付费区直接换乘的要求，需 1 号线轨道交通商场下加层作为付费区换乘厅；利用既有结构顶板作为天然盖板进行暗挖加层，避免了施工期间对虹桥路的地面交通和管线的影响，其中换乘通道开挖最深为 12.7 米，地铁商城向下加层深度为 4.95 米。

该工程采用了先插型钢后喷旋喷桩围护结构新工艺——IBG 工法，可在土内先插入型钢再完成旋喷桩的施工，形成稳定可靠的型钢水泥土复合挡土结构，解决了低净空地下室内施作围护结构的难题。这是国内首次采用全方位压力平衡旋喷工法设备，通过试验研究提出软土地层中微扰动旋喷的施工工艺和控制参数，并设计将废浆变为渣土的泥浆处理系统，有效解决了地基加固对周边环境的影响。

6.3.3 地铁车辆国产化过程

上海地铁车辆初期主要依赖进口，其中地铁 1 号线、2 号线、车辆是由 AEG、西门子、ABB、Waggon Union 以及 DUEWAG 等公司组成的"德沪地铁集团"（GSMG）提供。车辆于 20 世纪 80 年代末设计，90 年代初生产制造。上海地铁 1 号线车辆按其功能和设备配置不同分为 A 型车（带司机室的拖车）、B 型车（设有受电弓的动车）及 C 型车（设有压缩机组的动车）三种车型，由 A、B、C 三种车型组成动拖比为 2∶1 的动车组单元，采用当时世界上广泛应用的 DC 1 500 V 架空触网供电。其中，上海地铁 1 号线分两批，第一批 1992 年 96 辆（斩波调压），第二批 1998 年 78 辆（VVVF）；上海 2 号线 2000 年 144 辆

（VVVF）；其主要特点为车体长22.1米，车辆最大宽度3米。这种车辆在GB/T7928-2003"地铁车辆通用技术条件"中规定为A型车，车辆技术先进、质量上乘。当时为6节编组，可根据客流需要，以8节编组投入运营。动车组采用直流斩波调速方式，具有再生制动、电阻制动及摩擦制动三种制动形式。车体由大型挤压铝合金型材焊接而成。结构简单的无摇枕式轻型转向架也是该型车的特点。车辆安装有较完善的列车诊断显示系统，良好的客室通风及夏季制冷空调系统为乘客提供了舒适的旅行环境。但其价格高昂，每辆价格在100—200万美元之间，约为国产车2—3倍。因此，国家适时地出台了一系列政策，要求"全部轨道车辆和机电设备的平均国产化率要确保不低于70%"（国发办〔1999〕20号文件），这从政策上保护并促进了我国城市轨道交通车辆装备制造业的健康发展。此后，上海明珠线的VVVF交流传动A型车国产化比例逐步提高，由合资企业长春长客—庞巴迪轨道车辆有限公司与中国南车集团南京浦镇车辆厂负责整车组装、生产，改变了过去A型车全部从国外进口整车的局面，逐步走向国产化道路。

中国北车集团长春轨道客车股份有限公司在继签订上海地铁9号线306辆车辆采购合同后，再次签订上海轨道交通7号线32列192辆地铁车辆的采购合同，按照合同要求，2008年10月交付首列车，2010年3月，32列A型车全部交付。上海轨道交通8号线（杨浦线）第一列国产化车辆在上海阿尔斯通交通设备有限公司完成总装、调试，2006年8月27日正式出厂。上海轨道交通8号线共28列168辆A型车。截至2018年9月1日，上海已投入运营线路中，各车型服役情况如表6.2。

6.4　启示与展望

轨道交通在公共交通系统中地位不言而喻，且由于线网层次丰富，随着上海轨道交通快速发展，轨道交通市域线路将扩大，通勤铁路发展力度会逐步加大。同样，其运营技术也会逐渐上升，更加快速、安全的地铁系统将会是上海迈向全球城市的重要支撑。

表 6.2
上海地铁各线路车辆服役情况

线 路	型 号	生产厂家	生产年份
上海地铁 1 号线	DC01 型列车（已改造为 DC01A） AC01 型列车（已改造为 AC01A、AC01C）	德国 ADTranz	1992—1994 年
上海地铁 2 号线	AC02 型列车（已改造为 AC02A） AC08 型列车	德国 ADTranz 与西门子公司 阿尔斯通南京浦镇车辆厂、上海电气	2000—2001 年 2007—2009 年
上海地铁 3 号线	AC03 型列车	阿尔斯通南京浦镇车辆厂	2002—2004 年
上海地铁 4 号线	AC05 型列车	西门子公司与株洲电力机车	2004—2005 年
上海地铁 5 号线	AC11 型列车	法国阿尔斯通公司、 上海阿尔斯通交通设备有限公司	2002—2004 年
上海地铁 6 号线	AC12 型列车 AC14 型列车 AC19 型列车	法国阿尔斯通公司、 上海阿尔斯通交通设备有限公司、 中国北车长春轨道客车股份有限公司	2007—2008 年 2012—2013 年
上海地铁 7 号线	AC10 型列车	庞巴迪长春客车	2008 年
上海地铁 8 号线	AC07 型列车 AC15 型列车	法国阿尔斯通公司、上海阿尔斯通交通设备有限公司 中国北车长春轨道客车股份有限公司	2008—2012 年 2012—2014 年
上海地铁 9 号线	AC04 型列车 AC09 型列车	庞巴迪长春客车	2004—2005 年 2007 年
上海地铁 10 号线	10A01 型列车	上海阿尔斯通交通设备有限公司 （SATCO）、南京浦镇车辆厂	2009—2012 年
上海地铁 11 号线	11A01 型列车 11A02 型列车 11A03 型列车	南车株洲电力机车有限公司	2008—2012 年
上海地铁 12 号线	12A01 型列车 12A02 型列车	庞巴迪长春客车	2012—2013 年
上海地铁 13 号线	13A01 型列车 13A02 型列车	南京浦镇车辆厂	2012—2014 年
上海地铁 16 号线	16A01 型电动列车	南车株洲电力机车有限公司	2012 年
上海地铁 17 号线	17A01 型列车	中车长春轨道客车股份有限公司， 上海阿尔斯通交通	2017—2018 年

资料来源：根据相关资料整理。

6.4.1 国际比较及其启示

上海轨道交通快速发展，成效显著，但与东京、伦敦、纽约和巴黎等相比，仍存在一些不足。

1. 轨道交通线网密度。

上海中心城（核心区）以地铁为主，凭借大运量、速度快、停站少等优势，主要承担市内范围日常通勤交通。上海地铁（含轻轨）线网长度均高于东京、伦敦、纽约和巴黎，是东京、伦敦和纽约的 1.5 倍左右，是巴黎地铁线网长度的近3 倍。但通勤铁路线网长度远低于其他城市，轨道交通线网密度也较低（表 6.3）。伦敦和巴黎的通勤铁路长度达 1 700 公里，纽约运营里程接近 1 000 公里，东京通勤铁路长度更是达到 2 900 多公里，而上海目前通勤铁路仅金山支线一条，长度为 56.4 公里（表 6.4）。由于几大全球城市地铁线网基本成型，通勤铁路线网长度较大，其轨道交通线网密度也相应较高，为上海轨道交通线网密度的 2—3倍。[①] 因此，上海在大力发展地铁的基础上，应加大市域通勤铁路建设，同时进一步提升轨道交通线网密度，满足居民多层次的轨道交通出行需求。

2. 多层次和多制式的轨道系统。

从世界典型都市圈高度发达轨道交通系统的类比分析研究可知，均具有多层次和多制式的轨道系统这一共同特性。例如，巴黎都市圈轨道交通系统，层次约有五个等级，国家铁路系统、地铁系统、轻轨系统、RER 系统、市郊铁路系统等。伦敦都市圈轨道交通系统采用多层次多类型方式，三种主要类型的轨道交通系统为：地铁系统、快速铁路系统和高架单轨系统，向下具体细分则可分为七个

表 6.3
上海与全球主要城市轨道交通线网规模

资料来源：胡夫、孙健等（2016）。

参数指标	上海	东京都市圈	大伦敦	纽约大都会	大巴黎
地铁线网长度（公里）	617	358	408	373	217
通勤铁路线网长度（公里）	56.4	2 865	3 071	1 632	1 525
线网密度（公里 / 平方公里）	0.09	0.21	0.14	0.34	0.16

---

① 数据来自冯纪朋（2017）。

上 海	东京都市圈	伦敦大都会	纽约大都会	大巴黎
地铁线路17条（含磁悬浮）；区域铁路（金山支线）1条	分为JR线路、地铁、私铁和其他四类。JR线路33条线路；私铁共66条线路；地铁包括东京区地铁系统共13条线路和横滨市营地下铁共2条线两大部分	11条地铁线、3条机场轨道快线、1条轻轨线和26条城市铁路线	地铁线路24条（含3条区间线）；长岛铁路系统共有11条线路；大都会—北方铁路（5条线路）	地铁16条线路，市域快线RER共有5条线路，区域铁路（3条线路）

表6.4
上海与全球城市多层次轨道交通线网情况表

资料来源：刘龙胜、杜建华、张道海（2013）；黄忆波（2015）；陈雪明（2015）；上海地铁线路与车站信息，service.shmetro.com；Transport for London, tfl.gov.uk。

不同层次。纽约都市圈的轨道交通系统包括有地铁系统、通勤铁系统路、城际铁路系统，其中地铁系统按照运营模式还可分为快线和慢线。各都市圈不同类型多层次的轨道交通系统共同组成服务都市圈居民出行的轨道交通系统。

当前上海轨道交通大都偏向于发展大运量的地铁系统，对其他层次的中运量和中低运量的轨道交通系统、城际快速铁路系统等的功能定位缺乏深入研究分析，致使整个市域轨道交通系统规模偏小。上海仍有必要建设中低运量轨道交通系统、市郊铁路系统以及城际快速铁路系统。中低运量的轨道交通系统是完善上海轨道交通系统的途径，承担城市重要交通走廊的快速、骨干线路功能。其主要包括轻轨系统、单轨系统、有轨电车、中低速磁悬浮、自动导向轨道系统等。中运量的轨道交通系统，高峰小时的单向运能约1—3万人次每小时。轻轨系统通常站间距在1.2—2公里，最高运行速度约为80—100公里，其单向运能1.3万人次每小时。轻轨服务于城区中等客流密度和中等规模客流量的交通走廊，服务新城内部。低运量的轨道交通系统的高峰小时单向运能在1万人每小时以下，其服务定位于服务圈层中小城市相邻组团之间的交通出行需求，或位于非中屯、圈层的新城内部的交通出行需求。

3. 轨道交通运行和服务水平。

上海轨道交通日均客运量以及地铁日均客运量处于较高水平，首末班车运营时间设置相对合理，发车时间间隔有待进一步提升。上海轨道交通日均客运量略高于巴黎，远低于东京交通圈；地铁日均客运量低于东京都市圈，高于纽约和巴黎。上海不同地铁线路首末班车运营时间不同，运营时间最长的为1、2号线，常态约为17小时20分钟（周末延时运营1小时），多数线路运营时间为17小时左右。首末班车运营时间设置相对合理，连接火车站、机场等交通枢纽的部分轨道交通线路末班车始发站发车时间过早，尚未引入全天 24 小时运营。每条线路发车间隔不同，早高峰发车间隔最短的为 1、6 号线，为 2 分 15 秒至 2 分 44 秒，发车间隔最长的为 16 号线，为 8 分钟。巴黎高峰时段列车平均发车间隔为 2 分钟，其中 1 号线和 4 号线最短发车间隔仅为 1 分 30 秒；平峰时段发车间隔为 4 分钟，晚间延长到 8 分钟左右。东京、巴黎等城市高峰时段最短发车时间间隔达到 2 分钟以内。因此，早晚高峰时段，上海轨道交通发车时间间隔尚有进一步提升的空间（表 6.5）。

表 6.5
2015 年上海与全球城市轨道交通运行服务水平

指标	上海	东京	伦敦	纽约	巴黎
地铁日均客运量（万乘次/日）	940	935	/	500	413
首末班运营时间	多数线路运营时间为 17 小时	多数线路运营时间为 20 小时	部分线路引入周末 24 小时地铁服务	24 小时运营，全年无休	多数线路运营时间为 20 小时
发车时间间隔	每条线路发车间隔不同，早高峰发车间隔最短为 2 分 15 秒至 2 分 44 秒，发车间隔最长为 8 分钟	运行间隔最小为 1 分 50 秒，非高峰最大运行间隔 10 分钟	运行间隔为 2—2.5 分钟，郊区为 10 分钟	高峰时段 3—5 分钟；白天时 10—12 分钟；夜间 24:00 至凌晨 5:00 之间为 20 分钟	高峰时段平均为 2 分钟，最短发车间隔仅为 1 分 30 秒；平峰时段发车间隔为 4 分钟，晚间 8 分钟左右

资料来源：孙健、李喆（2015）。

4. 区域性轨道交通网络。

从东京圈可以看出，城市群体系成熟之后，城市群内区域性的出行量很大。发达的区域性轨道交通网络是城市群必要支撑条件。在东京都市圈轨道交通体系中，区域性轨道交通线路所占份额超过 80%。这也是世界上其他一些城市群所具有的共同特点。上海接下来应该积极推进发达的城市群区域性轨道交通建设，增强中心城市辐射力，加强城市间联系。通过区域性轨道交通网络建设，促进中小城市和城镇发展，构建合理的城市等级体系。

6.4.2 优化轨道交通系统的建议

1. 实施积极开放的轨道交通系统规划政策。

自 20 世纪 90 年代以来，上海轨道交通系统规划总体而言较为传统，长期处于城市经济从属配套的位置。传统轨道交通规划方法，用轨道交通建设去配合城市的人口发展指标、经济发展指标。几乎所有的轨道交通系统的规划供给能力的确定都是以国标中确定的人均指标为基本依据的，使得指标体系过于笼统，缺乏地方针对性。这种指标制定的方式从根本上限制了轨道交通服务的条件。另一个问题是，这种指标的制定方式并不鼓励主动的技术创新。总而言之，传统的基础设施规划的编制方法总体上还是一个纯技术性的规划，在政策层面上、公共开支层面上也缺少考虑。

从对当前轨道交通规划方法所存在的问题的分析中，可以看到目前轨道交通系统规划上的问题并不是在具体技术层面上，而是缺乏一套创新的、面向未来全球城市的轨道交通方法论（或政策方法指导）。因此，应以当前上海资源环境承载力分析为基础，以未来上海资源承载力为目标，科学制定城市发展中的轨道交通等公共基础设施建设指标，对传统的轨道交通规划方法加以改进，实行可持续发展的城市公共交通系统规划。建立有效的、明确的规划政策的指导，使轨道交通规划得以顺利实施，达到公共资源利用效益的最优化（姜蓓蓓，2009）。

2. 改进轨道交通投资模式。

通过与发达国家和地区中的轨道交通投资融资模式进行对比，可以看出我国的一些城市轨道交通投资与融资市场存在着竞争性不足的现象，加上市场化程度不高，所以也就难以利用政府以外的融资渠道。上海地铁当前仍然是政府补贴运营模式，加重了政府财政负担，由于缺乏竞争机制，导致地铁运营效率不高。因此，既要考虑如何吸引乘客乘坐地铁，使客流量最大，又要考虑如何使成本最低、运营费用最低，使两者能够相互兼顾，从而取得最佳的经济效益（王伟，2002）。例如，中国香港地铁公司是世界上商业运营成功的典型，成立26年来，不仅经营业绩显著提高，而且无需政府的补贴，也能够逐步盈利，成为一个效率高、安全性高、可靠性高的地铁系统，吸引了广大乘客乘坐地铁，使地铁的市场占有率每年稳步上升。随着市场为主导的投资体制改革不断深化，需要从我国国情发展上入手，综合实际情况，实现对投融资模式上的创新（王笑然，2018），逐步将轨道交通系统商业化运营，发挥市场规律效果，提升轨道交通运营效果。例如，利用地铁沿线物业增值的机会，与房地产商合作开发地产；地铁车站上盖商业广场，既方便市民购物，又使原有物业增值。利用车厢、车站的空闲空间，与广告公司合作，开展广告业务；针对大众需要，在地铁营运范围内，适时投资移动通信设备，通过与通信公司合作和为地铁乘客提供手机通信服务的方式，开拓新市场。又如，为解决人员需求和管理成本上升的矛盾，上海地铁部门可以对专业的设备维护维修采取外包形式，由专业厂家承担设备管理角色，既可以发挥专业厂家在技术、人员和零备件方面的优势，又为地铁节约了人员培训、购置备件等方面的投入，达到了优势互补，资源共享、业务双赢的目的。

3. 提升轨道交通技术整合。

轨道交通技术是提高轨道交通系统能力的关键。与日本等发达国家相比，我国轨道交通虽然路网规模大，但是运输效率和运营管理水平不足。协调处理轨道交通发展中存在的技术问题，能够切实提高轨道交通系统通行能力。同时，还可以在明确城市轨道交通发展战略的基础上来完善政策，保证技术与建设标准的合理性。通过制定出相关的法律法规，以此来提高对交通建设行业的监管，提高组织协调的有效性，满足交通建设的发展需求。

4. 提升轨道交通运营管理服务水平。

管理运营水平的提升是对当前基础设施充分利用的有效手段。完善的管理信息系统、科学人员管理方法以及列车调度指挥策略、应急处理机制等都是提高管理运营水平的方法。

运输组织作为地铁运营组织的重要内容，是为乘客提供优质出行服务的前提和保证，运输组织方案主要包括行车计划、车辆配备计划、列车运行图、运输能力等方面。在城市轨道交通系统硬件设备选定的基础上，根据客流的需求，设计出良好的运输计划以满足旅客出行安全、便捷、快速的要求是运输组织的首要任务。其主要目的是使该城市轨道交通具有较好的服务水平和运营效率，充分发挥其潜在的运能。

运营服务要求上层列车运营组织、中层站线人员设备管理和基层现场协调管理人员的各级管理层次和现场都有明确的岗位职责和服务内容。务求服务素质维持在高水平上，力求尽善尽美地满足乘客需要和适应快节奏的需求。为了从组织、制度上保证企业长期、稳定地提供优质服务，满足乘客的需要，应建立健全企业服务标准，创造先进的运营管理模式，积累丰富的运营管理经验。未来乘客的愿望和要求是不断提高的，因此相应的运营服务也要不断进行改变和调整。运营服务不仅要符合实际需要，而且还要不断创新。人性化运营服务有着广阔的发展前景，随着人们生活观念的变化，新的服务增长点会越来越多，故服务内容和标准也同样需要进一步细化和完善。

5. 优化轨道交通网络，提升路网抗灾能力。

城市轨道交通稳定的运行对于城市的稳定和发展有着极其重大的意义。随着上海轨道交通规模的扩大，其对网络安全性的要求也越来越高。地铁复杂网络中，一个节点或线路发生故障的情况下，线路之间的相互影响和线路客流量的变化可能使得局部网络陷入瘫痪，极大地影响了轨道交通网络的可靠性。因此，在上海大力发展轨道交通的背景下，不仅要注重设备、技术的安全性问题，更要在规划层面上进行优化，在规划时就要网络保证功能的合理性，考虑资源利用的集约性和如何使建成后网络效率的最大化等问题，构建一个具有弹性、兼容性的轨道交通网络。提供提高城市轨道交通在遇到灾害或者袭击时能保持其基本功能的策略。这样既可以给管理者提供参考，又能对城市轨道交通网络的规划设计和优化设计提供理论基础。

城市轨道交通网络是多条轨道交通线路经由换乘关系相互衔接的网络。在建设期间，综合考虑全局的网络效率，选取最优的路径进行轨道交通的建造。由于轨道交通造价巨大，线路的规划十分重要。而基于整个轨道交通网络的抗毁性、优化性，科学考虑网络的整体性，对轨道交通网络的规划设计具有深远的影响。规划时要网络保证功能的合理性，考虑资源利用的集约性和建成后网络效率的最大化等问题，并且兼顾轨道交通网络与地面常规公交网络、对外交通枢纽网络和铁路网络的一体化规划发展。主要考虑增加备份的网络链路或备份节点的数目，以缩短节点之间的路径长度，提高其连通性，从而通过其他节点和链路来保持抗毁性。网络抗毁性从网络结构层次的优化设计主要目标是如何用最少的费用建设满足某个指标要求的复杂网络。

参｜考｜文｜献

［1］ Cheshire，P.，1999，"Cities in Competition：Articulating the Gains from Integration"，*Urban Studies*，36（5）：843—864.

［2］ Kresl，P. K.，Singh，B.，1999，"Competitiveness and The Urban Economy：Twenty-four Large US Metropolitan Areas"，*Urban Studies*，36.

［3］ 许学强、程玉鸿：《珠江三角洲城市群的城市竞争力时空演变》，《地理科学》2006 年第 3 期。

［4］ Douglass，M.，2002，"From Global Intercity Competition to Cooperation for Livable Cities and Economic Resilience in Pacific Asia"，*Environment and Urbanization*，14（1）.

［5］ Chan，R.C.K.，Xian，S.，2012，"Assessing the Incentives of Regional City-to-city Cooperation：A Case Study of Jiangyin-Jingjiang Industrial Park of Jiangsu Province in the Yangtze River Delta Region"，*Asian Pacific Viewpoint*，53（1）.

［6］ 王笑然：《城市轨道交通建设问题解析》，《南方农机》2018 年第 18 期。

［7］ 寇俊、黄靖宇、顾保南：《东京都市圈郊区圈层轨道交通供需特征分析及其对上海的启示》，《城市轨道交通研究》2015 年第 9 期。

［8］ 刘龙胜、杜建华、张道海：《轨道上的世界——东京都市圈城市和交通研究》，人民交通出版社 2013 年版。

［9］ 冯纪朋：《上海公交和轨道交通发展水平与全球城市比较》，《交通与港航行》2017 年第 1 期。

［10］ 孙健、李喆：《上海全球城市综合交通体系发展模式几趋势研究》，《交通与运输》（学术版）2015 年第 12 期。

［11］ 黄忆波：《巴黎城市公共交通概况》，《交通与港航》2015 年第 1 期。

［12］ 刘云：《京阪神都市圈轨道交通体系及对我国的启示》，《综合运输》2006 年第 10 期。

［13］ 刘建航、侯学渊：《基坑工程手册》，中国建筑工业出版社 1997 年版。

［14］ 白廷辉：《上海轨道交通深基坑工程新技术与实践》，《地下空间与工程学报》2005 年第 4 期。

［15］ 刘纯洁：《地铁车站深基坑位移全过程控制与基坑邻近隧道保护》，同济大学博士论文，2000 年。

［16］ 熊伟：《轨道交通商业综合体步行系统设计——上海地铁 11 号线两个站点综合开发项目设计比较研究》，《建筑学报》2011 年第 12 期。

［17］ 姜莳蓓：《市场经济条件下城市基础设施规划建设的可持续发展》，《经济技术协作信息》2009 年第 9 期。

［18］ 俞光耀：《上海轨道交通网络维护保障策略与网络统筹管理的实践与思考》，《城市轨道交通研究》2014 年第 7 期。

［19］ 王伟：《香港地铁的先进运营管理经验》，《城市轨道交通研究》2002 年第 3 期。

［20］ 胡夫、孙健、李喆：《全球城市视域下上海城市轨道交通系统发展趋势研究》，《交通运输研究》2016 年第 3 期。

［21］ 陈雪明：《纽约的公共交通和规划经验谈》，《国际城市规划》2015 年第 1 期。

7

黄浦江岸线
空间贯通和开放

2015 年，上海市委、市政府启动了"黄浦江两岸地区公共空间建设三年行动计划（2015—2017 年）"，通过三年时间，集中建设一批高品质的公共空间，将黄浦江两岸地区打造成世界级的滨江公共开放空间。黄浦江世界级滨江公共空间的包容属性具有四个重要方面：包容"人"，对各种丰富的使用主体一视同仁；包容"物"，客观反映城市空间变迁的历史；包容"需求"，使不同阶层文化品位都能够平等共存、充分表达，塑造宽容的城市个性；包容"自然"，尊重城市自然环境条件，包括气候因素、水文因素、动植物物种因素等。

In 2015, the Shanghai Municipal CPC Committee and the Municipal Government launched the "Three-Year Plan for Public Space Construction on Both Sides of the Huangpu River (2015—2017)". Within three years, Shanghai made a focused investment in building a number of high-quality public spaces to shape the banks of the Huangpu River into a world-class public riverside open space. This world-class Huangpu riverside public space embraces four important aspects of inclusiveness: people-inclusiveness to treat all types of users equally; object-inclusiveness to reflect objectively the history of Shanghai's urban spatial evolution; needs-inclusiveness to allow diverse cultural tastes from various social classes to coexist and to exercise full expression in a tolerant city personality; nature-inclusiveness to embrace the natural environmental conditions of the city, including climatic factors, hydrological factors, and species factors.

黄浦江岸线空间贯通和开放是上海发展的里程碑事件，不仅彻底改变了滨水区以经济功能为主导，按水岸线分割且与人不亲近的局面，而且折射出上海城市功能及形态的重大转变。黄浦江两岸地区打造成世界级的滨江公共开放空间，具有丰富的包容性内涵，塑造了全球城市的独特品格。

7.1 背景

随着时代变迁，城市滨水区开发与复兴已成为世界性的潮流，更注重滨水空间的多功能综合性再造。在上海的城市更新中，黄浦江岸线空间贯通和开放显得十分重要，迫切需要使这一滨水空间真正成为全球城市内涵发展、功能更新及竞争力升级的触媒与助力。

7.1.1 城市滨水区开发与复兴是世界性潮流

大城市不会偶然地出现，写了《上海——现代中国的钥匙》的美国人墨菲说："地理上的事实曾经创立了上海，"他相信，"上海的经济领导地位在地理上的逻辑，很可能会证明比任何政治论据更加强大有力，更加令人信服。"墨菲说的地理逻辑，具体说就是以黄浦江为主干的水系为上海的工商繁荣构成的水上航运系统。

上海开埠，"以港兴市"，大文章都是从黄浦江做起。170多年前，英国人用枪炮打开中国的大门，为的首先就是通商，五个口岸，只有上海快速兴起，成为最大的城市，黄浦江居功至伟。上海开埠后外滩为外贸，十六铺为内贸，都在黄浦江上。由贸易带动百业兴起，如银行业、制造业和服务业等。"海派"就是"长风破浪会有时，直挂云帆济沧海"，是在一个世界级的开放空间中的纵横捭阖，而黄浦江就是通向世界的最重要的门户。

过去50年，全球滨水工业几乎都在衰败，从利物浦，到巴尔的摩，其岸线或是产业最早退潮的城市；欧美其他滨水城市一样难逃颓势。全球化时代的经济地理，改变的是产业分布的版图，不变的是产业兴盛的地理逻辑，当原先在泰晤士河或东河畔（纽约）的纱厂服装厂，先是被转移到汉江（首尔）或淡水（台北），或香港、新加坡等滨水城市，接着又被转移到珠江三角洲，进而长江三角洲时，一方面，是东亚经济的繁荣，如为人们称道的"亚洲四小龙"的经济奇迹，以及中国经济的崛起；另一方面，给全球大城市留下的挑战是如何复兴这一波产业转移留下的水岸空间。

20世纪80年代，城市滨水区的开发与复兴成为世界性潮流和城市发展新的引擎。美国的波士顿滨水、加拿大多伦多水岸、西班牙巴塞罗那港、德国汉堡港、日本横滨港的再开发案例，无不体现了全球城市对滨水空间转型及品质提升的强烈诉求。

从全球各大城市的再开发案例中，大致能梳理出几个阶段：第一阶段，早期的基于城市复兴的单功能导向型开发。以美国巴尔的摩内港区开发为例，因滨水区结构性及功能性衰败而进行的大空间尺度的改造和再利用，多以城市规划为主导，在构建整个区域的交通系统和功能布局后，进行产业或商住功能的开发。第二阶段，基于城市复兴与区域竞争的多功能综合型开发。以伦敦码头区为例，始于20世纪80年代。这一阶段的开发由早先的被动开发转向主动开发，随着经济全球化加剧，新兴全球城市滨水区开发更多的是在还未完全衰败的情况下，为应对城市区域竞争的需求，采取更为积极主动的措施进行再开发，是对滨水区再生价值的重估。第三阶段，全面综合型开发，以日本横滨港为例，始于2000年的新一阶段开发，更重视对于滨水空间政治功能、经济功能、社会功能、文化功能和生态功能的综合性再造，使滨水空间真正成为全球城市内涵发展、功能更新及竞争力升级的触媒与助力。从全球经验及发展趋势看来，未来全球城市滨水区的更新开发，不仅需要与地方发展需求、历史要素和资源要素相结合，还必须契合经济全球化和城市功能转型的需要。

黄浦江是中国近代工业的发源地，中国城市的第一座自来水厂，最早的一批纱厂等就是诞生在从浦江杨浦段开始的岸线空间。在计划经济时代，纺织业曾是上海的第一支柱产业。改革开放后，广东和苏南的轻纺工业崛起后，上海纺织业的繁荣走到尽头，产业滨江退潮，对滨江进行二次改造和开发利用十分必要。

虽然 20 世纪 90 年代的浦东开发创造了东岸世界级的陆家嘴金融城，但岸线被几百家机构分割，空间封闭，功能混杂，缺乏公共设施，这与上海全球城市发展战略严重不符。浦江岸线的开发被提上城市更新的重要议程。

7.1.2 滨水公共空间再开发是大趋势

历史上，城市滨水区通常以经济功能为主导。黄浦江也是如此。黄浦江岸线，除去外滩的有限空间，从来只是码头、产业和仓储空间，而非生活空间。对上海市民而言，浦江岸线是封闭的，也是分割的，滨水是不近人的。

在当前城市滨水空间转型及品质提升中，"还岸于民"，将滨水空间转变为公共产品成为一大趋势。各大城市都提出了历史性、生态性、包容性、延展性（scalability）等设计原则，注重滨水公共空间再开发。以下的案例，聚焦在开放和活跃市民活动的城所营造，集中反映了这一发展趋势。

1. 美国纽约布鲁克林大桥公园。

布鲁克林大桥公园位于纽约市东河的布鲁克林一侧，占地 85 英亩（34 公顷）。1984 年，在关闭这条海滨的货船业务后不久，港务局决定出售空置码头进行商业开发。为了响应这些计划，周边社区于 1985 年成立了一个非营利组织，构思了布鲁克林大桥公园的理念。但是当时政府有沿河大规模开发住宅和商业的计划，因此社区提出的建设大桥公园的动议与政府再开发计划展开了长时间博弈，并最终获胜。在纽约市和州于 2002 年签署了一项联合协议后，公园项目现场规划和项目资金筹集开始进行，2008 年开始建设，使用新世贸中心遗址的回收土壤和旧仓库回收的建筑材料。2010 年，布鲁克林大桥公园正式对外开放，由当时的非营利组织转型的布鲁克林大桥公园公司（Brooklyn Bridge Park Corporation）监督，该公司是一个非营利实体，负责公园的规划、建设、维护和运营。该公司的使命是"创建和维护一个世界级的公园，这是一个娱乐、环境和文化目的地，享有纽约市居民和游客的喜爱"。由政府支付公园的设计费用和建设成本，然后由主张建公园的市民和社区设法筹集长期的营运资金，这是一个很好的社区参与滨水区开发的案例。

2. 新加坡碧山宏茂桥公园和加冷河道修复。

新加坡从 2006 年开始推出"活跃、美丽和干净的水计划"（ABC 计划），除了改造国家的水体排放功能，以及供水到美丽和干净的溪流、河流和湖泊之外，还为市民提供了新的休闲娱乐空间。并提出了一个新的进行可持续雨水管理的水敏城市设计方法。加冷河—碧山公园是 ABC 方案下的旗舰项目之一，该项目占地 62 公顷，花费 4 500 万欧元，于 2012 年 2 月建成。由于公园需要翻新，公园旁边的加冷河混凝土渠道需要升级来满足由于城市化发展而增加的雨水径流的排放，因此这些计划被综合在一起，进行此项重建工程。

该设计获得了 2012 新加坡游憩场地设计奖和 2012 世界建筑节年度最佳景观设计项目奖。这是第一个在热带地区利用土壤生物工程技术（植被、天然材料和土木工程技术的组合）来巩固河岸和防止土壤被侵蚀的工程。通过这些技术的应用，还为动植物创造了栖息地。崭新、美丽的软景河岸景观培养了人们对河流的归属感，人们对河流不再有障碍、恐惧和距离感，能够更加近距离地接触水体、河流，开始享受和保护河流。

3. 西班牙马德里里奥公园。

马德里里奥公园项目旨在将曼萨纳雷斯河（Manzanares River）沿岸的区域转变为绿色区域，使城市更加环保。2008 年 6 月，马德里市议会城市规划部正式启动马德里里奥项目，重建曼萨纳雷斯河，恢复周边自然栖息地，供居民享用。经过八年的规划和建设，马德里里奥公园的最后一部分终于在 2015 年 4 月向公众开放。在启动该项目之前，该市首先将 M30 多车道公路转换为地下，从而形成了一个长达十公里的公园区域；820 公顷已被改建为公园。因此，河岸已成为市中心不可分割的一部分，现在为当地人和游客提供了植被环绕的区域，并拥有各种体育休闲和文化设施。这个项目的故事始于 20 世纪 70 年代，当时西班牙正处于非常密集的汽车化过程中，这引发了许多道路和高速公路的建设。马德里里约公园改造是一个最好的例子，一些不再符合城市发展需求的无效空间再生为有活力的聚集区。通过提供绿地、地下停车场和步行场所，可以组织一个真正的市民花园。

因此，在黄浦江滨江区开发和复兴中，公共空间再开发是一个重头戏，让黄浦江从封闭的生产空间转向开放的生活空间，真正成为市民的滨水环境。

7.2　建设过程

2000 年，上海城市规划管理局针对黄浦江两岸地区（杨浦大桥和南浦大桥之间）的改建举行了国际规划方案征集和评选活动。此次推出的三套国际方案的设计者分别是美国 SASAKI 和 BAZO 国际建筑设计事务所联合设计组"人民之江"——把黄浦江与市民生活紧密联系在一起，让黄浦江真正成为市民的滨水环境；美国 SOM 公司"缝合上海"——将黄浦江改建为上海的"生命的动脉"，体现生活、教育、商业的吸引力，创建上海都市新形象；澳大利亚 COX 设计集团"亲水城市"——大胆提出在黄浦江沿线人工开发一些像复兴岛那样的小岛，丰富原有的岸线，增加不同层次的生活岸线，使更多的城市居民获得亲水的生活环境。以上方案，虽有不同，都在呼应滨水空间复兴的时代主题：如何从封闭的生产空间转向开放的生活空间。实践这一转变大体经历了四个阶段。

7.2.1　战略启动期（2002—2003 年）

以 2002 年 1 月上海市委、市政府宣布黄浦江两岸综合开发启动为标志，黄浦江两岸地区开发正式上升为全市重大战略。市黄浦江两岸开发工作领导小组及

图 7.1
《黄浦江两岸地区规划优化方案》规划图（2002 年）

资料来源：上海市城市规划设计研究院。

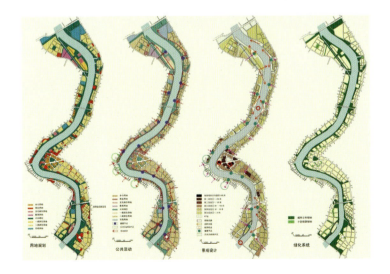

其办公室以及申江两岸开发建设投资（集团）有限公司宣告成立，市级层面的黄浦江开发管理主体和开发主体逐步到位。黄浦江两岸地区综合开发相关系列研究逐步展开，两岸地区总体规划和结构性规划启动编制。《黄浦江两岸开发建设管理办法》等相关政策集中出台，开发审批程序管理办法、非居住房屋拆迁补偿规定等各项制度标准及适用政策逐步实施。

7.2.2 基础建设期（2004—2007年）

以2004年年初上海国际客运中心项目、外滩风貌延伸段整治工作启动为标志，黄浦江两岸地区加快推动基础设施建设。土地收储和出让工作有序展开，耀华地区等部分地块开始拆迁收储，北外滩、原卢湾沿江等多个沿江开发单元有序出让。市政设施、滨江绿地项目陆续开工，外滩隧道、人民路越江隧道等交通设施以及东昌滨江绿地等滨江绿化景观项目开始大规模集中建设。东昌财富广场、外滩源、上海国际客运中心等一大批重点功能项目集中开工建设。

7.2.3 世博配套期（2008—2010年）

围绕上海世博会的筹办和举办，以2008年世博园区内各个展馆集中建设和"迎世博600天行动"为契机，黄浦江两岸地区加速推进开发建设。世博园区内主要场馆和服务设施加紧建设步伐，"一轴四馆"主体建设相继完成，世博园区内各项参展建设任务有序开展。建设完成了一批世博园区周边道路、水闸、电力等配套基础设施。完成了世博周边区域、黄浦江水域及两岸纵深地带的环境整治美化。

至此，随着产业升级和城市转型，黄浦江在功能定位上已经从过去以交通运输、仓储码头、工厂企业为主，逐步转向以金融贸易、文化旅游、生态居住为主。经过多年改造，黄浦江沿岸完成了约3 000家工厂、仓库、码头（不含世博园区）的改造或搬迁，实现土地收储约6平方公里，为沿江产业向服务型经济转型腾出了土地和空间，基本实现了滨水空间由生产型向综合服务型的功能转换与定位升级，世博会大事件更助推了后滩公园、最佳实践区、西岸等滨水空间提升及功能升级。

7.2.4　基本贯通期（2015—2017 年）

　　黄浦江作为上海的"母亲河"和城市发展的主动脉，其创新、人文、生态价值需要进一步挖掘，其空间需要进一步为市民所共享。2015 年，上海市委、市政府启动了"黄浦江两岸地区公共空间建设三年行动计划（2015—2017 年）"，计划通过三年时间，集中建设一批高品质的公共空间，将黄浦江两岸地区打造成世界级的滨江公共开放空间。

图 7.2
黄浦江两岸公共空间贯通开放概念方案

资料来源：上海市规划和国土资源局。

2016 年，上海市委、市政府明确要做好"临门一脚"，2016 年 9 月 30 日，上海市规划和国土资源管理局（下称市规土局）正式发布《黄浦江两岸公共空间贯通开放概念方案》，方案详细呈现了将黄浦江两岸打造成世界级滨水区的规划愿景，与市民共享两岸贯通的规划方案和成果。到 2017 年底，"从杨浦大桥到徐浦大桥 45 公里岸线基本实现贯通开放"。

按以上方案，黄浦江公共空间贯通开放范围为杨浦大桥至徐浦大桥区段，浦东段和浦西段岸线合计长约 45 公里，主要公共空间面积约为 500 公顷，涉及杨浦、虹口、黄浦、徐汇、浦东新区等五个区的滨江带。方案通过"开放的江岸""美丽的江岸""人文的江岸""绿色的江岸""活力的江岸"和"舒适的江岸"等六大理念，进一步增强黄浦江的休闲游览功能，优化黄浦江两岸公共空间的景观建设，打造更具人文性和生态性的滨江区域，使黄浦江两岸成为市民和游客体验上海特色、品味历史文化、欣赏风貌景观、感受城市气息的标志性空间场所，实现还江于民。

图 7.3
徐汇滨江改造前后比较

资料来源：西岸集团。

徐汇滨江改造前　　　　　　　　　　徐汇滨江改造后

"黄浦江两岸地区公共空间建设三年行动计划（2015—2017 年）"启动之后，黄浦滨江公共开放系统不断完善，两岸地区产业转型步伐加快，滨江环境明显改善。目前已建立了集旅游、文化于一体的休闲功能体系，形成了交通便捷、保障有力的基础设施体系，促进了滨江生态修复与公共环境提升，将黄浦江两岸打造成为吸引城市公共活动的重要区域。

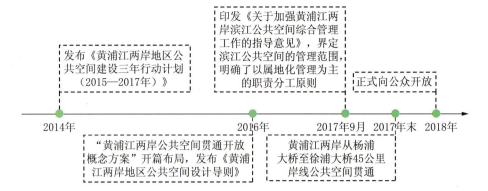

印发《关于加强黄浦江两岸滨江公共空间综合管理工作的指导意见》，界定滨江公共空间的管理范围，明确了以属地化管理为主的职责分工原则

发布《黄浦江两岸地区公共空间建设三年行动计划（2015—2017年）》

正式向公众开放

2014年　　　　　　　　　2016年　　　　2017年9月　2017年末　2018年

"黄浦江两岸公共空间贯通开放概念方案"开篇布局，发布《黄浦江两岸地区公共空间设计导则》

黄浦江两岸从杨浦大桥至徐浦大桥45公里岸线公共空间贯通

图 7.4
黄浦江两岸行动计划

资料来源：根据相关资料整理。

7.3　公共空间的多元与包容

上海黄浦江两岸公共空间建设的过程中体现了包容性，其中包括对空间使用多元群体"人"的包容；对物质文化多元要素"物"的包容；对阶层文化多元品位"需求"的包容；对人与自然多元共生"自然"的包容。

7.3.1　空间使用多元群体：包容"人"

包容性公共空间应该对于各种丰富的使用主体一视同仁。不论是游客、路人、孩童、长者、艺术家、跑步者，都能够自由地在公共空间表达自我，合理利用空间参与公共生活，成为城市空间的有机组成部分，真正实现"还江于民"。

1. 包容运动休闲者的滨江公共空间。

随着人们对于健康的需求与日俱增，健康生活所需活动空间稀少的问题也日渐严重。在上海中心城区，人均体育场地面积平均不足 1 平方米，面向市民公益性开放、可开展多个运动项目的体育设施十分稀缺，市民运动健身地局限于社区空地、广场、公园、健身中心等"点状"空间，体育设施供需矛盾凸显，健身休闲者没有被充分地"包容"。而从杨浦大桥到徐浦大桥"线状"滨江公共空间的贯通开放，无疑是践行《全民健身计划（2016—2020）》和《健康中国 2030 规划纲要》的重要保障，是公共体育服务政府主导，多方联动，体育生活化的标识之一，也是提高市民幸福指数的一大举措，更是"城市，让生活更美好"诺言的兑现。

　　若要让运动健身真正成为上海市民的一种日常生活方式，公共空间配套设施及系列活动的组织必不可少，上海各区从"以人为本""还江于民"的角度出发，对滨江岸线的体育功能及体育设施布局及服务进行了细致规划，对照国际体育设施标准，在城市滨江体育的开展方式上进行了积极尝试，营造了全民健身的氛围，助力十五分钟体育生活圈的打造。

　　（1）滨江成为跑者天堂。1996年上海国际马拉松（简称"上马"）开始举行之后，跑者群体日益扩大，2018年上马报名人数突破13万人，过去，"跑友圈"中最常打卡的地点是浦东世纪公园、闵行体育公园、东方体育中心等，2018年滨江贯通后，跑友们有了新的运动空间。滨江岸线作为跑步地点的好处在于，贯通后路线长、超过一个全程马拉松的距离，不涉及封路断点，无论住在哪里，都可以就近选择一段开跑，无需专门赶到某个地点。三道齐全，跑步道、漫步道、骑行道，印有明显的道路指引和路程公里数标识，三道并行处也有明显分隔线标识，为不同运动休闲群体提供了互不影响的空间，且与城市机动车道隔开，安全有保障。跑道质量好，采用透水彩色沥青材料，暴雨之下跑道也不会积水；滨江空气清新视野佳，景观环境每段各有特点，配套设施齐全也成为了突出的优点；

图 7.5
杨浦滨江江畔的骑行道与慢跑道

资料来源：课题组拍摄。

图 7.6
杨浦滨江耐克跑者驿站

资料来源：课题组拍摄。

为不同群体提供多种跑步锻炼选择，夜跑、慢步走、亲子跑、情侣跑、老年健身等，充分包容不同人群的需要。

　　滨江公共空间为跑者在沿线设立了许多服务设施，规划了多个跑步驿站，提供淋浴、更衣、寄存、饮水等全方位服务，淋浴房电子门禁刷卡进入，确保私密性。滨江岸上还有一些盒状空间，这里有全国首个全年无休阿迪达斯公益 RUNBASE 跑步基地，也有耐克跑者驿站，它们为跑友们提供跑步鞋、跑步机等配套服务。

　　（2）多元休闲健身空间。除了跑步以外，为"包容"不同年龄段、不同爱好者的休闲、健身需求，滨江也设置了多元化的运动空间。"没有围墙和大门的体育场"——黄浦体育园坐落于南浦大桥西岸桥墩下，包括 1 片足球场、3 片篮球场、3 片网球场、12 片羽毛球场等，将体育设施与滨江景观做充分融合。徐汇滨江还设置了攀岩区、滑板广场、篮球场，满足不同人群的运动需求，考虑到这里运动的市民比较集中，例如玩滑板容易发生磕碰等情况，场地设有徐汇滨江的首个志愿服务中心——云建筑，配备了一台用于心肺急救的 AED（自动体外除颤器）装置。除了急救，这里也向市民提供问询、休憩、阅读等公益服务。

　　面向水上运动爱好者，西岸将始建于 1956 年、涉及黄浦江岸线近 600 米的划船俱乐部进行了改造，沿江区域将建成一片长约 400 米的江岸"慢跑树林"，内部则规划有划艇等水上运动区。

面向数量越来越多的"有宠一族"，徐汇滨江建立了首个沿江宠物乐园，首批建设 2 个点位，面积总计 2 500 平方米，定制大型犬、小型犬专属撒欢区，免费提供宠物排泄物清理工具，是沿江公共活动区域宠物管理模式的大胆创新。

（3）体育团队活动融入滨江景观。光有运动休闲空间还不够，市民们的公共活动还需要进行引导与鼓励。2018 年是黄浦江两岸全面贯通开放后的第一年，贯穿全年的"活力滨江·全民健身大联动"系列活动，为滨江沿岸带来 300 余场次赛事和活动，超过 10 万人次在每个月特定的运动主题及推荐项目下感受滨江健身的快乐。

此外，滨江体育活动与社区活动进行了充分结合。如黄浦区以滨江设施资源为阵地，与沿江几个街道的社区体育俱乐部、体育社会组织合作，让体育团队和棋类、轮滑等体育项目进入滨江岸线。编制滨江体育团队活动一览表，明确时间、地点、内容，对团队活动进行课程式管理，让团队活动有序融入滨江景观。结合节假日开展传统健身项目展演活动，号召全民健身，在外滩举办路上划船器、轮滑、空竹等项目，彰显黄浦特色的海派体育文化。此外，与相关体育社会组织、社会团体合作，在滨江建设运动加油站，为跑者、骑者提供服务，举办跑步系统性训练营课程、跑者自我保护培训，使黄浦滨江成为跑步爱好者的聚集交流地。

滨江两岸公共空间建设包容运动休闲者的实践，有以下经验可借鉴：注重"线"的贯通，三条步道的贯通设置可让不同区域的运动者可以享受到同等的滨江运动体验，同时要注重沿线景观的美化，让跑步道也成为生态廊道，提供真正优质的运动环境。注重"点"的丰富，在线状公共空间外，还要有不同运动种类的设施点、场馆点来丰富市民的选择。注重配套服务及活动的配合，要为不同人群设置适合的公共服务及配套设施，同时以公共活动加强引导，培养人民使用滨江公共空间的习惯，真正做到"还江于民"。

但同时，也要注意设施管理过程中可能出现的问题。以徐汇滨江滑板公园为例，本意开放给滑板爱好者的场地，经常聚集有追逐打闹、骑自行车、玩滑板的孩童，且几乎不佩戴护具，而滑板运动速度快，冲击力大，极易撞伤人，家长与滑板运动者就曾因空间的使用权展开过激烈争执。专家建议，首先，滑板公园是面向公众开放的公共活动区域，无论是滑板爱好者还是孩子都可以去，双方都有权使用场地，可以实施分时段管理，规定滑板时段、散步时段，收费并非公共空间服务的最好途径，最根本的仍在于加强管理，此外，滨江管理方还要明确告示安全风险等。目前滨江刚刚贯通开放，未来，在包容不同群体时仍会碰到各种问题，如宠物的管理，乞讨者能否进入，当前设施是否适合老人、残障人士行动，这些议题都需要提早进行讨论。

2. 包容旅游观光者的滨江休闲空间。

黄浦江滨江沿线作为城市公共休闲空间，除了还江于民，创造亲水体验以外，还承载着建设成为城市"项链"、发展名片和游憩宝地的目标任务。为更好地给旅游观光者提供舒适、便捷、惊喜的休闲体验，上海市政府不断加强沿岸生态环境、城市轮廓、特色景点、灯光色彩的整体塑造，丰富充实水岸联动旅游线路，全力打造"必游必看"的世界级旅游精品。

然而，滨江空间不同于街坊、公园、里弄，在设施便利性、交通可达性、景观塑造性上都有着独特性和相应的制约性，在打造包容多元观光者的休闲空间过程中，面临以下问题：如何打造便捷顺畅的游览空间，为残障人士、儿童、老人等多元主体创造安全、便利的参观体验？如何实现流畅的观赏性和便利的休憩性的平衡，满足不同参观主体的多元需求？为解决以上问题，黄浦江滨江沿线做了很多有益的尝试，从无障碍便民设施到望江驿休憩平台，再到水陆互动的设想，以便为多元旅游观光者提供更完满的参观体验。

（1）无障碍设施：用精细设计与管理创造便捷安全的空间。为使所有多元主体都自由、舒适地参与到滨江空间体验中，滨江整体设计也充分考虑到了残障人士的需求，通过基本保障和安全管理两个方面，让残障人士也能顺利、安全、同等地享受滨江风貌。

一方面，滨江沿线的无障碍设施，让残障人士通行更便捷。以杨浦滨江为例，为方便残障人士及行动不便人士游览杨浦滨江，在杨树浦路 640 号入口、怀德路入口、宁国南路入口等滨江沿线均安排了手推车可供免费借用。驾驶残障人士专用车到杨浦滨江游玩的市民可将车辆停在入口指定区域后，联系现场保安或管理人员借用手推车游览滨江。乘坐电瓶车一路畅行，没有断点，要到达观景平台也都有相应的坡道设计，上下坡道较缓，对使用轮椅或拄拐杖参观游览的肢体残障人士来说应无问题。除此之外，公共厕所的无障碍设施也在着力加强。

另一方面，滨江沿线通过严格的安全管理，让残障人士更感安全。上海市《关于加强黄浦江两岸滨江公共空间综合管理工作的指导意见》规定："机动车和除自行车以外的非机动车禁止进入滨江公共空间。"而各个滨江段都根据实际情况，进行严格管理，同时，管理方也在不断加强宣传，在重要入口、地段设置提示牌，充分考虑所有滨江游客的安全。

（2）浦东滨江望江驿：用温暖的空间承载人的需求。为使得更多便民设施更好地为旅游观光者提供服务，创造融合、协调的观赏空间，浦东滨江沿线设置了望江驿。由于所在场地背靠陆家嘴连绵的摩天楼群，隔江与老外滩及北外滩对望，是上海市中心的一处关键性公共空间，这一微小的驿站在以平易近人的环境服务市民的同时，也凸显自身空间的独特存在，从而让建筑有机会成为风景的放大器。"望江驿"这一命名正凸显了驿站的双重述求。

望江驿坐落在浦东滨江显要位置树荫下，一个200平方米的弹丸之地，却发挥着大作用。它集合了公共厕所、公共休息室、自动售卖机、雨伞架等便民设施，是不可或缺的落脚点。为充分满足滨江观光者的需求，沿江每隔1公里就设置一个驿站，22个望江驿全部对市民开放使用，大大提升了滨江贯通的品质。

望江驿的设计独具匠心，充分体现了功能性、融合性和可复制性。第一，望江驿从驿站本身的工程出发，具备比较完善的服务功能，一侧是相对封闭的公共卫生间，另一侧是开放通透、设有便民设施的公共休息室，包含各种便民设施；第二，望江驿实现了驿站地理位置与周边环境的融合，通过地势、视野、景观搭配等精巧设计，实现若隐若现、融合统一的格局，并通过木结构凸显亲切感；第三，望江驿是一个需要大范围设计复制的设施，需要统一，更需要个性，因此设计采用了钢木混合、木构为主的体系，便于复制又不至于太过产品化。

望江驿的落地，是通过设计，把数据性、指标性、条文性的要求，落实为

图 7.7
滨江便民设施

资料来源：课题组拍摄。

一个真正有体感、有温度的实用空间，与整个贯通工程相融合，为市民带来愉悦感受。

滨江的便民设施设计，极大地包容了多元主体的观光者，并从各个方面承载人的需求，同时，整体设计除了硬性的结构设施，更体现了软性的管理设计。充分考虑各类人群的基本诉求，关注关心残障人士的观赏需求，通过无障碍设施，为残障人士提供更流畅的体验。考虑便民设施与景观空间的高度融合，建立休憩平台，自然而然地创造公共休闲空间，更加人性化、个性化。通过管理、服务等软性环境营造，创造更安全、更便捷、更舒适的休闲空间。

当然，还需要更加稳定的长效机制来维护，如何更加高效的维护无障碍设施、管理便民空间，是滨江沿线后续开发的一大挑战，也许形成居民自治、平台管理的模式，能有效发现观光者的需求，提升观赏体验。同时，滨江沿线作为独具特色的游览空间，如何进一步体现滨江空间的亲水特点，打通江上空间与路上空间的隔断，形成水陆互动的游览体验也是下一步滨江沿线需要着力提升的地方。

3. 包容建设者的徐汇滨江建设者之家。

作为上海市六大重点功能区之一的徐汇滨江地区，开发体量占黄浦江两岸开发总量的 1/10，随着各项目的陆续动工，参与建设的工人也日益增多。2016 年，徐汇滨江有在建项目约 60 万平方米，项目工地数 8 个，外来建设者 6000 多人，建设高峰期超过 10 000 人。大批的建设者集聚，带来大量公共需求，也容易成为社会治理的"盲点"，如何包容城市建设者，有效解决建设者大量集聚带来的管理不顺、服务不便等问题，是社会包容的重要方面。徐汇区设立"徐汇滨江建设者之家"，为成规模开发建设区域，形成共建共治的社会治理新格局提供了有效的探索，并入选了 2017 中国（上海）社会治理十大创新实践案例。

（1）简朴温馨的"硬件"建设。徐汇滨江建设者之家选址贴近服务对象，从集中居住区步行 3 分钟内即可到达，整体设计简朴温馨，由大舍建筑设计事务所的主持建筑师柳亦春担纲设计。建设者之家占地约 600 平方米，通过巧妙地利用工地旁的一小块草坪，加上最普通的红砖和绿化隔离，形成了一个拥有半开放空间和一幢二层小楼的庭院式空间，既美观实用，又充满了浓郁的职业色彩。同时，站点用的大多是建设过程中留下的材料，为可拆卸的轻钢结构，做到"工地开到哪里，家建到哪里"。

图 7.8
徐汇滨江建设者之家

资料来源：西岸集团

在建设者之家的半开放空间中，设置了教育超市和公共会客厅，内设电视、桌椅和健身娱乐器材；站点一楼为生活、卫生和法律服务站，提供政策咨询、法律援助、纠纷调解、常见病诊疗等服务；二楼为阅读空间和多功能厅，提供图书借阅、党员学习、电影放映、技能培训等服务，同时还布置有一场小型的公益图片展，围绕"向建设者致敬""温情徐来·汇善汇美"和"远方的爱"三大主题，摄影爱好者们用镜头表达了对西岸建设者们满满的敬意。镀铝锌的波纹板、红砖和刨花板，这些工地常见的建筑材料成了建设者之家的主要用材，为建筑工人营造出了一个熟悉又温暖舒适的休息空间。

（2）丰富多彩的"软件"建设。怀着为建设者打造一个"家"的初心，徐汇区明确由建设管理企业负责硬件建设，工青妇组织、属地街道负责日常运营管理，相关委办局提供服务配送和技术支持，共同将建设者之家打造成这个特殊"社区"的日常管理载体。建设者之家自2016年运营以来，共举办各类服务活动260余场，惠及建设者3万余人次。

运营时间随顺建设者生物钟，实行7×12小时工作制，平时提供电视转播、电影放映、无线上网、报刊借阅等服务，区职工服务中心配送免费理发、免费修鞋、爱心义卖等便民服务，区文体中心配送文艺演出，教育超市推出工会服务卡打折优惠；卫生服务站由全科护士坐班，并引入区中心医院"云医院"服务，可通过互联网与大医院专科医生"面对面"问诊，还为来访的家属子女提供妇科病免费筛查和暑期夏令营活动；法律服务站由街道司法所派驻律师、人民调解员，提供全勤值班式服务，积极介入帮助建设者维护合法权益，定期举办法律咨询、法律讲座等，为建设者答疑解惑；与专业服务于来沪务工人员的非营利性公益组织——上海农之梦青年公益服务社达成合作协议，共同为建设者提供便捷优质的服务。建设者之家改变了滨江建设工人的生活习惯，建设者的归属感、获得感显著提升，文明素养日益提高，近一年来，徐汇滨江地区未发生一起重大安全生产事故，治安状况良好。

作为"建设者集中居住区管理模式研究"的创新成果。徐汇滨江建设者之家这样的一站式多元服务空间，为城市包容建设者提供了成功范本。本案例有以下经验可借鉴：渴望联结、渴望关爱、渴望交流是建设者们的需求，滨江作为一个还江于民的公共项目，也要充分考虑到公正与包容，建设者是滨江工程参与者中不可忽视的一个重要群体，他们也应是工程的受惠者。注重多功能空间的营造，徐汇滨江建设者之家不仅是一个为建设者们提供生活便利的一站式综合体，也是一个致力于提升精神品质的文化空间。结合基层群团管理的方式，以党建、群建促进社建，开启多方共同促进社会治理的局面，各群团、企业、社区、第三方社会组织合力使社会治理融入滨江开发之中，让建设者们能够在这里安居乐业，以主人翁的态度更好地推动滨江地区的建设，这也是滨江建设中社会包容度的重要体现。

7.3.2　物质文化多元要素：包容"物"

包容性公共空间应该能够客观反映城市空间变迁的历史，既突出现代空间风格，亦保留传统空间形态所留下的印记。上海依水而兴，是近代著名的港口城市、工业城市，由此留下了大量见证历史的滨水工业遗产。上海的滨水工业遗产具有记录城市记忆的历史价值、适宜功能再开发的经济价值、承载日常生活的社会价值、保留历史建筑构造或生产工艺的建筑与科技价值等等。因此，如何在滨江改造的过程中将这些具有珍贵历史价值的工业遗产保留下来，成为体现黄浦江两岸公共空间建设"物"之包容性的重要方面。

1. 杨浦滨江南段：全民共享的工业博览带。

杨浦滨江的最大特色就是"百年工业"的文明底蕴，历史文化丰富，工业文明遗存众多，全长 15.5 公里的滨江岸线中，南段 2.8 公里，遗存历史建筑 24 处，共 66 幢，总面积 26.2 万平方米，拥有上海百年水厂杨树浦水厂、上海船厂、中国第一鱼市场、新怡和纱厂等承载上海百年工业文明的老厂房，这些都是中国近代工业史上非常重要的工业遗产。2013 年，上海市政府正式批复了杨浦南段滨江长度 5.5 公里的控详规划；2016 年，原作设计工作室建筑师章明团队提出"5.5公里连续不间断工业博览带"的构想；同年 8 月，怀德路至丹东路轮渡的 550 米公共岸线示范段建成并向公众开放；2017 年 6 月，上海船厂码头改造亲水平台完成建设，水厂栈桥实现贯通；2017 年底，杨浦滨江全线贯通。

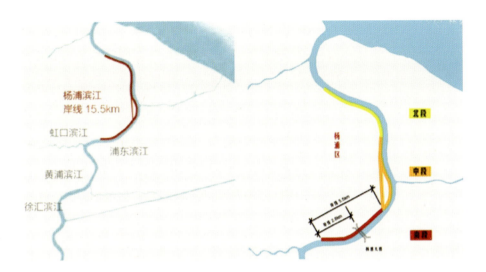

图 7.9
杨浦滨江岸线区位图

资料来源: 上海城市空间艺术季官
方 网 站 http://www.susas.com.cn/
exhibitions_introduce.html。

过去，岸线的工厂是生产区域，百姓走不进去，传统的大工业隔断了滨江和百姓的生活空间，因此，"还江于民"，把生产性岸线置换为生活性岸线，是岸线贯通的首要目标。但附近社区公共空间极少，一旦开放，公共活动需求与人流量都会快速增加。因此，该段公共空间建设面临的最大问题是满足民众公共需求与保留工业遗产的矛盾，即：如何结合场地的特点及历史线索充分保留众多的工业遗存，传承杨浦的工业历史文脉？如何在尽量减少破坏的条件下，贯通以往各类工厂、码头形成的断点？如何在呼应大量社区居民的公共生活需求基础上，合理达到滨江公共空间向民众开放的"重现风貌、重塑功能"要求？

为解决以上问题，杨浦滨江的定位是以工业传承为核心，打造生态型、智慧型、生活化的公共开放空间，满足市民休闲健身、旅游、观光的需要。

对于这一目标定位，采取了有限介入、低冲击开发的设计策略，强调"大开放"，而不是"大开发"。通过工业遗存"再利用"，强化场所记忆，增强居民归属感、认同感。在杨浦滨江南段的 5.5 公里范围内，建构了"三带、九章、十八节"的整体构架和内容："三带"——工业遗存博览带、三道交织活力带（骑行、慢跑、漫步）、原生景观体验带，和旋贯通，体现系统性。"九章"——重返港湾船厂游、长桥飞越水厂韵等体现区域规划特色性。"十八强音"——船坞秀场、生态栈桥、深坑攀岩、失重煤仓等，体现工业遗产节点改造的趣味性、开放性和互动性。

在设计中，"锚固"与"游离"两个概念贯穿始终，"锚固"指的是，尽量保留原真性的场地工业遗存，致力于发掘场所的潜在价值与精神；"游离"，是指新介入的元素既保持着对既有环境的尊重，有限度地、清晰可辨地介入现存空间之中。这也是遗产保护中强调的"新"与"旧"的痕迹区分。具体到实践层面，本案例将介绍运用了"锚固"设计理念的防汛墙、老码头地面的改造以及运用了"游离"设计理念的刚廊架、水厂栈桥改造。

（1）防汛墙。这是滨江改造中的重要环节。一般有两种改造方式：保留原有防汛墙，或是远离水岸新建埋于绿坡之下的隐蔽式防汛墙。原有规划中大多采用后者，但防汛墙是滨江工业遗存的重要特征物与识别物，在包容"物"的原则下，示范段保留了近300米的防汛墙，适当提升防汛墙内侧的地面高度，形成视角理想的望江平台，避免防汛墙对滨江公共空间视觉上的阻挡。此外，巧妙利用高差接近2米的二级防汛体系，设置了一处面江而坐的室外阶梯看台。宽阔的高桩码头作为舞台，形成了别具特色的"自然剧场"。考虑到原先工厂的职工仍然居住在附近，防汛墙上还模仿纺织厂的标语，喷绘上"高高兴兴回家去，平平安安上班来"等标语，通过唤醒场所记忆来增强居民的归属感和认同感。

图 7.10
防汛墙喷绘

资料来源：课题组拍摄。

图 7.11
钢廊架

资料来源：课题组拍摄。

（2）老码头地面。原设计中整个码头区均为花岗岩铺装，当时施工单位与石材供应商已经完成了样板制作。可是若按原设计实施，老码头在岁月磨砺中显露出来的沧桑肌理会被完全覆盖。若要保持，需要解决，如何处理码头地面的凹凸不平？如何控制地面材料的均匀度？如何处理粗糙地面的积水和扬尘等问题？通过多次试验，最终确定了局部地面修补、混凝土直磨、机器抛丸、表层固化的施工工艺，从而实现了老码头表面原有肌理的保留与品质提升。

（3）钢廊架。为解决防汛墙后区和码头区的高差所形成的交通阻断，新建了交通复合体——集合了坡道、座椅、展示、爬藤花池等功能的钢廊架，整个廊架建构原型来源于纺纱厂历史照片中整经机上的线与柱的缠绕关系，顺坡道而下，穿梭于钢索形成的朦胧界面之间，一侧是斑驳古旧的防汛墙，一侧是水城辉映的浦江景观。

（4）杨树浦水厂栈桥。杨树浦水厂，曾是杨浦滨江带上最长的"断点"。这座 1883 年建成的英式城堡建筑，属文物保护单位，迄今还为杨浦、虹口、普陀、宝山等区 200 多万市民供水。既要确保水厂生产设施安全，又要实现 535 米断点的贯通，设计师团队设计了一条悬浮于水上的 550 米钢木栈桥，与厂区距离 3.5

图 7.12
水厂栈桥

资料来源：课题组拍摄。

米，不仅有绿化，还有休息座椅和活动平台。栈桥以"舟桥"为设计理念，呈现船型结构，结合江上原有的工业痕迹以及水厂的部分设施，设置了八个景点。以栈道上的"箱亭框景"为例，钢结构翻折形成箱型凉亭，成为栈桥上一个遮阳点，其观景效果也如同一个相机"取景框"。与水厂最亲密的接触发生在"回廊高台"上，栈桥一处以坡道的形式与水厂原有的二层溢水码头结合，成为栈桥的制高点，水厂每天不定时的泄水过程，还会形成人造"小瀑布"，增添了景观的互动性。

杨浦滨江南段改造案例，最突出的特点在于将工业之魂直接作为这一区域的特色印记，实施保护与开发并重原则，在重现风貌的同时，公共空间的功能也得到完善。通过"锚固"手法，防汛墙、船坞、装卸码头、吊机、灯管等元素，以及如永安栈房、烟草仓库、毛麻仓库等优秀历史建筑成片保留，充分保留城市工业记忆。通过"游离"手法，以新旧并置的方式，将工业元素进行再提取，嵌入滨江公共空间的设计，提升居民的公共生活体验。在处理滨江贯通断点时，采取借用二层平台、架设连廊栈桥等方式进行跨越。不只是保护孤立的一幢幢建筑，而是要成片区地保护建筑整体风貌，形成博物馆群，真正成为可持续的"工业博览带"。

工业文化的宣传教育将是后续工作的重头。杨浦滨江率先做出了尝试，提出"智慧滨江"设想，在景点中设置二维码，帮助居民游客还原滨江的工业场景与文化印记，强化工业博览带的特质。此外，滨江的管理还涉及工业遗存改造的体育设施，如深坑攀岩、失重煤仓等的运营维护，还需要有更加细化的措施与安全责任界定。

2. 徐汇滨江：从"铁锈地带"到"上海 CORNICHE"。

上海西岸位于徐汇区黄浦江畔，岸线 11.4 公里，面积 9.4 平方公里，因其紧邻黄浦江岸，地势开阔，河道纵横，曾集聚了包括上海最早的机场龙华机场、始建于 1907 年的上海铁路南浦站、华东六省一市的能源中心北票煤炭码头、上海水泥厂、上海飞机制造厂等众多工业设施和重要的民族企业，是当时上海最主要的交通运输、物流仓储和生产加工基地，承载了中华百年民族工业的历史变迁。

然而，随着大工业化时代的结束以及上海城市布局调整和传统产业转移，这条繁忙而封闭的岸线成了"铁锈地带"，沿岸机械锈蚀、烂泥淤积、砂石散落。2008 年，以上海世博会举办为契机，上海西岸开始了从生产性岸线向生活性岸线的转型。参照德国汉堡港、英国金丝雀码头等工业"棕地"复兴成功经验，徐汇滨江地区运用"上海 CORNICHE"的设计理念，结合对历史遗存的保护性开发，构建出开放空间整体的故事线索，完成了旧工业的搬迁以及公共开放空间的打造。2015 年，徐汇区滨江工业旧址改建公共开放空间项目获得了"中国人居环境范例奖"。

在这一背景下，徐汇滨江公共空间包容"物"的实践面临以下难题："CORNICHE"一词原指在海滨休闲旅行城市衍生出的舒适开阔的滨水大道，如何在借鉴国际优秀案例的基础上，塑造"上海 CORNICHE"不同于其他国际水岸鲜明的本土化个性特征？如何将徐汇滨江大量的滨水工业遗产融入全新的景观环境与公共空间之中？如何围绕"西岸文化走廊"品牌工程、"西岸传媒港"等核心项目，充分利用现有的工业遗存资源？

在实现"上海 CORNICHE"时，国内外设计师都认为工业遗产是最具本土化的特征。具体落实在方案中，整个岸线被划分为三个段落，较窄的为"自然体验段"，中间段是"艺术文化段"，结合了该段有较多工业建筑遗存的特征，东端的腹地最宽敞，因此成为有塔吊广场、谷底花溪等工业遗迹作为点缀的"休闲文化区"。最终，徐汇滨江地区整体总计保留码头4万平方米，保留历史建、构筑物33处，系缆桩近100个，铁轨2.5公里，枕木1 200根，石材1 800平方米，吊车4台，它们成为了构成场地特征必不可少的要素。

几十处原用于生产的建（构）筑物等有价值的近代民族工业遗产，获得了创造性的再利用，重焕生命力。根据国内外的经验，此类建筑再利用大致有文化艺术场所模式、景观公园模式、创意产业园模式和商业旅游综合模式，徐汇滨江对此也进行了一系列的实践和探索。

（1）文化艺术场所模式。工业建筑与文化艺术场所建筑两者在采光需求、空间结构、使用功能和建筑风格等方面有很多的共同之处。徐汇滨江地区为打造"西岸文化走廊"品牌，对区域内近代工业建筑遗产进行了改造，与文化艺术融合，主要有以下几个项目。

龙美术馆（西岸馆），选址于原北票煤炭码头，该码头是城市煤炭储运枢纽，与铁路相连，方便煤炭运输。美术馆由大舍建筑事务所著名建筑设计师柳亦春担

图 7.13
龙美术馆的煤漏斗

资料来源：课题组拍摄。

纲设计。项目以保留的构筑物"煤漏斗"作为主入口通道，并以此为原型衍生出大空间建筑的结构母题，体现工业文明遗迹的场所特征。

余德耀美术馆，为原龙华机场飞机库，在旧厂拆迁过程中，有关部门及时将其列为区级不可移动文物建筑，由日本知名建筑师藤本壮介担纲美术馆设计，改造以保留建筑原有特色（坡形屋顶、钢结构桁架、钢制大门）为原则，再现民航历史记忆。

星美术馆，保留原铁路南浦站十八线仓库，场馆由法国建筑大师让·努维尔设计，室外开放空间内保留了贯穿场地总长约 2.5 公里的一段铁轨和老火车头，并将铁轨的枕木回收利用制成滨江沿线的座椅，让人重拾上海工业时代的记忆。

油罐艺术公园，以 5 个中航油油罐为核心，构建特色公共活动空间，由李虎领衔的 OPEN 建筑事务所设计，计划打造为当代艺术为主题的文化公园，包含油罐画廊、多功能展览厅、艺术餐厅以及酒吧。

（2）景观公园模式。这是指以工业建筑遗产上的后工业景观作为设计主体，将场地上的自然植被、开放水面、人工建筑等环境要素依照整体风格的统一进行规划设计，进一步组织和整理成为集工业文化展示以及休闲、娱乐、运动等多种功能的城市公共景观空间。

徐汇滨江跑道公园，位于原龙华机场跑道所在地，由知名景观设计公司 SASAKI 设计，采用城市轨迹的设计概念，用多样化的线性空间将街道和公园组织成一个统一的跑道系统，并将水系和绿地穿插其中，满足现代社会中人们对交通、休闲和运动的需要。

塔吊广场等特色景观构筑物，广场保留了塔吊、瞭望塔、轨道、水塔、烟囱、传送带等标志构筑物，并进行了舒适化、艺术化改造，如北票码头煤炭传送带铺上木地板、装上玻璃栏杆后即成为了高架景观步道；海事塔以上海市花白玉兰、瓷器和稻穗为概念，采用不锈钢网架进行装饰，成为滨江观景塔；保留 2.5 公里的铁轨、轨道道岔、信号灯、火车头等南浦站遗迹打造"谷地花溪"，增加了公共场地的历史性、互动性与趣味性。

（3）创意产业园模式。这是指将工业遗产场地通过主要功能的更新和产业调整，将工业遗产改造再利用，形成依赖原有空间价值的创意产业基地的开发

图 7.14
塔吊广场

资料来源：课题组拍摄。

模式。

在徐汇滨江地区，该模式的成功案例是将原上海飞机制造厂厂区，改造为西岸文化艺术示范区。其中西岸艺术中心原为国营 5703 厂冲压车间厂房，保留了可移动吊车梁和大跨度空间的完整性。而一些小尺度旧厂房，形成了由 14 处建筑组成的西岸文化艺术示范区，其中入驻的文化艺术机构包括上海摄影艺术中心、梦中心展厅、香格纳西岸空间等文化机构，为文化产业集聚营造了良好的氛围。

（4）商业旅游综合模式。这是指把工业遗址改造为配有餐饮、酒吧、健身等具体休闲娱乐功能，并集旅游、购物于一体的综合型的开发模式。该模式在徐汇滨江最突出的实践是以梦想为主题的文化消费和时尚体验的多元文化娱乐中心——东方梦工厂项目，该项目地块原为上海水泥厂，项目将 5 个优秀工业建筑遗产（石灰石预均化库、水泥库、船坞等）进行保留、改造，使之重获新生，成为城市发展历史的见证。

徐汇滨江以"望得见江、触得到绿、品得到历史、享得到文化"为原则，将城市道路、绿地景观、沿江岸线以及工业遗产有机结合在一起，实现了工厂变公园、废墟变艺术、旧区变新城的转型，推动了区域功能结构的转换与地区活力的复兴。本案例中有以下经验可借鉴：以历史脉络和场地印记为依托，在环境建设提炼特色要素，并加以保留与运用。邀请国际一流团队规划方案，国内大型专业设计院进行配合，充分吸纳了国际领先水岸开发经验，同时注意鲜明本土特征的塑造。通过多种模式活化工业历史遗存，赋予其新的艺术人文内涵，避免形成单一功能空间集聚，并注重与民众公共生活的结合，在包容"物"的同时，利用"物"进行改造与挖掘。

值得注意的是，"上海CORNICHE"在建设开发的过程中，也引发了更多批判性思考：在物质遗产保护的语境下，目前徐汇滨江的工业遗产整体景观环境保护规划较为欠缺，而且新旧建设部分的差异性模糊，使得在改造过后很难甄别老厂房的原貌，延续百年的工业历史记忆难以辨别，无法达到遗产保护原真性的要求。工业遗产与滨江一般公共设施的管理边界如何界定，管理要求、管理措施有何不同也应考虑，而不是"一刀切"。PDR的方案中参考了国际滨水岸线的规划理念，计划以龙腾大道为核心，构建一条可驱车看江景的景观大道等，但实际上，考虑到中西方居民出行习惯的差异以及小汽车的人均拥有量的不同，民众更多选择公共交通的形式到达江边，而目前公共交通站点离江边距离较远，也有居民反映高雅艺术的场馆多，但年纪较大的居民没有更多可参与的场所和活动，因此，"上海CORNICHE"作为一个继承欧洲滨水休闲方式的方案，固然要对标国际水岸标准，但也还需进一步提升本土接受度。以上问题，都需要不断通过研究、实践、讨论，而对"物"及"物"背后的场所精神、历史文脉的保留，无疑是加强本土性、提升居民认同感的重要方面。

7.3.3 阶层文化多元品位：包容"需求"

包容性城市空间应该能够海纳百川，使不用的阶层文化品位都能够得以平等共存、充分表达，塑造宽容的城市个性，让大众与高雅、市井与经典、传统与现代的文化品位都得以充分的表达空间，既有被动的包容空间塑造，即打造无隔离、开放的公共城市空间，同时也有主动的包容空间塑造，即根据不同社会群体、居民社团、兴趣集会的具体空间需求，有针对性地打造丰富多样的空间格局，主动满足广大市民对城市空间的不同要求。

1. 滨江公共空间满足城市文化艺术需求。

为了织补上海的文化网络，满足现代人对艺术文化日益增长的需求，艺术赋能成为滨江两岸的发展新出路，其中最具代表性的当属"西岸文化走廊"建设与"城市空间艺术季"。

2011年，"文化先导，产业主导"的徐汇滨江整体开发理念以及打造"西岸文化走廊"品牌工程战略被提出，希望从与市民隔离的工业基地，转变为对市民开放的、充满艺术气息的公共空间。除了众多艺术场馆外，城市空间艺术季也在持续助力公共空间的艺术化。2015年，西岸文化长廊举办了首届城市空间艺术季，探讨了"城市更新"的种种话题。

在滨江公共空间包容"需求"的实践主要面临以下难题：滨水空间如何将艺术和城市生活场景有机互融，并将展示活动嵌入城市更新的生长肌理中？如何区分同一个区域内众多文化设施的定位和角色，从而满足不同阶层的文化需求？如何可持续地推动城市公共空间艺术化的发展？下文将重点介绍由"西岸文化走廊"品牌项目延伸出的滨江多元化艺术展览，以及致力于展望未来城市公共空间发展的城市空间艺术季，借此一览上海城市公共空间艺术化的发展现状。

（1）滨江多元化艺术场馆与展览。近年来徐汇滨江也逐渐成为文化艺术聚集度甚高的区域，有龙美术馆、余德耀美术馆、西岸艺术中心、上海摄影艺术中心、油罐艺术中心和星美术馆等。到2020年，岸线将会聚集将近20个公共文化艺术的场馆，包括四个美术馆，六个大型的剧场，还有艺术中心和小型的美术馆级别的设施。以龙美术馆西岸馆与余德耀美术馆的对比为例，前者以国际性的大展和特展为主。在传统领域，有2014年的鸡缸杯特展、2015年的康雍乾宫廷艺术大展、2016年的宋元绘画展览；当代领域，有安东尼·葛姆雷等国际级艺术大师的个人展览等。而余德耀美术馆举办的展览侧重当代艺术特别是装置艺术，如2015年举办的"雨屋"，曾成为全城热议的话题。同时，西岸美术馆将与蓬皮杜艺术中心展开五年合作，系统性地呈现整个当代艺术发展史，蓬皮杜的知名度将进一步扩大受众面，让更多不同阶层的公众更好地参与，形成可持续互动。

除以当代艺术展览为主的"西岸文化走廊"外，依托滨江开阔优美的场地条件，众多品牌文化活动也继续织补不同兴趣群体的需求，如上海西岸音乐节、西岸建筑与当代艺术双年展、西岸艺术与设计博览会、简单生活节市集、演艺中心、高端艺术品展示交易中心等。2018 年全球（上海）人工智能创新峰会，Google AI 体验展为西岸带来了人流量与活力。

（2）城市空间艺术季。上海城市空间艺术季缘起于对城市未来的发展方向和发展方式的探讨，每两年一届的"上海城市空间艺术季"活动，以"文化兴市，艺术建城"为理念，通过跨领域和跨学科的艺术呈现、公众参与的系列文化活动，将艺术和规划、建筑等领域的专业工作者与市民"连接"在一起，成为具有"国际性、公众性、实践性"的城市空间艺术品牌活动。目前两届城市空间艺术季都选择了滨江作为主场馆地。

2015 年第一届上海城市空间艺术季于西岸艺术中心举办，以"城市更新"为主题，旨在创造历史、当下与未来的对话。2017 年主题为"连接 this CONNECTION——共享未来的公共空间"，主展览位于民生码头八万吨筒仓及周边开放空间，由四大主题展和 12 个特展共约 200 个展项组成，此外公众还可以在家门口看展——散落城市社区、公园、公共空间的 8 个实践案例展 6 个联合展，同时还举办 100 多场公众活动。

滨江两岸众多美术馆的落地，以及随之衍生的城市空间艺术季、上海西岸音

图 7.15
2017 城市空间艺术季主会场民生码头八万吨筒仓

资料来源：上海城市空间艺术季官网。

乐节等，带来的不仅是纯粹的展览和展示，同时还将宝贵的滨水空间塑造为一个传播文化，满足公众文化艺术需求的公共空间。在这一实践过程中，上海滨江文化艺术公共空间建设有以下几点经验：注重滨江原有资源的改造利用，营造城市特色与氛围，如徐汇滨江许多文化展馆本身就是工业厂房改造，民生码头八万吨筒仓也由著名建筑师柳亦春改造，通过人与物的互动，激发公众的参与性，形成与水岸环境融为一体的浸入式体验，打造黄浦江畔的公共艺术风景岸线。对于同一个区域内众多文化设施，设计师一方面要发挥其集聚效应，激活整个区域，带动城市的品质提升；另一方面，文化设施要寻找自身定位，满足众多阶层群众差异化的艺术品位。同时，各类艺术空间的建成，也带来对后期维护、后期管理、人员配备等软件实力的要求，能否良好的对各类场馆空间进行常态化运营，将直接影响其可持续发展的潜力。场馆为载体，活动是为公共空间注入活力的根本，艺术展览场馆的受众往往是文化阶层较高的群体，还需要有一些空间及活动为广大市民的精神文化生活敞开，如生活节市集、滨江广场舞、开到家门口的城市空间艺术季等。以徐汇滨江举行的公共文化"配送服务"为例，四个比邻滨江的街道依次牵头举办，在滨江草地举办吟诵诗歌等活动极大丰富了社区的公共生活，公共空间的活力也得到了激发，促进了社会空间的形成。

2. 滨江辐射城市腹地促进转型发展。

黄浦江两岸45公里滨水公共开放空间已经全线贯通，但这只是黄浦江两岸转型发展的一个关键节点，同济大学建筑与城市规划学院唐子来教授指出，开放空间贯通、塑造区段特质和辐射城市腹地是城市滨水地带转型发展的三个基本环节。

除了文化艺术等门槛较高的需求，数量更庞大的城市社区居民、观光客对于城市滨江地区带动周边区域发展，辐射向城市腹地，无疑将使滨江公共开放的城市福利，惠及更多民众，但同时也会面临更大的挑战：如何充分动员所在社区广泛参与滨江公共活动，通过"公众参与"的模式为社区及滨江公共空间建设建言献策？如何通过公共交通网络和慢行交通网络的建设，使腹地居民更方便地走近江边，顺畅联通城市腹地与滨江？如何使被水岸吸引来的观光游客，走进城市腹地深处的历史保护区，让滨江公共空间成为本地居民和外来游客享受慢行交通、社会交往、文化体验和滨水游览的独特载体？通过区域整体功能定位策划、开发导则、政策引导、社区微更新等手段，滨江沿线公共空间与腹地区域可以有机整合、协调共生，无论是自上而下的规划引导，如杨浦滨江的产业融合、织补交通需求，还是自下而上的社区微更新，如浦东缤纷社区项目，都使得滨江更加"亲民"，更加辐射向广阔的城市腹地。

（1）公众参与的缤纷社区微更新。与以往由政府主导的"社会管理"不同，缤纷社区是浦东开展的一项以社区自治、共治的方式，聚焦居民日常需求，进行社区微更新，激发社区自治共治活力的社会治理创新活动。滨江公共空间的建设属于宏观层面，时间紧、任务重、体量大，公众参与的空间不多，而缤纷社区则是微观层面的实践，通过"针灸式"改造，做到"微改造、大提升"。在沿江乃至腹地的社区开展微更新，并将其与滨江进行连接，无疑将充分包容公众的需求，实现滨江与城市腹地的链接。

以陆家嘴梅园街区的"翡翠指环"项目为例，在滨江东岸这片光鲜的金融区背后，在20世纪八九十年代建设的一大片安置房里，居住着一个由老年人、儿童、白领、外来务工人员等组成的高度混杂的社区群体，梅园街区就是其中一个。在陆家嘴街道社区基金会和设计师看来，以唯一的社区级配套公园梅园公园为中心的梅园街区，未来将有潜力成为一个社区慢行系统的重要组成部分。以公园为中心，加之以四周街道构成慢行环路，服务周边居民，尤其是老年人与儿童的出行休闲，同时，这个慢行系统将连接东岸21公里滨江绿地和腹地的世纪大道和世纪公园。它以鼓励步行和非机动车出行为导向，避开主干道，连接、孵化沿街小型开放空间，并做好地铁最后一公里的服务。

缤纷社区项目不仅通过附近社区"以点带面"的微更新来提升社区生活品质，还通过丰富的社区公共活动来充分满足民众的娱乐休闲、社会交往、人际链接需要。"零碳出行"活动即是一例。2017年11月3日，由上海市浦东新区人民政府主办，上海市浦东新区规划和土地管理局承办的"零碳出行"主题活动中，5个街道的居民组成骑行团队，沿途穿过缤纷社区的规划实践案例，包括塘桥街道文化活动中心、花木街道东绣路健身步道、滨江大道、8万吨筒仓、陆家嘴街道福山路步道花园等，总长共15公里。让居民切身感受与体验了滨江与城市社区连接的美好生活，建立了社区间的联系，推广了规划成果，传导了慢生活、健康生活、美好生活的理念。

（2）交通网络提升腹地与滨江的可达性。安全、便捷和舒适的交通网络，是提升滨水地区辐射城市腹地的必要条件。杨浦滨江在进行城市设计时，充分考虑了这一点，并以产业与交通的融合作为抓手。首先，设计师对滨江历史特征进行了分析，杨树浦路是产城交融与功能分割的界限，沿线串联起滨江十多个工业厂房，腹地是工人的居住区。横向布局指滨江地带，以七个不同的产业与功能作为分隔，如同"钢琴琴键"，纵向上则设置垂直滨江的纵向产业和生活功能带，形成纵向滨江向腹地的功能渗透和横向滨江节点的功能串联。另外，设计多条生态廊道渗透腹地与滨江，衔接各功能组团，最终形成纵向七大综合区和横向滨江活力带的结构，让腹地有不同需求的群体，自如导向各种产业区域，促进了从腹地到滨江的工作、居住、休闲的有机融合。

此外，杨浦滨江着力打造"网络状公共空间"，聚焦滨江，联动腹地，形成多样化、系统性、网络状的滨水绿地以及公共空间综合环境。一是向东延伸，沿江向杨浦大桥下游至定海桥；二是向北延伸，沿杨树浦港和城市支路的楔形绿地向城市腹地延伸拓展；三是块状延伸，结合大桥地区、船厂地区方案征集，启动块状公共空间建设。

在城市景观及观光需求这一方面，强调尺度、比例与节奏感。以杨树浦路为界，沿江以中小尺度建筑和小街区为主，形成滨江建筑的良好亲水性与视觉渗透性；腹地则形成中等尺度街坊，沿江公共活动节点的打造结合工业建筑本体的改造与再利用，形成滨江游览的时空序列。沿江空间强调开放性，腹地则强调连续的公共界面，形成空间感知上的强烈对比，更加强化滨江空间的到达感。

由政府主导的浦江两岸贯通试图从城市整体的角度缝合原本断裂的城市空间，在文化艺术等"高雅"品位需求得到满足后，城市腹地的公众在滨江可达性、社区公共活动、公众参与等方面的"大众"品位需求也应得到重视，自下而上的参与式场所营造过程将成为未来滨江公共空间建设的重要任务。目前相关实践数量仍较少，但也能提供非常宝贵的经验：缤纷社区这一由建筑师与市民自发参与的微更新模式，以小规模、低影响的渐进式改善方式，意图从更细微的断点入手缝补社区空间网络，将社区公共空间、公共生活与滨江公共资源相连接，无疑将以点带面地带动片区的城市环境整体提升，让场地从格局到细节高度贴近民众生活，展现滨江社区规划"精心设计，融合社区，点亮生活"的目标。注重滨水地区与轨道交通网络的链接，形成了滨水地区和城市腹地之间的快速交通联系；注重滨水公共开放空间与慢行交通网络的连接，使之成为慢行交通网络的重要组成部分，以产业与交通、横与纵相结合的城市设计方式，也能有效提升滨江地区向城市腹地辐射的能力。后续应要思考如何加强水陆联动，织补游客的观光、出行需求。

7.3.4 人与自然多元共生：包容"自然"

以往的城市发展，生态包容往往被忽略。上海城市公共空间设计促进中心针对东岸滨江空间改造进行了线上线下的调研，有 49% 的受调查者认为优美的自然环境是滨江空间中最重要的，说明市民对于绿色生活的向往。因此在浦江两岸公共空间建设过程中，河道治理、绿化增容、生态平衡、微循环打造等一系列生态因素，都在决策过程中占据了核心位置。

2015 年启动的《黄浦江两岸地区公共空间建设三年行动计划（2015—2017）》，旨在将黄浦江两岸塑造成为城市滨江森林绿廊。黄浦江是上海市南北向城市发展轴、"水 + 绿"的城市南北轴，呈现了上海优越的自然生态特色。黄浦滨江再开发改善了极紧凑的上海中心城区缺少绿地公园的短板，深受市民欢迎。从工业用地转向生态绿地，生产型岸线转向生活型、生态型岸线，新建约 260 公顷的成片公共绿地的开放空间，在中心城区全面构建层级丰富的生态绿地公园体系。以下篇幅，将通过两个具体案例，聚焦黄浦滨江全线贯通建设中包容自然的理念和实践。

1. 黄浦江滨江两岸生态景观修复。

黄浦江是上海最大的河流，但是由于近现代沿江工业的发展，在改造之前约有 86.5% 河流水体已不能作为饮用水水源加以利用，因此，黄浦江水质净化、生态修复成为了黄浦江滨江两岸公共空间的建设"包容自然"的重要方面。

上海市规划和国土资源管理局发布的"黄浦江两岸公共空间贯通开放概念方案"中对黄浦江滨水区域规划提出了"开放的江岸""美丽的江岸""人文的江岸""绿色的江岸""活力的江岸"和"舒适的江岸"六大理念。其中，"绿色的江岸"即对黄浦江滨水公共空间进行生态景观修复，通过修复滨水空间的水绿环境来营造安全宜人的绿色岸线。依水复绿，打通绿化断点，将生态公园、湿地、广场等资源相互连通，使沿江绿带与腹地公共环境紧密相衬，以恢复和培育黄浦江两岸连续的水绿生态系统。

生态修复面临的难点包括：黄浦滨江两岸综合开发导致土地所有权分裂及土地归属使得生态修复景观难以协调，同时存在阻碍空间和活动连通的一些要素，如海事、轮渡、公安、环卫等各类公务码头，导致空间破碎化、其生态景观空间所能提供的各类服务使用率低。黄浦滨江带硬化的防汛墙与游憩需求相矛盾，无法兼顾市民亲水需求与提高滨江两岸防汛能力之间的矛盾。同时硬化防汛驳岸的要求也为滨江生态修复造成了技术上的难题，需要在保障滨江绿地水安全的前提下应用生态技术。滨江公共交通配套不足，可达性欠缺，尚未建立绿色慢行交通系统等。

在 2018 年公布的三年规划中，将加强黄浦江上游和主要支流水系与生态红线的规划衔接，重点引导生态保育、森林湿地、休闲游憩等生态保护功能，推进生态涵养林建设，确保黄浦江上游水源保护地安全，恢复和培育滨江生态环境。其中构建支流水系—湿地公园—生态廊道—城区绿地等由面及线及点、层级丰富的生态绿地公园体系，恢复滨江生态系统。

针对以上问题，滨江两岸生态景观修复从断点连接、防汛墙改造、建立绿色慢行系统、构建层次丰富的生态走廊四方面进行生态修复实践。

（1）以贯通为目标打通断点。协调优化沿江旅游码头、轮渡站、公务码头的设施布局与整个滨江贯通之间的矛盾。需要在不同的片区中评估现状，对不同建设目标做出相对取舍，联系整体基础设施服务系统形成完善的体系。对于滨江地区各类断点，主要采用四种连通方式：观景平台上跨，对于码头形成的空间断点，如复兴东路、董家渡路等轮渡站均在上部设公共平台，人行活动可跨越码头。水上平台设置，如南浦大桥、卢浦大桥等个别断点利用现状高桩码头改造为水上平台实现连通。向后绕行通道的设置，陆家浜路轮渡站、世博园区内三处水门均采用公共活动向后绕行的方式完成连接。架设桥梁，在日晖港形成的断点，可增设步行桥梁连接现状徐汇区滨江空间，打通断点。

（2）防汛墙改造。黄浦江两岸生态景观贯通设计中提出了以自然为本底，融入地区生态格局，构建亲水宜人的绿色岸线等策略。充分尊重黄浦江自然形成的湿地系统，结合防汛堤的建设与改造，利用河口、桥下等空间形成生态锚固点，建立满足生物需要的多样生态空间体系，形成向城市腹地渗透的水绿交融生态环境。统筹防汛安全和亲水要求，对沿线公共活动密集区段，因地制宜地进行防汛墙设计，有效应对雨水和江洪的同时，满足公共活动的亲水性和易达性。特别是将防汛设施作为工业遗产，进行元素进行改造与再利用，滨水绿化景观和市民休闲活动较好地结合，形成具有后工业历史景观特征的滨水岸线。

（3）生态景观三道贯通策略。慢行类生态绿道范式提出了漫步、跑步、骑行三条道：漫步道主要是指为满足人们在滨江公共空间散步需要的连续通道，是亲水性最好的公共通道，连通主要的滨江活动场地；跑步道主要是指为满足人们在滨江公共空间跑步、竞走等健身活动需要的连续通道；骑行道主要是指为满足人们在滨江公共空间开展休闲自行车活动需要的连续通道，结合市政道路的非机动车道布置，各种慢行方式可通行、可健身、可观景，缝合了城市生活与浦江风景。

同时，与滨江公园等公共节点相结合，如后滩公园、浦东滨江森林公园、闵行滨江公园及闵行郊野公园等，极大地提升了原本零碎的滨江空间之间的连通性，与绿化及生态景观相配合，成为了滨江的绿色连廊，在沿江旅游、沿江环境、沿江功能和城市的关系上形成一种和城市休戚与共、紧密融合的关系。

增强城市滨江空间开放性和连通性是更新活化滨水空间的重要手段，全线贯通打开亲水景观廊道，还江河以空间，还空间以生态，打造高品质、多功能、生态可持续的人居环境，优化配置基础设施、提升场地价值。在本案例中，有以下经验可借鉴：黄浦江滨江两岸生态景观修复不仅有客体的生物，还有表达客体的人文情怀，在生态景观修复上既要重视城市空间的需求，又要体现修复的科技和创新，通过技术创新缓解基础设施与空间功能的矛盾。通过城市滨水空间的生态修复，保护稀少而脆弱的水陆边缘生态系统，维持和保护健康的滨水过渡区生态过程，使生态系统结构成为一个体系，同时植根生态理念、依托新兴技术的生态新范式，从植被种植到后期养护进行探索。需要有生态、文化、社会等多方面统筹考虑的整体思维，通过营建生态空间、增加场地可达性的手段来激发场地活力，带动周边生态产业发展，保留黄浦江历史风貌，强化场所记忆，形成依托滨江开放空间的新型城市复兴途径。

2. 杨浦滨江景观设计恢复生态活力。

杨浦滨江滨江岸线全长 15.5 公里，历史文化丰富，工业文明遗存众多。杨浦滨江的改造，在充分尊重场地现状的基础上，与环境有机结合，保护保留场地上的工业遗存，充分利用了地区本身建筑环境要素；同时，进行人性化的空间尺度设计，在维持港口风貌的同时促进了滨水空间的活力恢复，提升了地区的经济价值和生态价值。下文在杨浦滨江七板块 33 个节点中，选取雨水花园、红草花坛等 6 个点进行分享。

（1）雨水花园：位于安浦路与骑行跑步道之间的雨水花园，是一处基于海绵城市理念的将雨水管理措施与休憩游赏结合的实践。看似简单的景观树林集合了

图 7.16　雨水花园

资料来源：原作设计工作室：杨浦滨江示范段规划方案。

图 7.17
红草花坛秋季景观

资料来源：原作设计工作室：杨浦
滨江示范段规划方案。

众多生态设备：树林间木栈道采用架空式设计，结合坡向波浪形沟渠，使得雨水的收集更为容易；地下埋设有巨大的雨水收集设备，收集整个场地的雨水并用于景观绿地的浇灌。

（2）红草花坛：红草花坛原来是靠近大桥的水上高桩码头区域，设计时因地制宜进行了两个处理：一是设置钢板花池，可以装载一定厚度的种植土，花池边加宽为供人休憩的坐凳；二是选用观赏草，配合江风吹拂，形成轻盈的动感。将

图 7.18
樱花剧场效果图

资料来源：原作设计工作室：杨浦
滨江示范段规划方案。

图 7.19
朴林草阶

资料来源：原作设计工作室：杨浦
滨江示范段规划方案。

原来不具备种植条件的区域改造成了集景观与休憩于一体的综合利用区。

（3）樱花剧场：樱花剧场位于黄浦江的两极防汛体系之间，充分利用了两级防汛体系之间近 2 米的高差，设置了一处面江而坐的室外阶梯看台，利用宽阔的高桩码头作为舞台，停泊的轮船和码头吊机则成为原生的舞台布景。将滨水空间的景观性、亲水性与功能性更好地结合。

（4）朴林草阶：朴林草阶位于木构建筑之前，整洁素雅的预制混凝土步道错落拾级而下，穿插其间的芒草形成简洁生动的景观基底，有机点植的丛生朴树勾勒出起伏的天际线，建筑掩映其中，共同构建出一幅宁静清新的横轴风景长卷。

（5）木行史话：祥泰木行又称山打木行，由德商创立于 1884 年，木行史话将百年来木行旧址演变的城市肌理以纵向老墙地标的形式映射于场地中，同时也作为进入滨江的通道。老墙以钢构框架融合木材堆场肌理，记录了祥泰木行的发展历程，将老墙作为载体放置木材工具、木构件、木制品等物件进行木文化的多元化展陈。将这一段城市记忆还归于民。

（6）自然课堂：利用桥头广场与码头地坪的高差，设计了由台地花坛与野草组成的自然课堂，层级布置的桌椅组合可容纳约 30 人，成为一间望江沐风的露

图 7.20
木行史话

资料来源：原作设计工作室：杨浦
滨江示范段规划方案。

天阶梯教室。阶梯下方内设有储物配套空间，可以举行小型的报告与演出，提供滨江更多元化的空间体验。

　　杨浦滨江景观设计的案例给滨江公共空间建设的启示有：突破模式化的滨水景观，保留原有场地上的历史痕迹，对既有环境的空间脉络梳理出发，从场地肌

图 7.21
自然课堂

资料来源：原作设计工作室：杨浦
滨江示范段规划方案。

理着手展开设计，努力营造富有时间厚度的城市公共滨水空间。在生态方面，注重原生植物复原保留，植根低冲击开发的生态理念，运用海绵城市设计技术，在原有肌理的条件下，打造层次丰富的绿色友好型、可持续发展城市景观。

7.4 经验与展望

7.4.1 经验总结

在打造全球浦江的过程中，要兼顾各方利益，平衡好各种关系，共享发展成果。

1. **兼顾各方主体利益诉求**。具体说来，各区开发公司、浦江办都在具体工作中与涉及岸线工作的规划、绿化、园林、市政等部门开展了充分的接洽和协调，并与沿岸小区物业、私营企业、国有部门等复杂多样的行动主体，开展了反复的协调磋商，在各个岸线区段尝试了不同的公私合作模式，在岸线对公众完全开放这一基本工作原则的基础之上，灵活调动各方资源、协调诸种利益平衡，共享浦江开发开放这一机遇，尽可能保证多元利益主体均能从中受益。

2. **平衡发展速度与全面参与的关系**。由于浦江开发开放工作有明确的时间节点，因而不可避免会有公众参与度不足的问题，在过程公正方面无法兼顾公众参与的正义性与快速执行的效率性，但仍有社会组织、公众个人及专业人士参与其中的有力尝试，如东岸在规划编制期通过公众意见征询、青年设计师方案征集、社区基金会沙龙等方式推动公众参与。为了使东岸滨江地区真正成为市民需要的公共空间，满足使用者的需求，东岸的更新前期需求评估开展了"面向大众人群、线上线下结合"的公众调研，线上利用网络平台，通过微信、微博、网页、手机等多渠道推广宣传，线下采取问卷调研和座谈会的形式，让游客、周边居民及工作人群广泛参与。

3. **共享区域发展成果**。由于各种历史的原因，浦江沿线的部分区域发展迅猛，成为了世界瞩目的经济活力中心，然而其他一些沿岸区域则依旧面临许多发展的挑战。基于这样的经济发展空间不均衡现象，浦江岸线工作在一定程度上给沿岸空间带来了新的活力，力图打造城市精品工程的同时，也关注空间发展上的不均衡，带动沿岸经济水平的整体提升。因此，经济包容应当不仅指城市居民不同收入群体之间的包容共赢，也应当涵盖不同城市区域之间的空间公平和包容并蓄。

7.4.2 发展愿景

兼顾全球浦江发展的包容性目标和实际工作中的挑战与矛盾，总结提出包容性城市空间发展的四大愿景。这一系列愿景既可以作为全球浦江发展的实际工作展望，也可以作为全球城市发展具有普遍意义的远期目标。

1. 在物质空间上，要从被动开放转变为主动活力，打造具有"内生力"、"源动力"、有生命的城市空间。城市的本质是人的聚集，这是城市具有活力的内在原因。人们要去哪里并在何处相遇，这才是让一个城市运转起来的核心。所以在城市中，比建筑更重要的是它们之间的公共空间。最富变革性的改变正在城市空间中发生。生机勃勃并使人愉悦的公共空间是城市规划的关键。只有激发出人在城市公共生活中的活动，城市活力才可能真正展现。

2. 在社会空间上，从被动多元到主动并蓄，让社会不同群体突破隔离、有机互动的社区空间。随着城市人口规模的增长和市民生活水平的提高，高质量的公共空间越来越成为新时代的民生需求。城市生活的多样性，决定了对城市公共空间的要求也必然是多样的，而且已有的城市公共空间和城市公共建筑也不能真正满足市民丰富多彩的城市生活。

3. 在人文空间上，从被动展示到主动创造，让城市空间成为当代文化的主动创造者，共绘全球上海。上海都市生活对"现代"的接受，与其说是对不断翻新的外来事物张开怀抱，不如说是这个植根本土的广收并蓄、折衷混合的文化形态，为"现代性"塑造了一个多元的样本。多元文化的碰撞交融使城市社会生活和景观风貌表现出鲜明的上海特征。未来上海应致力于改善人居环境、提升文化形象，成为具有国际文化影响力、市民高度认同感和幸福度的人文城市。全球上海，应该是既有浓厚历史文化底蕴，又有鲜明时代特征，活力多元、新旧融合的海派历史文化名城。

4. 在治理空间上，从被动供给到主动服务，全面推动政府职能转型，还江于民、还城于民。社区是国家治理体系的末端，也是公共服务的前沿。当前精细化越来越成为我们社区治理的一种理念、一种文化、一种目标，是我们基层公众对于社区公共服务质量提升的一个客观的需求。在当前复杂社会的治理背景下，如何保持城市社会的健康有序发展，打造共建共治共享的城市社会治理格局，亟待在治理思维、治理平台、治理机制、治理项目和治理文化等方面作出新的探索。

参｜考｜文｜献

［1］ 张姚俊：《老上海城记：河与桥的故事》，上海锦绣文章出版社 2010 年版。

［2］ 胥建华、宁越敏：《滨水区更新开发与城市功能提升的关联机理及发展阶段》，《中国城市研究》2008 年第 2 期。

［3］ 张松：《上海黄浦江两岸再开发地区的工业遗产保护与再生》，《城市规划学刊》2015 年第 2 期。

［4］ 上海市人民政府：《黄浦江两岸地区发展"十二五"、"十三五"规划》。

［5］ 陆维馨：《上海市黄浦江两岸地区规划国际设计方案简介》，《时代建筑》2001 年第 1 期。

［6］ 上海市人民政府参事室：《45 公里滨江岸线贯通，后续开发如何？上海市政府参事：打造亲民、富个性、有温度的滨江区域》，http://www.shcss.gov.cn/shcss/n11/u1ai928.html。

［7］ 陈国强：《上海何不把 45 公里滨江岸线打造成跑步圣地？》，http://sh.house.qq.com/a/20180507/005641.htm。

［8］ 浦东旅游：《一篇看全！魔都最美 45 公里滨江岸线——不一样是风景，一样"我爱上海"的情怀》，http://op.inews.qq.com/m/20171012A04IPG00?refer=100000355&chl_code=kb_location_shanghai&h=0。

［9］ 《黄浦将以滨江打造健身基地　让岸线"动起来"》，http://sh.people.com.cn/n2/2018/0110/c138654-31125238.html。

［10］ 《儿童"占领"滑板公园孰是孰非？》，《青年报》，http://app.why.com.cn/epaper/webpc/qnb/html/2018-08/21/content_67584.html。

［11］ 《徐汇滨江还江于民，昔日 20000 平划船俱乐部蜕变进行中……》，搜狐新闻，http://www.sohu.com/a/208402005_100009132。

［12］ 上海市杨浦区残疾人联合会：《大调研｜残疾人畅游杨浦滨江 2.8 公里到底有无障碍？》，https://mp.weixin.qq.com/s/kMHdTwmU3sHd3NJxIWTI5w。

［13］ 上海街镇：《22 座"望江驿"亮相浦江东岸设施齐全美翻滨江》，https://mp.weixin.qq.com/s/W36IfkQ6L57nwzeM652lQ。

［14］ 《流动摊贩多、如厕难……上海滨江岸线的美中不足打好补丁没？》，澎湃新闻，https://m.thepaper.cn/newsDetail_forward_2348610。

［15］ 章明、张姿、秦曙：《锚固与游离　上海杨浦滨江公共空间一期》，《时代建筑》2017 年第 1 期，第 108—115 页。

［16］ 《杨浦滨江规划保护历史建筑 66 幢》，《青年报》，http://app.why.com.cn/epaper/webpc/qnb/html/2017-05/17/content_27059.html。

［17］ 章明：《杨浦滨江的前世今生》，http://www.a-site.cn/article/756716.html。

［18］ 上海交大建筑遗产保护中心：《上海徐汇黄浦江滨水工业遗产的改造｜他山之石》，https://mp.weixin.qq.com/s/dU2_BA5Ps1_GXH2bDKc4Tg。

［19］ 徐汇滨江：《徐汇滨江公共开放空间荣获中国人居环境范例奖》，http://mp.weixin.qq.com/s/GoIjQNCoKwN3HYryOPdN1Q。

［20］ 上海市徐汇人民政府：《关于近代民族工业在徐汇记忆伴随上海城市建设的保留与开发的思考与建议》，http://www.xuhui.gov.cn/H/lhzl/zxlhdf/Info/Detail_10805.htm。

［21］ 《崛起的滨江美术馆 城市公共空间的艺术化，织补文化需求》，澎湃新闻，https://m.thepaper.cn/newsDetail_forward_2006189。

［22］ 《浦东："缤纷社区"为百姓幸福生活添彩》，搜狐新闻，http://www.sohu.com/a/218252374_798795。

［23］ 《浦东内城启动"缤纷社区"建设试点，50个更新项目打造"有温度"的社区》，上观新闻，https://www.jfdaily.com/news/detail?id=57817。

［24］ 《浦东创新社会治理，"缤纷社区"为生活添色彩》，新华网，http://www.sh.xinhuanet.com/2017-12/13/c_136822668.htm。

［25］ 《崛起的上海滨江美术馆⑧｜西岸：从统一布局到自然生长》，澎湃新闻，https://baijiahao.baidu.com/s？id=1593693601958160519&wfr=spider&for=pc。

［26］ 《2017上海城市空间艺术季》，搜狐新闻，https://www.sohu.com/a/154514996_708446。

［27］ 张玉鑫：《市政厅：浦东滨江要成为人人共享的公共空间》，https://mp.weixin.qq.com/s/ZQKwxmZFAmHRC6jp5LTSaA。

［28］ 景观周：《城市后工业景观复兴｜上海杨浦滨江南段二期改造》，https://mp.weixin.qq.com/s/4WADPzmkG4TxH_CuYy0hwg。

［29］ 张松、李宇欣：《工业遗产地区整体保护的规划策略探讨——以上海市杨树浦地区为例》，《建筑学报》 2012年第1期。

［30］ 《2020年浦江两岸有何新亮点？新三年行动计划公布！》，《文汇报》，https://baijiahao.baidu.com/s?id=1614113942741423725&wfr=spider&for=pc。

［31］ 上海徐汇区人民政府：《上海徐汇滨江建设者之家：党建凝聚家园的芬芳》，http://www.xuhui.gov.cn/h/news/tabloid/2017-07-17/Detail_138786.htm。

8

上海"新天地"
历史遗产保护与开发

历史遗产的保护与开发是全球城市在全球化的力量之下保持它们不同特征的重要力量之一。在城市更新过程中，"新天地"作为上海石库门改造的典型案例，将历史记忆、地方文化、特色建筑等加以融合，改造为集旅游、购物、餐饮等为一体的新的消费文化空间，达到延续地方传统、串连全球观光潮流、都市意象重塑以及地方经济复苏等目的，成为城市持续发展和繁荣的驱动力。如今的"新天地"已是城市遗产保护与开发的标志性地块。

The preservation and development of historical heritage is one of the important forces for global cities to maintain their diverse characteristics under the power of globalization. In the process of urban renewal, *Xintiandi* is a typical case of the *Shikumen* renovation in Shanghai. It integrates historical memory, local culture and characteristic architecture into a new consumer culture space that integrates tourism, shopping and catering provision, in order to achieve the aim of maintaining local heritage among the trends of global tourism, of reshaping urban image and of rejuvenating the local economy. This has become a driving force for sustainable development and prosperity of the city. Today's *Xintiandi* has become a landmark for urban heritage protection and development.

无论是纽约、巴黎还是东京，全球城市都有不同的历史记忆，这些历史记忆的活化改变了"千城一面"的规划主义结果，使城市具有穿越历史与空间的包容性。历史遗产的包容性既体现在遗产保护方式的多样性上，又体现在包容文化的多元性上。上海"新天地"的保护与开发始终贯穿着包容性，使不同的文化内涵融合在同一公共空间之中，从而赋予"新天地"以新的"生命"，成为上海城市发展的有机组成部分。

8.1　背景与过程

　　上海的城市更新始于 20 世纪 80 年代以住房改造和建设为主的旧区改造。21 世纪初，上海的城市更新的目标指向中心城区 2 000 万平方米的二级旧里，更新模式从 90 年代的"大拆大建"变为"拆、改、留"。石库门里弄的街道原本是作为城市设计和空间组织的主要结构而存在的，形成了与城市主要街区的建筑实体相对应的"城市空间虚体"，统合城市的结构。"新天地"在还未被改造之前，是本地居民的日常生活场所，具有稳定的社区结构，同时，里弄也是市民的交通走廊。"新天地"保护性改造提供了旧区改造与空间转型的可能途径，并通过形成传统与现代相交融的消费文化空间成为历史遗产保护与开发的典型模式。这种城市消费空间转型可以说是政府与开发商合作的成功商业典范。

8.1.1　"新天地"历史遗产保护与开发的缘起

　　上海"新天地"位于上海市黄浦区（原卢湾区）太平桥地块，该地区毗邻上海老城区，在近代至新中国建立后都曾是人口密集的石库门聚居区，是上海市的二级旧里之一。太平桥地区作为石库门建筑保护相对完善的区域，在上海城市发展中具有重要的意义，成为极具现代性的重要文化遗产。这种遗产价值主要体现在三个方面：一是建筑文化遗产价值，石库门建筑群是上海海派文化的象征，它是城市记忆的承载体。二是历史文化遗产价值,"新天地"同样也是中共"一大"会址所在地,蕴含"城市遗产信息"。三是生活文化遗产价值,石库门里弄曾经是上海最主要的居住载体,不仅塑造了上海的城市风貌,也造就了上海文化和上海市民特征,成为上海集体生活的共同记忆,是城市情感的凝聚区。

对待太平桥地区这类二级旧里,最初的态度分为两种:绝对保护与拆除重建。1978 年至 1999 年,上海市政府对于划入城市历史文化风貌保护区的建筑进行保护,而大部分的石库门建筑却被拆除。1999 年,《上海市中心区历史风貌保护规划》将历史文化风貌保护区的范围扩大,石库门建筑开始纳入保护范围,城市建设浪潮放缓,石库门开始实现从"拆"到"留"的转变。

然而,随着城市的发展,被留下的石库门建筑日渐衰败,基础设施和周边环境已经无法满足城市发展的需要,整个区域陷入了发展的"死胡同"。20 世纪末至 21 世纪初,上海城市发展受到空间限制,如何在有限的土地面积上产生较大的经济价值成为考虑的重要问题之一。为推进城市更新,上海市政府开始出台相关政策对这类区域进行保护与改造,以实现二级旧里的新生,"新天地"等里弄更新典范相继出现。

图 8.1
中国共产党第一次全国代表大会会址

资料来源:课题组实地拍摄。

8.1.2 "新天地"改造特点和难点

1996 年 5 月，上海市卢湾区（现属黄浦区）政府与香港瑞安集团合作，签署了《沪港合作改造上海市卢湾区太平桥地区意向书》，美国 SOM 公司承担控制性详细规划编制工作。整个改造计划占地 52 公顷，分为新天地、翠湖天地和企业天地三部分。对这一地块进行改造与开发，旨在将石库门原有的居住功能改造为集餐饮、商业、住宅、文化、休闲等功能为一体的"新天地"。

根据土地的潜能和周围地区的土地功能，以及基地内不同区域的现状特征，确定在"新天地"52 公顷总用地面积中规划居住、历史文化保护、办公和商业娱乐四种主要的土地用途，并将其配置在合适的方位，即分别位于基地的南、北、东、西四个方位：南面为居住区，约 21 公顷；北面为办公区，共约 6 公顷；东面为商业娱乐区，共约 4 公顷；西面为历史文化保护区，共约 3.5 公顷。此外，道路用地约 13.5 公顷，以及位于基地中心位置，黄陂南路与吉安路、湖滨路与自忠路之间的中心湖区用地，约合 4 公顷。规划局审核同意规划范围内建筑总量为 160 万平方米（包括保留建筑），其中住宅建筑 89 万平方米。

"新天地"创造了旧城改造的一种模式，这种模式是由旧城改造理念、经济运作方式、区域功能定位及历史文化保护等多个要素综合而成的。与国内其他一些区域改造规划相比，"新天地"改造具有以下特点。

1. 确立了"统一规划、整体改造"的规划改造理念。上海"新天地"的规划理念不同于以往零星式的改造模式，而是由零星式改造转为整体性改造，即由以往单纯的横向"沿街改造"模式走向纵深的"整体街区改造"模式，体现了"整体规划"的旧区改造新思维。另外，美国 SOM 公司在总体规划方案中大胆提出了"中心人工湖"的构思设想，将其建设为"新天地"中的大型公共空间。这一大胆地设想被认为是该方案中最引人入胜的构思，是太平桥地区规划的"点睛之笔"，其后的建设实践也进一步证明了这一构思的正确性。

2. 采取政府与企业联合改造开发的模式。"新天地"由政府对其进行文化定位和价值定位，由开发商按照市场机制进行经济运作。"新天地"原占地 52 公顷的石库门建筑旧区被规划为现代综合园区，包括办公、住宅、商业和休闲四个功能区域。以"新天地"为先行启动项目，无论是对政府，还是对开发商而言，这都是一个双赢的结果。

3. 采取"改住为商，多位一体"的发展模式。 原有石库门建筑基础设施落后，翻新改造后也较难达到现代居住要求。为此，石库门的居住功能被改为商业功能。原先破旧的石库门被注入诸多时尚、商业元素，来自世界各地的知名餐饮娱乐企业纷纷入驻"新天地"，开展经营活动。同时，"新天地"还是各类现代文化的聚集地，从1999年9月起，不断开展各类时尚文化活动。这不仅顺应了时代发展需求，更是城市居民的心之所向。

4. 采取"保留性改造"的策略，延续人文历史脉络。 充分尊重该地区的历史文化，在"改住为商"的同时，注意保护原有的历史风貌。借鉴国内外保护历史文化街区的成功经验，保护性改造中共"一大"会址所在街区的历史风貌，对其内部进行功能置换、维护修缮，采用现代技术手段"整旧如旧"，以"外旧内新"的方式延续人文历史脉络，挖掘建筑遗产的文化内涵。

虽然"新天地"的规划理念极具特色，但是也存在诸多难点，其中最主要的难点在于，具体应该采取什么样的方式来实现上海"新天地"的开发和改造建设。首先，虽然中心人工湖的构思很新颖大胆，其面向大众的公共开放空间是极具创意和富有特色的，但这一成本巨大的公共开放空间无法获取直接的经济效益；其次，由于属于保护性改造，街区在开发总容量、建筑高度等方面受到种种条件限制，对开发商而言，总体回报不高，而且建造的难度、单位建筑面积建造成本高。这两个问题归根结底其实就是先实施环境建设和历史街区保护性改造这样的直接经济效益不明显，但社会效益和环境效益较大的项目，还是先进行商业性开发改造获得直接的经济效益，再考虑社会效益和环境效益的问题。换言之，也就是要通过何种途径来实现社会效益、经济效益和环境效益之间的平衡。因此，在"新天地"改造规划的初始阶段，无论是对原卢湾区政府来说，还是对香港瑞安集团而言，这都是一个巨大的挑战。

8.1.3 建设过程

瑞安集团通过土地使用权有偿转让获取开发权，并与原卢湾区政府采用"市场运作，政企合作"的方式参与建设。"新天地"于1999年开始动工，2001年大体建成，在之后的近二十年里，根据规划，由核心区域到配套设施，继续着进一步的建设实践（图8.2）。

图 8.2
瑞安集团"上海新天地城市中心总体规划社区"示意图

资料来源：http://www.lakevilleregency.com.cn/web/app.html#/index/bridge。

1. **第一阶段：石库门建筑及周围环境修整。**以"一大"会址为核心的大片老式石库门里弄建筑被保留，但由于缺乏保养而需要进行修整。外部环境上，瑞安集团特地从档案馆寻找出当年由法国建筑师签名的原版图纸，对部分已经与原貌相去甚远的石库门建筑进行整修，并专门从德国进口防潮药水注入墙壁砖缝，在屋顶上铺设防水隔热材料再覆盖旧瓦。内部环境上，铺埋地下水、电、煤气管道、通信电缆、污水处理系统等，对腐朽的木料进行重做，老房屋内加装空调等现代化设施。

2. **第二阶段：新天地购物中心建设。**将旧石库门住宅改造为具有新功能的新天地，成为地块中最具吸引力的中心经典，并且兴建中部地区生态水景公园。

新天地的定位是有国际知名度的、以时尚文化为主题的购物中心，整个新天地被兴业路分隔为南北两块，北里由石库门老建筑组成，结合现代化的装潢、设备，成为新的消费场所，南里拆除部分民居建筑后新建了一栋总建筑面积 25 000 平方米的购物、娱乐、休闲中心，具有地标意义。改造过程中，动迁原地 2 300 多户、共 8 000 余名居民，支付费用超过 6 亿元人民币。

3. 第三阶段：周边配套商业性建筑的开发。新天地只是其在太平桥地块建设中的一个环节，在兴业路南北石库门地区改造之后，瑞安集团开始进行更大规模的写字楼、高档住宅区的长期开发。位于新天地及太平桥公园东北侧的"企业天地"，是其打造的大型商务楼。在新天地南侧，瑞安集团又打造了高档住宅区"翠湖天地"。一期产品"翠湖天地·雅苑"位于济南路 168 弄，于 2002 年落成交付，包括 10 幢小高层住宅楼、2 幢高层住宅楼、6 幢联体别墅及 1 幢别墅共 284 个单位，该地块房价由原先的每平方米 8 000—10 000 元迅速上升到均价 20 000 元以上。二期产品"翠湖天地·御苑"为顺昌路 168 弄，于 2006 年交付，包括 17 幢小高层和高层住宅楼，共 645 个单位。三期产品"翠湖天地·嘉苑"位于黄陂南路 506 弄，于 2009 年交付，包括 11 座住宅楼，共 452 个单位。2010 年 11 月，新天地时尚购物中心盛大揭幕。

图 8.3
新天地时尚购物广场

资料来源：课题组实地拍摄。

8.2   改造成就

上海"新天地"改写了上海石库门的历史，为历史遗产注入了新的生命力。如今，新天地已被公认为中外游客领略上海历史文化和现代生活形态的地标性建筑。2002 年 11 月在中国香港举行的美国建筑师协会年度荣誉颁奖庆典上，上海"新天地"被授予"文化遗产建筑奖"，该奖项肯定了新天地对历史建筑的创造性改造，"新天地"改造项目的具体成就主要在于历史遗产的包容性发展、建筑遗产的空间转型以及文化传承与文化创新。

8.2.1   包容性发展

1. 城市"创新力、吸引力、竞争力"营造。上海"新天地"的更新改造联合了城市发展中的两大主体——政府与企业，通过局部更新与内容营造的方式实现了文化遗产保护与商业价值开发的一体化发展，使得城市发展的创新力、吸引力、竞争力形成"三力"融合。如"新天地"将画廊、西餐厅、酒吧等西式文化融入传统里弄之中，一方面极大地增添了城市的魅力与吸引力，增加了上海外来游客的流量，也提升了城市的知名度；另一方面产生一种隐形的文化资本，通过溢出效应的发挥，拉动了城市文化与旅游产业的发展，提高了城市的竞争力。

2. 不同群体的需求融合。作为城市文脉和城市记忆的传承地，石库门里弄建筑群已拥有几百年的历史，但随着时间的变迁，这种建筑的内外部环境都遭到了破坏，其居住功能已微乎其微。21 世纪初，上海市政府通过与瑞安集团的合作，对"新天地"内的传统建筑进行了修缮，通过"渐进式"的更新方式修复了原本破旧的房屋建筑，梳理了里弄内的电线与管道，使得这片区域得以保留。在保留的基础上，瑞安集团迎合了城市居民和外国移民的消费需求，在"新天地"中建构了大型的购物中心，完善了周边的商业基础设施，并鼓励新兴的"创客"群体加入设计改造的环节，将他们富有年轻化和创新性的文化融合其中，在引导传统建筑功能转化的同时推进了文化产业集聚区的建设。就此，"新天地"成为迎合了城市多元主体的消费需求和城市政府发展城市需求为一体的综合体，商业化运营模式被武汉、重庆等多个城市效仿。

"新天地"在空间生产过程中为实现市场效益最优由居住功能转变为商业功能，功能的转变导致了空间使用者的变化。"新天地"改造之前以居住功能为主，空间的使用者主要是上海本地居民，空间使用者从某种程度来说是固定的、内向的。"新天地"在设计定位的时候，针对上海城市发展过程中出现了越来越多的高端人才缺乏同类聚集场所的情况，将"新天地"定位为本地及外籍专业人士的高端聚会场所。这种多层次的需求满足使得多元主体的利益得到了平衡，同时也形成了一个"闭环"，即在不同群体的需求得到满足的同时，一种多元主体的内生性文化开始发散，"新天地"重获"新生"。

3. 多元文化的和谐共生。不论是在纽约、东京还是上海，商业街区的发展是推动城市变化的一种正向力量。"在最佳状态下，商业街的概念空间和生活空间都是安全且兼收并蓄的，可以为创新和差异化的事物提供一个安全之处。"（莎拉、佐金等，2016：7—8）在美国的城市中特别是在纽约，当地商业街里有异国特色的商店是被大众所喜爱的，大家认为这为城市景观增添了活力与多样性（Ian Taylor，2000）。

上海"新天地"通过采取一种"保护与开发"并举的改造模式，最大限度保留了上海石库门建筑群，并在其中添加了玻璃橱窗等工业色彩，这种创新性的修复形成了一种全新的物质空间景观，使得传统的文化记忆得以重写。在内部活力的唤醒上，"新天地"保持原有的里弄风貌和格局不变，将现代性元素融入其中，如星巴克、怀旧店铺等，构造了一种依托物质空间的消费文化，增强了空间的现代感，传统建筑空间得以新生。而从"新天地"这个空间整体来看，不同身份的群体也尤为显眼，既有充满国际色彩的外国游客，又有本土气息原居民，多种语言相互杂糅。上海"新天地"成为一个开放的公共空间，文化艺术节的开展也使得商业文化与人文底蕴相互交织，全球化与本土性比对映衬。这种多元文化内部秉承"渗透式"原则，相互助力，催生一种与全球城市理念相呼应的城市文化，一个复杂多样的微观城市系统就此成型。

8.2.2 空间转型

1. 从居住空间到公共空间的转型。 与上海其他石库门建筑群的改造相比，"新天地"的成功之处在于通过对历史遗产的保护与开发不仅获得商业成功，同时也掀起对城市旧区的保护性更新的热潮，一系列城市保护的条例陆续出台，并且从原来的单体建筑，到成片的历史风貌区的整体。目前，上海市的历史遗产保护与开发模式已经成型，并出台了相关法律法规来规制建筑遗产的市场经营行为，例如：《上海市文物保护条例》《上海市历史文化风貌区和优秀历史建筑保护条例》《上海成片历史风貌保护三年行动计划（2016—2018年）》等，其中，黄浦区拥有上海市最多的建筑遗产共289处。

建筑样式陈旧、周边环境差的旧式里弄不用再被推倒拆除，而是可以通过商业化的开发与文化产业发展相结合的方式，使二级旧里焕发新的生机。城市更新和旧城改造导致了空间关系的变化，表现在人与空间关系的变化和人与人关系的变化两个层面。从人与空间的关系来看，新天地项目改造之前，空间的物质形态

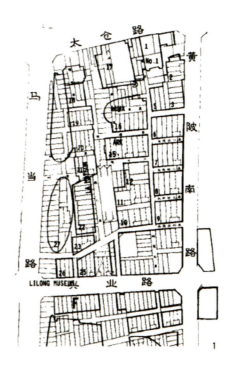

图 8.4
"新天地"广场规划与原来地块上旧建筑的关系

资料来源：罗小未：《上海新天地广场——旧城改造的一种模式》，《时代建筑》2001年第4期。

所蕴含的是一种均质的、围合的关系，只有一条主弄连接城市道路，空间是相对封闭的、私密的（图 8.4）。改造后的"新天地"在空间组织方式上发生变化，以广场或扩大的步行街道为核心，建筑物环绕其周边布置，人流由边缘向中心汇聚，形成"核心—边缘"空间格局，而此时的空间也是以公共空间的性质存在，任何人都可以进入空间，此时的人与空间之间是向心的、开放的关系。

2. 从历史空间到消费空间的转变。近年来，中国各大城市在历史遗产的保护与开发上不遗余力，上海"新天地"对石库门建筑群的开发实现了从历史空间向消费文化空间的转变。"新天地"作为中国共产党的诞生地，原本是上海历史文化空间，自运营以来，逐渐成为城市商业空间，其改造与开发过程具有很强的全球地方化特征，这种全球化元素与地方性元素相整合的遗产开发模式自"新天地"以来逐渐成为当前城市消费空间塑造的全新方式。

世界上很多大城市都有其具代表性和反映历史文化的建筑，并已成为举世知名的旅游点。"新天地"的改造理念在于改变原先的居住功能，赋予历史遗产新的商业经营价值，将拥有百年历史的石库门旧城区，改造成一片充满活力的"新天地"。"新天地"项目总投资约 1.5 亿美元，于 1999 年初动工，第一期的新天地广场于 2001 年底建成。如今的"新天地"已经成为了上海的地标性建筑。这片占地 6 万平方米的石库门建筑群既保留了当年的砖墙、屋瓦，又按照 21 世纪现代都市人的生活方式、生活节奏、情感世界的需求营造城市消费文化空间，国际画廊、时装店、主题餐馆、咖啡酒吧齐聚石库门。

从"新天地"的内部运营业态定位为聚集引领时代潮流的国际一线奢侈品牌的全球化商业街，以零售业为主，共汇集了约 300 个商铺，分为餐饮、服饰、生活、文化和服务五类，主要以餐饮服务和服饰类商铺为主，其中，餐饮类商铺占全部商铺的 41%，引入了星巴克咖啡、上海小南国、鼎泰丰等品牌；服饰类商铺占比 39%，汇集了 Vera Wang 等奢侈品品牌；生活、文化服务类商铺共占比约 20%（图 8.5），主要包括屋里厢博物馆、新天地国际影城等。可以看出，大多数商铺都具有明显的消费文化属性。

3. 文化空间的设计与营造。在改造"新天地"初期，建筑设计师从保护历史遗产的角度、城市发展的角度以及建筑功能的角度作多方面考虑，将全球化的

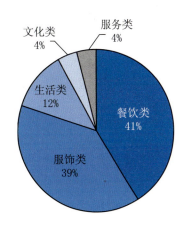

图 8.5
新天地商铺类型统计

资料来源: 根据实地走访调研后绘制。

元素注入这些旧建筑,以满足上海市民和国际游客的需求。"建筑设计师们最后决定在整体规划上保留北部地块大部分石库门建筑,穿插部分现代建筑;南部地块则以反映时代特征的新建筑为主,配合少量石库门建筑,一条步行街串起南、北两个地块。"(上海新天地官方网站,2018)

为了重现石库门里弄当年的形象,设计师从上海档案馆找到了当年由法国建筑师签名的原有图纸,然后按图纸修建、恢复石库门的本来面貌。为了强调历史感,设计师决定保留石库门建筑原有的清水砖墙作为建材,在旧建筑内加装了现代化设施,包括地底光纤电缆和空调系统,确保房屋的功能更完善和可靠,同时保存了原有的建筑特色,达到了"整旧如旧"的目的。"新天地"的改造难点在于一些老建筑是没有地下排污管、煤气管等基础设施的,"新天地"铺埋地下水、电、煤气管道、通信电缆、污水处理、消防系统等的过程中必须注意的是避免破坏石库门里弄的内部结构。在修复石库门建筑的过程中,不仅仅要做到形似,"新天地"改造项目更注重神似,不是历史建筑的简单修复,而是更高层次的文化空间设计与营造。

自竣工以来,"新天地"举办了多样的文化交流活动,既有全球文化融合的艺术文化活动,例如 2014 年举办的"万象人间"全球艺术项目、2016 年举办的"表演艺术新天地"艺术节活动等;又承接了丰富多样的商业展演活动,如 2013 年举办"吻亮天地"圣诞庆典活动;同时,也注重宣传本土文化,2012 年与上海大学联合主办上海第十届海派文化学术研讨会、策划"我与新天地"作品展等文化活动(表 8.1)。

表 8.1
2017 年上海"新天地"举办文化活动

资料来源：根据上海"新天地"官方网站整理后绘制。

时　　间	活　　　　动
2017 年 1 月	新春艺术装置——声东鸡西 "设计上海"系列活动
2017 年 4 月	中国内地首个小猪佩奇主题展
2017 年 7 月	上海时装周 2017 秋冬发布 阿迪达斯新品发布
2017 年 8 月	动画片《海底小纵队》宣传活动
2017 年 10 月	上海时装周系列活动
2017 年 11 月	"水晶球"圣诞树沉浸式互动游乐场

8.2.3　文化传承与文化创新

1. **历史文化的积淀**。历史文脉是继承，而不是创造的，上海"新天地"有重要的历史意义，中国共产党独特的红色文化在此积淀。追溯过往，位于新天地区块兴业路 76 号的砖木结构的两层石库门楼房，是中共一大代表李汉俊的家宅，这幢建于 1920 年的小楼，在 1921 年 7 月迎来了中国共产党第一次全国代表大会的召开。这开天辟地的大事件宣告了中国共产党的成立，从此，中国革命的面貌焕然一新，如今的"新天地"，也是由此得名。这座饱经沧桑的石库门建筑，1952 年 9 月修复并对外开放，在繁华的现代化都市中庄严肃穆。"一大"会址被列为全国重点文物保护单位，按原貌修复，室内布置维持当年原样，成为纪念馆，内有多个陈列室，从"前赴后继、救亡图存""风云际会、相约建党""群英汇聚、开天辟地"等专题，展出了中国共产党创立时期的史迹和文物。

中国共产党的"一大"会址是中国共产党梦想起航的地方。中国共产党从这里诞生，从这里出征，从这里走向全国执政，这里是中国共产党的根脉。习近平总书记在 2017 年 10 月到访一大会址时，强调中国共产党的全部历史都是从中共"一大"开启的，我们走得再远都不能忘记来时的路，一定要把会址保护好、利用好。

2. **海派文化的保留**。每个城市都有其不同的文化特点。开埠前，上海作为经济快速增长的商贸集散地，其城市文化可以追溯到 20 世纪二三十年代形成的"海派文化"。所谓海派文化，其实就是"海纳百川"和"中西方文化兼容并蓄"

（黄颖，2007）。上海作为近代城市的形成过程是市民社会兴起的过程，市民性是"海派文化"的关键元素。

这些"海派文化"的特征在"新天地"得以充分体现。首先，从历史遗产的建筑风格上看，自19世纪中叶以来，随着租界的出现和西方文化的涌入，中西合璧特色的石库门建筑产生了，其采用砖石结构，沿用了江南传统民居的大门和天井形式，配上西式风格的山墙花饰。如今，保留下来的里弄在居住功能的基础上开发了商业休闲功能，在整体风貌上保存了原有环境特色，适当的修复改造也没有改变原有的建筑尺度，贴合上海人文风情且体现中西文化交汇的海派风情在这里得以传承。其次，从"新天地"的改造理念和改造模式上看，也在一定程度上保留了海派文化，显现了中西融合、重商兴市和市民意识等文化取向。文化是在城市发展过程中长期积淀形成的，是城市成长的精神土壤和根基所在。石库门这种上海传统民居就是上海在中西文化交汇的特定历史环境下的产物，其自身也成为了上海特色文化的典型载体。

图 8.6
上海石库门屋里厢博物馆

资料来源：课题组实地拍摄。

3. 全球文化的多元融合。当今时代，全球化已成必然之势，全球化本身就意味着外来文化元素的影响，和多元文化的碰撞。上海作为一个国际化的大都市，现今又致力于打造全球城市，必然要有这样的胸怀气度和文化自觉，不仅要以理性的态度梳理传统，而且要以宽容和开放的胸怀对待其他文化，做到吐故纳新，海纳百川。新天地承办了许多来自世界各地的时装风尚活动、文化艺术活动，在潜移默化中已然成为了上海对外交流的一个窗口。

"新天地"所展现出的发展趋势与上海的城市发展需求相契合，上海的整体城市文化是包容开放的，"新天地"所体现出的全球文化的交融，也正是其在保留了历史记忆的基础上，与时俱进的文化创新。年长的人来到"新天地"，会生出怀旧之情，年轻人来到"新天地"，会感受到时尚潮流，外国人眼中的"新天地"，有中国风情，本地人眼中的"新天地"，和国际接轨。具有浓郁历史气息的石库门弄堂和现代化的生活方式交织在一起，复古的、传统的、时尚的、流行的、本土的、全球的元素都在"新天地"里融合呈现，使得"新天地"很好地成为了上海这个兼具地域特色又面向全球的大都市的缩影。

"新天地"凭借其优越的地理位置，以及石库门文化底蕴和现代风尚的结合，已经逐步成为上海知名文化地标，建成至今，不断运用各种文化活动增强其影响力：

文化荣誉。2002年11月，上海"新天地"获美国建筑师协会"文化遗产建筑"奖，2003年10月，上海"新天地"获美国ULI（Urban Land Institute）Awards of Excellence大奖，并成为美国哈佛大学教学案例，2009年，上海"新天地"制作的"石库门的故事"荣获2009纽约广告节"电视/电影广告类"银奖。

对外文化交流。2001年10月，上海APEC会议期间，时任俄罗斯总统普京等外国元首参观"新天地"。2004年7月，上海"新天地"参展首届"巴黎上海周"，成为巴黎上海两地文化、历史、人文交流的重要地点之一。2006年5月，上海市国际访问者中心在新天地设立，6月，时任国家主席胡锦涛夫人刘永清带领"上海合作组织"的五国元首夫人参观上海"新天地"。2008年2月，2010年中国上海世博会倒计时800天庆祝晚会在新天地成功举行。

新年晚会。2002年末，在太平桥人工湖上举办首届上海新天地迎新年倒计时晚会，至 2012 年，"天地十年，星耀浦江——2012 上海新天地迎新倒计时晚会"举办，这作为上海国际都市主要迎新活动之一，连续 10 年成为与上海传统迎新活动相映成辉的时尚迎新的代表活动，并成为"新天地"的重要活动一直延续了下去。

时装风尚活动。2005 年 10 月，上海"新天地"举办首届秋冬时装发布会，2011 年起，上海"新天地"成为上海时装周长期合作的时尚发布基地，每年定点举行上海时装周"秋冬作品发布"和"春夏作品发布"两次大型时尚盛事。

文化艺术活动。上海新天地举行了如 2006 年澳大利亚艺术家互动真人秀、2007 年"灵感定义生活"新天地艺术行动、2012 年的海派文化学术研讨会、2016 年安徒生经典童话主题特展、表演艺术节等，以及每年都会举行的圣诞庆典、艺术季、2013 年开始的圣诞庆典、"新天地"艺术季等文艺活动。

8.3　经验启示

上海"新天地"历史遗产保护与开发的调研对上海建设卓越的全球城市的定位思考和发展战略有以下四方面启示。

8.3.1　保持历史遗产的原真性与多样性

全球城市的开发项目要避免破坏历史遗产的多样性和原真性。莎伦·佐金在《裸城：原真性城市场所的生与死》中将纽约城市灵魂的丧失归因于街区中产阶层化过程中对"原真性"的异化和清除，也批评了在这个过程中对社区原有低收入阶层既不道德又不合理的压迫和驱离（莎伦·佐金，2015：4）。"原真性"不仅包括建筑和生活形态方面的原真性，而且还包括地方文化认同方面的原真性。上海建设全球城市背景下的历史遗产开发应该注重营造一种"起源式的体验"，增进公众对街区独特的文化认同。

城市公共空间能够保持热闹气氛的根本原因在于保持周围地区功能的多样化，以及由此促成的使用者及其日程的多样化（简·雅各布斯，2005：96）。全球化和绅士化使地方商业街发生了巨大变革,"新天地"等街道展示着地方特性和社会多样性的同时,另外一些里弄则出现同质化倾向。"新天地"的改造模式对于老建筑的保护以及结构化的生态系统至关重要,是维持社区经济的活力和文化多样性的关键。建设全球城市必须正确处理城市街区功能与城市文脉传承的关系,应该通过本地历史文化街区的更新和重建,挖掘上海市的历史文化脉络,努力打造历史风貌与现代都市生活和谐共融、充满生机、环境宜人、形象优美的城市街区,促进上海城市文脉的传承和延续,为上海建设卓越的全球城市打好基础。

8.3.2 全球消费文化与本土文化符号共生

上海在迈向卓越全球城市的过程中应该注重全球多元文化交汇,即"广泛、密集的国际文化交往,全球多元文化的汇集与交融,具有全球认同感的文化传播力,充分展示国家文化软实力,富有深厚的城市历史文化内涵"(周振华,2017:261)。

在全球化背景下,由历史遗产改造而成的商业街都受到了市场的巨大影响,基于历史遗产的消费空间生产,其实是利用本土文化的"外壳"对消费文化的一种"包装",实质还是对商业利益的追求,是资本对空间的再生产过程。上海城市空间的变迁中复杂地交织着全球化与本土化的各种因素,基于历史街区打造新型商业消费空间的过程中,地方文化成为一种非常重要的动力,石库门等历史遗产作为特定的文化载体表征了城市空间的文化性。上海在将历史遗产改造为城市消费空间的过程中,应该考虑如何构建合理的公共文化空间,传承中国文化精髓,重塑海派文化的新内涵。

8.3.3 培育全球文化融汇引领功能

上海自开埠以来,就成为一个世界级的商业城市,也是亚洲最发达和重要的金融中心,商业和贸易自始至终都扮演着至关重要的角色。对于上海未来全球城市演化来说，培育全球文化引领功能是成为卓越全球城市的必备功能，这一功能具体表现在"文化汇聚力、文化交融力、文化创造力、文化影响力"等方面（周振华，2017：261）。

"新天地"目前已经成为上海地标性文化载体，是城市品格与城市魅力的物化，对"新天地"等历史遗产的改造对于上海全球文化融汇引领功能具有重要的支撑作用。近年来，"新天地"搭建各种文化平台以促进全球文化融合，举办各类具有国际影响力的文化活动，例如2006年澳大利亚艺术家互动真人秀、2010年世博会倒计时800天庆祝晚会、2012年上海新天地迎新倒计时晚会、2012年的海派文化学术研讨会等。除了举办国际文化活动，建设极具人性化和亲和力的文化基础设施也可以为上海的文化都市建设和国际影响力奠定坚实基础，应该注意的是，"新天地"作为城市公共文化空间，提供的公共文化服务应该惠及全体市民，而不是只有高消费人群才能享有。

8.3.4　以文化创新推动城市文化发展

"创新已经成为时代的主题，创新则生则兴，不创新则僵则衰。城市文化同样需要注入创新的动力，文化创新也是文化走向未来的关键途径。"（黄颖，2007）文化创新是一种建立在文化自觉基础上的适应时势、引领未来的文化发展的自身要求。城市文化创新应当是全方位的，包括对文化价值的重新定位，对文化与经济社会关系的重新认识，对文化机制和体制的改革等。在全球化激烈竞争与挑战下，文化产业已被视为是提升国际名声与推动地方发展的重要策略之一。文化的交融和碰撞在上海这座大都市中表现得尤为突出。上海建设全球城市，一方面要注重当地文化的传承，另一方面也要以文化创新推动全球城市建设。

"新天地"的发展模式最大程度地利用了城市历史文化资源，又在一定程度上反映了现代建筑和现代文化生活。"新天地"从总体上改善了旧有街区的生活环境，为上海市民和国内外游客营造了一个具有消费文化特性的公共空间，同时也增强了大都市的商业、休闲和文化功能，不仅能够满足市民的物质需求，而且还能满足人们的精神享受，更好地丰富人们的休闲娱乐方式，收获与众不同的休闲文化体验。"新天地"以文化创新推动城市文化发展的保护与开发模式值得其他历史遗产改造项目借鉴。

参 | 考 | 文 | 献

[1] 罗杰·特兰西克：《寻找失落空间——城市设计的理论》，中国建筑工业出版社 2008 年版。

[2] 周振华：《全球城市：演化原理与上海 2050》，上海人民出版社 2017 年版。

[3] 管娟，郭玖玖：《上海中心城区城市更新机制演进研究——以新天地、8 号桥和田子坊为例》，《上海城市规划》2011 年第 4 期。

[4] 徐明前：《上海太平桥地区改造理念及运作机制探讨》，《城市规划》2002 年第 7 期。

[5] 黄颖：《城市发展中的文化自觉与文化创新》，《城市问题》2007 年第 1 期。

[6] 沙永杰：《中国城市的新天地——瑞安天地项目城市设计理念研究》，中国建筑工业出版社 2010 年版，第 102 页。

[7] 莎伦·佐金、菲利普·卡辛尼兹、陈向明：《全球城市地方商街：从纽约到上海的日常多样性》，同济大学出版社 2016 年版。

[8] Ian Taylor，2000，"European Ethnoscapes and Urban Redevelopment：the Return of Little Italy in 21st century Manchester"，*City*，1.

[9] 孙施文：《公共空间的嵌入与空间模式的翻转——上海"新天地"的规划评论》，《城市规划》2007 年第 8 期。

[10] 上海新天地官方网站，http://www.shanghaixintiandi.com/p/sites/index.html。

[11] 简博秀、周志龙：《全球化、全球城市和中国都市发展策略》，《台湾社会研究季刊》第 47 期。

[12] 莎伦·佐金：《裸城：原真性城市场所的生与死》，上海人民出版社 2015 年版。

[13] 简·雅各布斯：《美国大城市的死与生》，译林出版社 2005 年版。

[14] Frieldmann，J.，1986，"The World City Hypothesis"，*Development and Change*，17（1）.

9

城市应急管理
体制机制建设

特大型城市具有灾害风险的不确定性和复杂系统的脆弱性，城市应急管理工作面临严峻挑战。上海城市应急管理体系在结合城市特征的不断探索中，建立起基层应急管理单元重点区域应急管理模式、集城市网格化管理与突发事件应急管理为一体的智慧联动机制、多元参与的基层社区安全治理体系等，形成了自己的应急管理体系特征，并在实际运用中取得较好成效。展望未来，上海将应急管理纳入全球城市建设发展战略规划，构建以风险管理为基础，以智慧技术为手段的新时代新型城市应急管理体制机制，建设成为首屈一指的全球安全城市。

Megacities are susceptible to unpredictable disasters and the vulnerability of complex city systems, which renders severe challenges to the city emergency management. In an effort of continuous development, Shanghai has established an urban emergency management system uniquely characterized by a grass-root key area emergency management mode, smart linkage system of grid-based city emergency management and multi-participating community security management system. This entire system has proved to be highly efficient and practical. With a futuristic outlook, Shanghai will integrate emergency management into the "global city" construction and development strategic plan, and aim to build a new type of urban emergency management system based on the new-era city risk management with the help of smart technology. Once the system is in full operation, Shanghai will become one of the safest cities in the world.

为积极应对气候变化和各种风险，上海经过多年努力建立起较为完善的应急管理体制和运行机制，并创新了适应上海城市发展特征要求的应急管理模式和方法。

9.1　背景

上海作为高密度超大型城市，具有近 2 500 万的人口，高楼林立、道路纵横交错，基础设施、重要设备密布产业密集，城市系统复杂多元。综合分析上海城市自然环境和社会环境，主要面临气象灾害（台风暴雨、低温冰冻雨雪灾害、风暴潮、雾霾）、地质灾害（地面沉降、塌陷）、地震、火灾、危险化学品事故、交通事故、环境污染事故、传染性疾病、恐怖袭击事件、群体性事件等灾害风险，将不同程度导致城市积水、洪涝、交通瘫痪、大面积停电、房屋所损、通信中断、人员疏散和救援困难、大面积感染、社会秩序混乱、人员伤亡等安全问题，极端灾害将可能导致重大人员伤亡，对上海城市的安全运行造成严重影响。

上海特大型城市是由复杂的自然系统、物理系统和社会系统组成的超复杂系统组成，城市的规模化效应使得城市内部复杂的基础设施之间的依赖性越来越强，导致灾害的发生易出现连锁放大效应，呈现城市复杂系统的脆弱性。一是上海集聚了不同类型的国际级国家级重要功能区，不仅空间结构、业态复杂，而且管理主体多元、相互关系错综复杂，常规的科层式安全管理效能难以提高。二是城市各系统构成了超复杂网络系统，相互影响，单一部门式管理难以发挥有效作用。三是基层社区风险隐患量多面广，民众安全意识和应对技能薄弱，常常因为小的风险隐患得不到预防和快速应对而引发大灾害，城市应急管理面临巨大挑战。

上海建设卓越的全球城市，首先应该是安全城市。国务院在《上海市城市总体规划（2017—2035 年）》的批复函中提出了"高度重视城市公共安全，加强城市安全风险防控，增强抵御灾害事故、处置突发事件、危机管理能力，提高城市韧性，让人民群众生活得更安全、更放心"的城市安全规划意见。2018 年 6 月

27 日，中国共产党上海市第十一届委员会第四次全体会议审议并通过《中共上海市委关于面向全球面向未来提升上海城市能级和核心竞争力的意见》，在具体任务中提出了"加快推进智慧城市建设，强化城市运行安全保障，增创最安全国际大都市新优势"，以打造令人向往的品质生活新高地。

事实上，纽约、伦敦、东京等全球城市在制定各自城市发展战略及规划时，都将城市安全作为重要的规划目标，努力构建具有韧性的安全城市，并在城市规划和建设中落实。伦敦在 2016 年发布的《大伦敦规划》修订版中，再次强调了伦敦建设成为"首屈一指的全球城市"的愿景，并提出了"在环境治理方面全球领先的城市、多元便利的安全社区构成的城市"等多项具体发展目标（Great London Authority，2016）。纽约在 2015 年发布的《一个纽约规划》中提出纽约要建设成为"强大而公正的城市"，其中也强调了要建设"可持续发展的城市和韧性城市"（The City of New York，2015）。东京则在 2015 年发布的《东京都长期愿景》中提出要建设"世界第一的城市"，在其防灾规划中，强调了通过针对地震、台风、水灾等自然灾害预防、应对和快速恢复与重建的城市规划建设，以及构建"自助、共助、公助"为一体的防灾社会体系，努力将东京建设成为世界第一的"安全、安心"全球城市（东京都，2014）。

因此，上海要以安全城市建设为目标，积极应对气候变化和各种风险，逐步建立健全应急管理体系，加强城市防灾减灾设施建设，提升城市防灾减灾和应急救援能力，强化城市基础保障，提高城市生命线系统运营效率和智能化水平，严守城市安全发展底线，保障城市运行安全，建设一个有韧性、有恢复力的城市。

9.2　应急管理体系的建设

为了确保城市运行安全，预防和减少灾害事故发生，上海在国家"一案三制"应急管理体系框架指导下，在城市安全管理实践中，不断探索，逐步建立了较为完善的适应上海城市发展特征的应急管理体制和运行机制。同时，在突发事件应对实践中，结合上海城市特征，不断探索，创新发展，逐步形成了具有上海城市特色的特大城市应急管理模式和方法。

9.2.1　统一领导、分级负责、分类管理的体制

上海是国内较早开始探索建立城市应急管理体系的城市之一。早在 2001 年，上海成立了市综合减灾领导小组及其办公室，领导全市防灾减灾工作，并编制试行了《上海市灾害事故紧急处置总体预案》，确立了综合减灾和紧急处置体系框架。这是国内最早建立的地方综合减灾领导机构，标志着上海从城市减灾的单灾种管理向综合减灾管理转变（韩正，2008）。2004 年 9 月在原有灾害事故处置体系的基础上，建立了上海市应急联动中心，进一步提升城市突发事件先期处置与应急响应能力。2005 年按照党中央、国务院的统一部署，成立了上海市突发公共事件应急管理委员会，围绕"确保城市安全运行"主线，以"一案三制"建设为主要内容，按照"测、报、防、抗、救、援"六环节全过程管理的要求，全面加强城市应急管理工作。2013 年，上海市应急委进一步调整充实领导组成，在领导架构方面，除市长兼任应急委主任外，各副市长以及市委政法委书记均兼任市应急委副主任，按照工作分工，负责相应领域突发事件的应对处置工作。作为市应急委的常设机构，市应急办设立在市政府办公厅，由办公厅内设三个处室组成。市应急委成员单位由市政府相关委办局、中央在沪有关单位等组成，分别牵头负责相关领域突发事件的日常预防、监测预警和应急处置工作。16 个区也分别成立区级应急委，负责各自区域的应急管理工作。经过几年的努力，应急管理体制已经基本确立（图 9.1）。

图 9.1
上海市应急管理体制框架

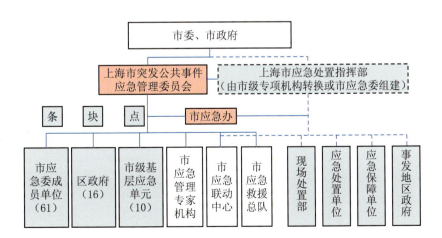

9.2.2　完善应急管理的地方法律法规

一是颁布实施了《上海市实施〈中华人民共和国突发事件应对法〉办法》，作为全市应急管理的综合性地方法律法规基础，并制定了《政府系统值守应急管理要求》《上海市突发事件信息报告工作管理办法》《上海市应急管理工作考核办法》《关于突发事件应急征用补偿实施办法》等一系列配套管理规定作为地方标准和实施办法。二是在总结突发事件应对的经验教训基础上，不断完善相应的法律法规，如《关于进一步规范本市建筑市场加强建设工程质量安全管理的若干意见》《上海市公共场所人群聚集安全管理办法》等的发布。三是加强防灾减灾和应急管理地方标准建设，如在总结上海社区防灾减灾经验的基础上，编制上海市地方标准《城镇社区防灾减灾指南》，指导城镇社区标准化推动综合减灾社区建设。

9.2.3　加强突发事件应急预案体系建设

上海加强应急预案的编制与管理，于2014年发布了《上海市突发事件应急预案管理实施办法》，指导全市各级政府、企事业单位预案的编制与管理。经过几年的完善，逐步建立了适应上海特大城市规模的应急预案体系，确立了以1个市级总体预案为龙头，16个区级分预案、53个市级部门和专项预案、部分市级基层应急管理单元预案和重大活动应急预案为主体，具有特大城市特点的应急预案体系。

9.2.4　强化统一有序、科学高效的应急管理运行机制

1. 通过整合公安、消防等资源，建立了全市性突发公共事件应急联动处置机构和指挥平台。依托市公安局指挥中心，建立市应急联动中心，负责受理全市各类突发事件报警，实施统一指挥、分级处理、先期处置。依托市安全监督管理

局，设立生产安全应急救援指挥部，负责研究部署、指挥协调全市安全生产应急管理和应急救援工作。依托上海海事局，设立海上搜救中心，负责海上责任区突发事件应急联动处置。依托上海市消防局，建立上海市应急救援总队，负责火灾扑救、重大灾害事故处置和以抢救人员生命为主的综合性应急救援。建立"3+X"应急救援会商制度，由市应急办、市应急联动中心、市应急救援总队和相关部门，定期开展相关领域应急演练和培训等应急救援工作。另外，针对重点领域应对突发事件的需要，在市级层面建立了12个突发事件专业处置指挥平台，包括安全生产、防汛防台、防震减灾、消防安全、海上搜救、食品药品安全、流感联防联控、网络与信息安全、处置劫机、反恐怖、维护社会稳定等，专业处置各类突发事件。

2. **建立了突发事件预防预警机制。**依托上海市气象局，建立了市突发事件预警信息发布中心，整合广播、电视、手机、网络、传真、移动终端等信息发布手段，为各类突发事件预警信息发布提供权威、畅通、有效的综合平台，可实现预警信息15分钟内"一键"发布，全网接收。建立了突发事件"4 + X"信息发布机制，进一步强化突发事件信息"首发""跟发""督发"。同时，市应急联动中心、市政府总值班室、市政府新闻办、"上海发布"办公室 + 信息发布责任主体，共同发布突发事件信息。2016年，依托上海广播电视台，又挂牌成立"上海市应急广播中心"，开通"上海应急广播"频道，日常宣传公共安全知识，突发事件时实时播报突发事件实况。

3. **建立健全了应急保障机制。**出台了《关于进一步加强本市应急物资储备体系建设意见》《上海市突发事件志愿者服务管理办法》等规定，加强了应急救援物资保障、应急队伍保障和应急资金保障的能力建设，确保应急管理工作规范有序实施。

4. **构建了多层次的科普宣教机制。**加强应急管理宣传教育与应急演练，特别是建立了具有上海城市特色的空中应急救援报道分队，遇有重特大突发事件或交通事故，第一时间赶赴现场进行空中应急救援报道。2018年"5.12"防灾减灾日期间，推出应急公益形象"应急侠"，加强应急知识宣传教育。

5. **建立了突发事件处置后评估制度，对事故中暴露的问题进行评估。**特别针对如洋山岛"11.3"客车侧翻事故、2018 年雨雪冰冻灾害突发事件进行应急评估，不断总结经验教训，完善应急管理体系。

上海市突发事件预警信息发布中心依托上海市气象局气象公共服务中心于 2013 年 2 月 6 日正式成立，借助上海市气象局业务系统，为全市各类突发事件预警信息发布提供权威、有效的综合平台。

预警信息发布中心由市应急办和市气象局共同管理，建立并实行 24 小时值守制度，其中，市应急办负责预警信息发布工作协调，市气象局负责预警发布系统的日常运行和维护。预警发布遵循"分类管理、分级预警、平台共享、规范发布"的原则，通过制定一系列业务规范和各类预警信息发布细则，建立标准化的发布体系。

预警信息发布过程中，气象、防汛、海洋、民防、地震、农业、交通、卫生、食品、环境等预警管理部门按照各自职责，做好相应类别的突发事件检测预警、信息审核、评估检查等工作，并根据突发事件可能发生发展态势，按照预警级别划分标准，制作相应级别的预警信息，并报市应急办备案。完成信息审批后，预警管理部门通过设在本部门的预警发布终端想预警中心提出申请，预警中心审核后，按照预警管理部门要求，通过预警发布系统向公众发布。可实现预警信息在 15 分钟内，"一键"发布，全网接收。

资料来源：复旦大学城市公共安全研究中心：《上海市灾害评估中心建设研究报告》，2017 年 10 月。

9.3　创新发展

上海根据国家应急管理的总体要求，在分析上海经济社会发展及城市运行特征的基础上，借鉴国际城市安全管理经验，不断探索城市应急管理体系建设，在城市风险评估和隐患排查、重点区域应急管理体系建设、应急联动机制、基层应急管理方法等方面进行了创新实践，不仅为上海城市安全运营提供了有力保障，也为我国应急管理体系建设的不断完善与发展提供了宝贵经验。

9.3.1　创新重点区域的基层应急单元模式

上海特大城市复杂系统中，有一些特殊功能区域，如国际机场、化工区等，由于其重要性或危险性特征，安全管理十分重要；又如轨道交通站点、综合交通枢纽等，因为其复杂性或管理主体的多元性，应急管理具有一定的困难性。但这些特殊功能区域一旦突发灾害事故将不可避免造成重大损失，严重影响城市运行安全，是城市应急管理的重点和难点。为了加强这些重点区域应急管理工作，上海不断探索，创造性地提出了基层应急管理单元的概念，将这些重要区域作为应急管理的"重点"建立管理单元，进行焦点式管理，同时将其与以部门为责任主体的"条线管理"和以区县为责任主体的"块状管理"相结合，形成"以点带面、横向到边、纵向到底、突出重点"的覆盖全市的上海城市应急管理体系框架。

上海市级基层应急管理单元主要由市域范围内应急管理重点区域和高危行业重点单位组成，作为全市"全覆盖、网格化"应急管理工作中的"点"，是上海城市基层应急管理工作的重要组成部分。上海选择了社会影响大、管理责任主体多、协调工作涉及面广的区域创设"基层应急管理单元"，这些单元区域是上海城市运营的关键节点，对这些重要节点的有效管理是保障上海整体安全的基础。从 2006 年开始，上海市应急委按照重要性属性、事故危险性属性、责任主体多重性属性等原则，遴选出了洋山深水港、上海化工区、浦东和虹桥国际机场、铁路新客站—上海南站、轨道交通站点、民防工程及地下空间、宝钢集团、世博会园区、上海石化等 9 家单位及其功能区域为第一批市级基层应急管理单元，加强应急管理体系建设。

为了加强市级基层应急管理单元的应急管理能力建设，市应急委组织专家进行深化研究，制定了关于进一步加强全市基层应急管理单元建设的意见，对基层应急管理单元建设制定了规范性要求，包含确定基层单元建设的明确牵头单位、落实五个管理要素建设、明确部件和事件三个方面的内容。全市各基层应急管理单元自成立之初，即根据本单位或区域的行业管理特征，落实了牵头单位，结合本单位或区域的风险类型，围绕建立组织体系、编制应急预案、明确应急保障（包括专家与专业队伍保障、物资保障、信息保障）、形成工作机制（包括事件和部件管理）、构建指挥平台等应急管理五大要素建设方面有了较全面推进，在市重点区域应急管理工作中发挥了积极有效的作用，取得了较好的应急管理效果。随着世博会安全顺利举办和上海虹桥综合交通枢纽及上海迪士尼的建成，世博园区已不在作为特殊功能区域的市级基层应急管理单元，增加了虹桥综合交通枢纽、国际旅游度假区作为市级基层应急管理单元。目前全市共建成十个市级基层应急管理单元。

各市级基层应急管理单元在基本要素建设的基础上，根据自身特点，创新发展，有效实施了特殊功能区域安全管理和应急管理。这些单元作为城市的重要区域或重点企业，在物资、大型设备等应急能力方面本身具有（或应该建设成）雄厚的力量，不仅能将完善的教育培训、应急演练等向单元周边地区辐射，更重要的是这些市级基层应急管理单元的应急资源、应急处置、应急救援能有效支撑全市应急管理，或成为市应急管理力量的重要补充，在全市应急管理中能发挥不可替代的作用。

在市级基层应急单元建设不断完善和成熟的基础上，上海市应急委进一步推动在区级层面的基层应急单元体系建设。各区根据实际情况，选择对于本区域有重要影响但责任主体复杂的区域建设区级应急管理单元，如青浦区确定了国家会展（上海）中心、黄浦区遴选出外滩区域、徐汇区确立了徐家汇商圈、松江区确定了上海佘山国家旅游度假区等重要场所作为区级基层应急管理单元。区级基层应急单元的建设基本参照市级规范标准，但各区也结合自己区域的实际情况，梳理区域风险特征，建立长效的应急管理运行机制。目前上海市已建成 38 个区级应急管理单元。

经过多年的建设与完善，上海市基层应急管理单元在控制重大风险源、整合应急管理资源、保障城市安全等方面发挥了重要作用，已经成为上海市"条、块、点"相结合应急管理工作网络中的关键一环，在城市重点区域应急管理工作中发挥了积极有效的作用。

虹桥综合交通枢纽位于虹桥商务区主功能区，是由民用机场、铁路、公路、城市道路、轨道交通、公共汽电车、出租汽车等交通设施组成的大型综合交通枢纽。枢纽具有错综复杂的空间结构、超复杂多元的运营管理主体、多样频发的运营风险等方面的特征，是一个涉及多个区域行政管理主体、多个市级基层应急管理单元和多个属地行政区应急主体的综合性复杂功能区域，由市政府派驻机构上海虹桥商务区管理委员会实施公共管理。

虹桥综合交通枢纽属于多运营管理主体、多市级基层应急管理单元叠加的复杂系统，涉及浦东和虹桥国际机场、铁路新客站—上海南站、轨道交通站点、民防工程及地下空间等四个市级基层应急管理单元。各单元都已建立了各自独立的应急管理体系，且具有明显行业管理特征。

为了确保虹桥枢纽的安全运行，市应急委将虹桥综合交通枢纽列为市级基层应急管理单元，明确由上海虹桥商务区管委会作为单元牵头单位，协同枢纽内各运营管理单位，加强单元的应急管理体系建设。因此，枢纽将现有的隶属于各市级基层应急管理单元中的虹桥机场、地铁虹桥枢纽站点、高铁虹桥枢纽站、枢纽地下空间，以及枢纽交通中心公共区域以及枢纽其他区域或点位，作为应急管理的一个基本元素——应急管理功能模块，构成虹桥综合交通枢纽的一个特殊应急管理单元，创建虹桥综合交通枢纽叠加交互式应急管理单元模式（如图 9.2 所示）。最大限度地保留综合交通枢纽内现有各运营管理主体的相对独立性，综合交通枢纽应急管理组织和机构可以根据需要，叠加到现有的区域合作组织框架中，使区域应急管理机制融入区域合作机制，发挥相关运营管理主体的各自应急管理优势。

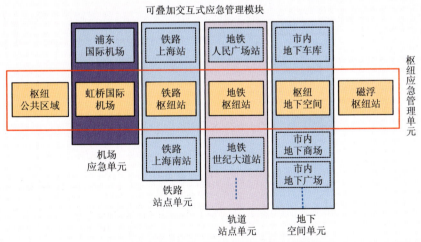

虹桥综合交通枢纽模块化应急管理单元构成

上海虹桥商务区管理委员会会同相关部门和单位成立虹桥综合交通枢纽应急管

理领导小组，推动枢纽应急管理体系建设。由于枢纽内各应急管理单元模块都已建立了各自较为完善的应急管理体系，因此枢纽依托上海虹桥综合交通枢纽应急响应中心的信息系统，建立了"沟通、协调、支援"枢纽应急联动机制，实现"灾害情报共享、应急资源共享、应急救援相互支援"（滕五晓、胡晶焱，2018）。

一是建立情报共享的应急联动机制。有效的通信与情报信息，是保证枢纽准确、快速处置的重要因素。建立一元化的情报信息共享系统，即基于同一突发事件画面的应急管理是实施虹桥综合交通枢纽应急联动的重要手段。信息联动不仅是突发事件发生后的信息共享，对于枢纽内的自然状况特征、风险因素和脆弱性以及应急资源状况等情报信息也必须互联互通。为此，通过建立虹桥综合交通枢纽应急响应中心，实施枢纽内应急信息的互联互通，确保枢纽内各种突发事件和应急管理的情报信息共享。

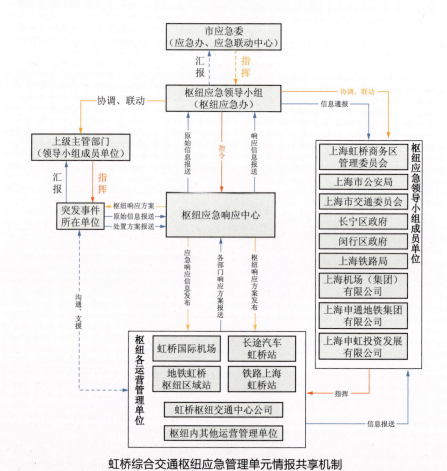

虹桥综合交通枢纽应急管理单元情报共享机制

二是建立了应急资源共享机制。应急联动的实质是有效调动区域内的应急资源实施应急管理的过程。虹桥综合交通枢纽内应急资源的共享是指应急管理过程中所需的各种人力资源和物资资源的共享。在实现枢纽应急联动机制后，除了运营和管理主体根据需要贮备相应的应急物资外，枢纽从全局考虑，根据枢纽内历年的灾害事故情况，结合风险评估的具体结果，建立便捷快速调度的枢纽应急物资储备体系，并对枢纽内所有应急资源（物资名称、数量、储存场所、使用期限等）进行动态管理，确保突发事件发生时，能快速有效利用区域资源。

三是建立了应急救援相互支援的联动机制。比较有效的相互救援模式，是整合区域内应急救援资源，建立矩阵式应急救援体系，将分散于枢纽各运营与管理单位的应急救援队伍，按照枢纽应急救援的要求，编组成若干个纵向的应急救援队伍，不仅不需要另外成立专门的应急队伍，而且，通过矩阵结构的管理模式，在实施枢纽应急救灾时，在统一指挥调度、快速反应等方面，能有效发挥应急救援的整体效应，应急救援能力远远大于各自独立应急救灾时的应急救援能力，达到应急救援资源利用的最大化。

四是建立了分级响应机制。根据突发事件影响范围，负责协调枢纽各运营管理单位开展应急处置工作，虹桥综合交通枢纽内各运营管理单位作为各自所属功能模块的应急管理责任主体，遵循"各司其职、协同应对，信息共享、应急联动"的枢纽应急管理原则，根据突发事件响应等级，启动相应级别的应急预案或响应规程。虹桥综合交通枢纽应急管理组织机构根据突发事件性质、规模及影响范围，由小到大划分为涉及枢纽内单个单位或部门，涉及枢纽内两个及以上单位或部门，涉及枢纽地区全域，涉及枢纽外围地区或超出枢纽应急处置能力四个应急响应级别。

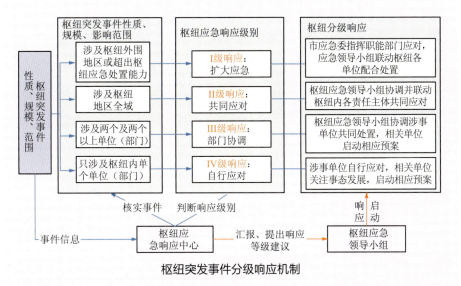

枢纽突发事件分级响应机制

虹桥综合交通枢纽建成了市级应急管理单元体系，在枢纽区域应急信息共享、联动处置、相互支援等方面发挥了积极作用，有效应对了突发大客流、大面积延误等事件，确保了虹桥综合交通枢纽安全有序运行。

资料来源：滕五晓、胡晶焱（2018：16—35）。

9.3.2 构建城市智慧联动机制

职能部门在各自专业领域内具有较强的应急处置能力。但是，复杂城市空间使得突发事件的影响经常超越职能划分，在某一区域造成综合性影响，或者一个灾害造成的次生灾害，单一职能部门难以快速有效处置，需要联动不同专业力量协同应对。2004年上海整合了公安、消防等资源建立上海市应急联动中心，加强专业部门间的资源整合和突发事件的应急联动。各区依托城市管理智慧信息平台，将应急管理融入城市常态管理，实现城市网格化日常管理与应急管理的无缝衔接。通过在各个层面建立智慧联动机制，实施快速处置，科学应对，有效地保障了城市运行安全。

1. 加强部门资源整合，促进应急联动处置。应急联动，应该是先"联"后"动"，市级层面上的相关职能单位先要实现联合，实现信息、资源共享、统一指挥，才能发挥应急处置的作用。为此，早在2004年，上海就依托市公安局指挥中心，建立了市应急联动中心，以公安110、消防119等"多台合一"为基础，整合公安、消防、卫生、水务、煤气、电力等27家单位，形成全市性突发事件应急联动处置指挥平台作为全市突发事件应急联动处置的职能机构和指挥平台，直接指挥调动联动专业队伍处置一般和较大突发事件，组织联动单位对负责重大以上突发事件先期处置。上海市应急联动中心拥有知晓率极高的110报警号码，拥有覆盖面广、灵敏、准确的信息源，建成了以应急联动中心为平台，由各单位办公指挥部门构成的两级指挥体系，形成了指令畅通、快速便捷、统一高效的应急指挥网络，拥有常备不懈、训练有素的应急处置力量。目前，日均接警量达近3.5万件，日均联动处置突发事件300余起，有效发挥了快速发现、先期处置、联动处置的作用。

更重要的是，上海市应急联动中心是一个有效整合相关力量和社会公共资源对全市范围内的突发事件和应急求助进行应急处置的职能机构和指挥平台。按照市政府的授权范围，统一受理全市各类突发事件和应急求助的报警，组织、协调、指挥、调度，或者协助市委、市政府以及具有处置突发事件职能的领导机构、组织、协调、指挥、调度相关联动单位开展应急处置。应急联动中心主要职责包括受理全市范围内突发公共事件的报警，负责应急联动处置一般突发公共事件，负责组织联动单位对重、特大突发事件进行先期应急处置并协助市政府组织实施紧急处置，负责对全市应急联动工作的指导以及履行市政府授予的其他职责。

上海市应急联动体制不仅是在突发事件发生之后的应急处置的联动，延伸到日常应急管理多方面。部门整合联动包括几个层面：首先是保持日常沟通联络。为确保各联动单位的有线、无线和网络系统的正常运转，应急联动中心每日定时对各联动单位进行有线、无线点名和网络测试，了解掌握各联动成员单位所处的应急管理状况。其次是组织实战演练。为提高各联动单位的实战能力，磨合队伍，应急联动中心每年都牵头组织开展一系列不同规模和内容的实战演练，明确各自职责，加强联动单位之间的配合、提供综合应急处置和救援能力。最后是突发事件发生后的处置联动。接到110、119报警电话或有关公安分局上报、应急联动成员单位通报的重特大公共突发事件（如恐怖袭击事件）后，应急联动中心在迅速将警情发送相关联动单位的同时，立即由应急联动的指挥大厅开展先期处置工作。先期处置由指挥长全权负责。一是根据了解到的情况，启动相应预案，按照处置流程进行处置指挥；二是将突发事件的情况上报市委、市政府，接受市委市政府的指挥；三是与相关联动处置单位互通信息，及时传递事态发展情况。在各单位根据预案处置的过程中，应急联动中心负责不间断掌握事态发展情况，制定相关处置方案。一是根据事态发展情况，征询有关专家意见，确定可能的发展趋势和危害程度，及时变更、转换突发公共事件的等级，根据需要启动更高一级的应急处置预案；二是要将事态发展情况上报领导，通报相关单位；三是要视情开设现场指挥部，协助上级领导赶赴现场，进行现场指挥；四是要组织、调度后续力量和资源开展进一步应急处置、抢险救援工作。

上海城市应急联动机制的建立，有效地开展了从接警、先期处置、快速处置的应急管理工作，在上海各类突发事件的应急处置中发挥了重要作用。

2. 常态管理与应急管理无缝衔接。上海应急管理联动机制的另一个重要特征就是在区一级层面上，依托现有的网格化管理平台，将城市日常运行管理和应急管理相结合，将应急管理的内涵向前拓展到城市日常隐患排查与风险识别中，一方面是城市日常管理，负责受理城市日常事件，完成派遣处置任务；另一方面是城市应急事件处置，处理城市突发紧急事件，发挥指挥协调作用。

城市管理网格化，就是以信息化为手段，综合集成各种管理服务资源，在特定的社区网格内，及时发现并综合解决城市建设和市政管理的各类问题（上海市应急管理委员会，2007）。上海于2005年开展城市网格化综合管理工作，建成市级和两个区级网格化管理平台并投入试运行。目前，全市已构筑了市、区、街镇三级网格化管理机构和信息平台，形成了"1 + 16 + 214 + 5 902"城市综合管理非紧急类监督指挥体系，包括1个市数字化城市管理中心、16个区网格化综合管理中心、214个街镇网格化管理中心、5 902个居村工作站。具备了对本市公共空间范围内城市管理问题从发现到处置实施监督指挥的能力，实现了城市常态长效管理的模式。纳入网格化管理的事件部件13大类144小类，包括公共设施、道路交通、突发事件、街面治安等。

城市网格化管理使得上海具备了对城市公共空间范围内城市管理问题从发现到处置实施监督指挥的能力，实现了城市常态长效管理的模式创新。在此基础上，部分区县还进一步进行了探索，通过建立将突发事件应急管理与城市日常管理融为一体的城市综合管理"大联动"机制。比如闵行区形成了区层面各应急联动单位的应急组织指挥体系，形成了"统一指挥、结构合理、反应灵敏、运转高效、保障有力"的突发事件应急体系。在城市管理和应急管理中，以"整合资源抓源头、综合治理保稳定、化解隐患促和谐"为最终目标；以"管理力量大整合、社会服务大集中、信息采集大平台、矛盾隐患大排查、社会治安大联防、行政执法大联动"为工作思路；通过设立三级"大联动"网络，真正落实条块结合、以块为主、充分整合各类管理资源；以信息化手段为支撑，以建立网格化责任机制为基础，构建集综合服务、综合管理、综合执法为一体的城市管理全覆盖模式。基于城市网格化管理体系的应急联动机制的建立，将应急管理触角一直延伸到村居社区，增加了应急管理的手段，有效提升了应急管理能力。

浦东新区是仅次于崇明区的上海第二大行政区，新区面积、常驻人口和国民生产总值分别约占上海的 1/5、1/4 和 1/3。辖区内不仅拥有陆家嘴金融区、张江高科技开发区高新区域，也拥有浦东机场这样的国际交通枢纽，洋山深水港和迪士尼国际旅游度假区等特殊功能区域，是一个由多个系统组成的复杂城市系统。各系统之间相互影响，扁平化管理以及网格化管理都难以有效解决城市复杂问题，城市日常管理和应急管理都面临巨大挑战。因此，浦东新区建立了城市运行综合管理中心，构建了一个物理集中、系统集成、信息集享，多种平台合一，多项任务切换，纵向到底、横向到边、全覆盖、无盲区的城市运行综合管理体系，实现浦东新区城市运行的精细化、智能化管理。

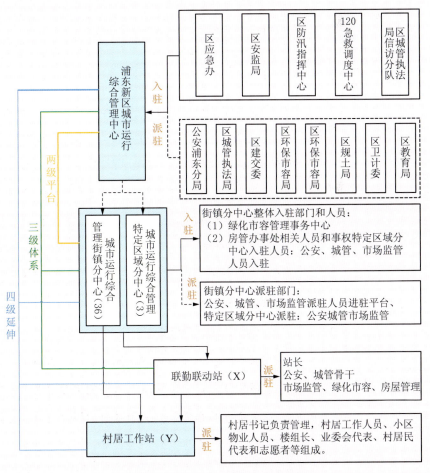

浦东新区城市运行综合管理中心运行机制

浦东新区在现有的部门和基层应急管理基础上，建立协同联动的城市运行管理体系。以现有的浦东城市网格化综合管理体系为基础，通过城市运行综合管理体系建设，构建浦东新区城市运行综合管理中心和街镇城市运行管理中心二级平台；形成新区、街镇城运中心和社区联勤联动站"1+（3+36）+ N"三级体系［其中，"1"为1个区城运中心；"3"为国际旅游度假区、世博开发区、小陆家嘴地区（城管办）3个城市特定管理单元城运分中心；"36"为36个街镇城运中心；"N"为若干个街镇社区联勤联动站］，并将城市运行综合管理向村居延伸，做到新区、街镇、社区、村居城市运行四级管理，实现城市运行综合管理"纵向到底、横向到边、全覆盖、无盲区"的高效、精细化运行。

通过建立综合的城市运行管理平台，浦东新区将这些多个不同类型、不同层次的部门应急指挥中心和基层应急管理机构纳入城市运行综合管理平台，按照标准化的管理方法和运行机制，实施集中管理、分工协作、联合指挥、联合行动，达到新区城市运行日常管理与突发事件应急管理为一体的综合管理。

在此基础上，浦东新区创新性地建立了"以整体协调的组织系统（多部门多层次的多元管理主体共治系统），实现城市复杂系统的综合管理（综合管理、社会治理、突发事件应急管理）"的城市运行综合管理系统模式。在新区层面，整合区网格中心、区总值班室、区应急联动指挥中心、区防汛指挥中心、区120急救调度中心、区安全生产监察、区城管执法应急指挥平台等部门的管理和指挥职能，构建信息共享、协调顺畅、督导有力、运行智能、指挥高效的城市运行综合管理一级平台。成立"浦东新区城市运行综合管理中心"，加挂"浦东新区城市网格化综合管理中心"牌子。

通过城市运行综合管理二级中心——街镇城运分中心建设，进一步做实街镇和基层社区的城市运行综合治理。街镇城运中心以网格化综合管理中心为基础，按照"多种平台合一，多项任务切换"的功能定位，进一步统筹街镇辖区内相关部门（单位）的信息化和管理类资源，实现平台运行一体化、监管功能模块化、联动处置动态化、运行操作标准化、管理方式智能化，形成分工合理、权责明晰、协调有序、全程监管（7×24小时）全年无休的城市运行综合管理新体系。街镇城运中心的主要职能除接受新区城运中心的工作指令和业务指导外，在与综治中心部门业务对接基础上，主要负责辖区内各类城市运行安全和社会治理问题的巡查发现、派单督办、指挥处置、评价考核等，牵头开展疑难问题、管理顽疾和民生热点问题的综合协调，并负责非常态下突发事件的联动指挥，实现管理力量由各自向职能融合、信息共享、协同作战转变，做到第一时间发现、第一时间相应、第一时间联动、第一时间处置，成为本辖区内城市运行管理和社会治理"听得见、看得着、查得到、控得住、处得了"的多功能综合指挥枢纽。

保税区、国际旅游度假区、世博开发区作为3个特定区域，进一步加强区域综合治理，成立"浦东新区城市运行综合管理××分中心"，设在对应管委会（管理局）的相关职能部门，接受区城运中心工作指导和业务考核。

街镇辖区内各村居委，是城市运行的最前沿端口，也是社会问题的源发地。因此，建立村居城市运行综合管理工作站，作为街镇城市运行综合管理中心的一环和前沿阵地，开展村居社区自治共治工作，及时发现问题并快速处置，实现社会治理和城市运行安全问题的"微循环、微治理"，对难以用区域自治方式解决的问题，通过图像、录音、视频等手段及时将信息报送至街道城运中心，实行统一调度、联动处置。

对于街镇（特定区域）辖区较大、管理对象复杂、社会问题多发等，街镇（特定区域）可以根据需要，按照"突出重点区域，就近快速处置"原则，结合辖区现状、社情特点和城乡一体化发展要求，介于街镇和村居之间，在服务对象最多、社会问题最多的地方，规范设置联勤联动站，受街镇城运中心直接领导，开展街面巡查、快速联动、应急处置等工作。

资料来源：上海市浦东—复旦社会发展研究会：《浦东新区城市运行综合管理体系运行机制研究》，2018年5月。

3. **依托智慧信息平台，加强深度应急联动。**城市系统的复杂性、关联性对城市管理提出了要求。常态管理体制下的城市专业数据都分散在不同的业务系统中，部门间、区域间的数据资源缺乏有效整合，形成的"信息孤岛"影响城市的有效响应。上海市应急联动体系框架下，已逐步在区级层面建立大联动机制，并建立了信息平台，保障联动机制的有效运行。闵行区是上海最早探索建立"城市综合管理及应急联动平台"。该平台集政府应急管理、社区及社会组织治理、企业社会服务的"智能化"为一体，是各责任主体之间围绕信息获知、业务联动、管理服务等方面形成的城市安全与应急管理的全方位系统，不只是连接各方资源和系统的应急管理载体，其更为重要的功能是以覆盖全区的信息网络，实现了应急管理和应急处置的电子化和扁平化。闵行区城市综合管理与应急联动平台是基于大数据的集情报信息、分析评估、监测预警、应急指挥、快速处置为一体的城市智慧系统，通过数据采集、实时监控、分析研判和指挥调度，以实现常态化的城市安全与综合防灾管理、紧急状态下的智能化应急管理的统一。

闵行区通过应急管理平台将日常管理和应急管理相结合，整合不同部门的信息，基于地理信息系统（GIS），建立了闵行区大联动机制，将应急管理信息和城市日常运行数据相结合，利用平台对应急物资、应急事件进行分析处理，按照授权式管理模式对城市日常管理和各类公共危机事件处置工作实施统一指挥。拨打大联动热线电话 962000，即可由联动中心统一协调相关政府职能部门在规定时间内处置，做到"各负其责、优势互补"。联动中心主要业务职能为两大块：一块是城市日常管理，负责受理城市日常事件，完成派遣处置任务；另一块是城市应急事件处置，处理城市突发紧急事件，发挥指挥协调作用。

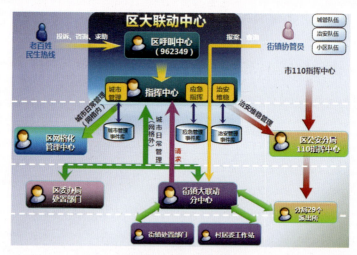

闵行区应急联动业务流程

一是建立日常管理流程。通过城市综合管理及应急联动平台进行业务的受理和派单，可以实现事件处置的闭环。通过事先建立事件库，明确不同事件的业务主管单位，对事件处置流程全程进行监管，并按照信息收集、案件受理、任务派遣、事件处置、结案归档的案件处理流程进行规范化事件处理。

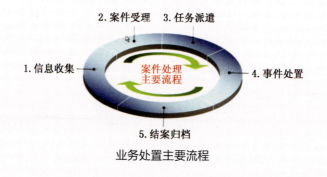

业务处置主要流程

二是建立信息汇总机制。通过信息平台，各部门将原本分散掌握的信息汇总到联动中心，实现信息共享、资源整合。信息采集机制包括两方面，一方面是基础信息采集，比如两个实有数据（人口库、房屋库），此类数据信息通过协管员、居委会采集，由联动中心对有效信息进行奖励。另一方面是排摸区域内的危险源。这部分信息主要由各职能部门提供。建立有效的信息采集机制，主要问题在于要持续性地更新信息，做好日常维护工作。基础信息的有效性是实施城市日常管理和应急管理的基础所在。

三是建立应急物资储备机制。各专业部门都有各自应对相应突发事件特需的物资，也都对相应物资进行了储备。联动中心依托信息平台，一方面将各个委办局提供的物资信息反映在 GIS 系统上，并明确各个储物点的联系人，实时更新。另一方面则是委托社会力量储存物资，全区有四个代储点，储藏草包、麻袋等物资。信息更新方式是各代储点终端进行更新，中心数据自动同步。同时，联动中心也会去现场进行抽查，看信息是否属实，以此作为对代储点的考核。

四是基于 GIS 平台的应急管理。将视频监控、公交车监控、巡防队员指挥、危化车辆监控、应急资源分布等整合入 GPS 监控系统。数据一方面是来自区各相关部门既有数据，另一方面危化车辆监控信息则是从市级部门获得数据链接入该平台。而通过将应急管理相关信息和 GIS 基础数据平台相结合，则可以用现代化的信息平台手段进行应急物资储备，可以方便地对应急资源进行查询、定位，查看该应急资源调用的联系人等信息，在突发事件发生时，能够有效加快寻找应急资源的时间，为快速处置提供条件。

应急平台车辆轨迹监控图

资料来源：闵行区城市综合管理和应急联动中心：《闵行区应急管理报告》，2014 年 10 月。

9.3.3 构建多元参与的基层应急管理体系

基层社区是社会管理的末梢，也是社会管理的落脚点和着力点，基层社区安全是城市安全的基础，是城市应急管理的重要内容。伦敦也将"多元便利的安全社区构成的城市"纳入全球城市建设的目标。安全社区是一个有准备的社区，社区安全管理体系建设目标是建立一个面对各种突发事件，有充分准备能力和应对能力的社区；安全社区是一个具有恢复能力的社区，社区遭受各种灾害事故破坏后，通过内在动力和外界援助，能快速恢复社区基本机能。但由于基层社区量多、面广，面临的风险隐患种类多、复杂，灾害事故频发，社区应急管理工作往往难以得到有效落实。上海在"一案三制"应急管理体系框架下，一方面通过基层应急管理单元建设聚焦应急管理重点和难点，抓住少数关键点；另一方面通过创新基层社区"多元参与"应急管理体制机制，控制基层社区的面，点、面结合，提升城市社会整体应急管理能力。

1. **创新基层应急管理"六有"体系，提升社区安全治理能力。**现有的公共安全管理模式大都是自上而下的层级式安全管理模式，在管理过程中，政府管理效能有很大衰减，很多政策措施无法落实到基层社区，社区在公共安全管理中处于被动状态。而事故灾难风险的形成和发生更多取决于基层的情况，即灾害风险存在于基层社区，是在每一个具体的基层单位或社区发生的，灾害的影响也主要由基层社区来承担（联合国国际减少灾害战略机构间秘书处，2009）。所以，基层社区利益相关者、社会组织和政府各管理层级参与到降低灾害风险工作显得尤为重要。近年来，上海市政府结合创新社会治理和城市管理体制机制的要求，积极指导基层社区围绕"一案三制"和"基层应急保障能力"建设，开展了一系列卓有成效的探索，取得了阶段性的成效，基层社区综合应急管理能力得到了显著提升。市应急办根据市委市政府城市精细化治理的相关要求，坚持重心下沉、政社互动、共建共享，强化街镇应急管理能力建设，依托本市街镇城市网格化综合管理资源优势，着力推动基层应急管理"六有"体系建设。

上海基层应急管理"六有"体系建设可具体分为三个层面（图 9.2）。

第一层面是统领层面，具体包括"班子"的搭建以及机制的建立，主要解决的是综合协调的问题。"班子"建设强调的是"班子"的构成及其职责，尤其注重多元的参与。机制建设强调的是"平""战"结合，尤其注重基层应急治理的整个过程。

第二层面是支撑层面，具体包括预案体系的建立和队伍体系的建立，解决的是谁来做、做什么的问题。构建预案体系来明确社区应急需要做什么，组建队伍体系来明确社区应急谁来做。通过预案指导队伍建设，通过队伍建设来落实预案。

第三层面是实务层面，具体包括物资储备和宣教演练，这既是落实基层应急各项要求的载体，更是检验体制、机制、预案、队伍是否合理和有效的重要途径。

各区应急管理部门积极开展基层应急管理"六有"体系建设，在推广应用过程中，根据社区自身特征不断完善"六有"体系内容，取得了一定的成效。

图 9.2
基层应急管理"六有"体系建设框架图

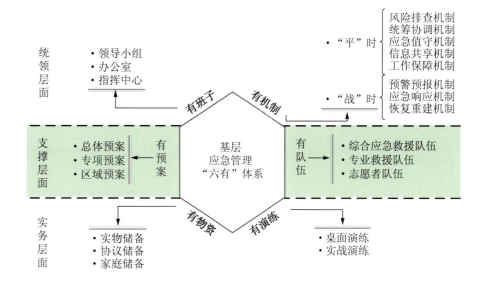

2. 轨道交通"四长联动"，确保地铁安全运行。 地铁已经成为上海最主要的城市公共交通工具，目前日客流量已经超过 1 000 万人次，早晚高峰和节假日客流量爆满。一旦突发灾害事故，不仅影响城市的交通运行安全，严重的将可能造

专栏9.5 街镇基层应急管理工作"六有"体系建设

上海市人民政府办公厅发布了《关于进一步加强街镇基层应急管理工作的意见》，提出了"依托街镇城市网格化综合管理资源优势，推进街镇基层应急管理工作'六有'（有班子、有机制、有预案、有队伍、有物资、有演练）建设，并向村（居）委延伸"的基层应急管理"六有"体系建设意见。明确要求全面健全街镇基层应急管理组织体系，形成"政府统筹协调、社会广泛参与、防范严密到位、处置快捷高效"的应急管理工作机制，完成"横向到边、纵向到底"的街镇基层应急预案编制，着力加强应急保障能力，不断提升广大群众公共安全意识和自救互救能力，切实提高基层防范和应对各类突发事件能力，全力保障城市运行安全。

嘉定区、徐汇区、闵行区、普陀区，尤其是浦东新区陆家嘴街道、浦东新区高行镇、普陀区曹杨街道、青浦区重固镇等在基层应急管理"六有"体系建设中都形成了值得推广的经验和做法，为基层应急管理"六有"体系建设进一步推广和深入提供了重要的借鉴。

一是有班子。按照属地管理原则，依托街镇党政组织机构，建立街镇应急管理领导班子，并指定一名街镇领导统筹协调日常应急管理工作。依托网格化管理中心建立"指挥中心"，强化了应急工作的有效落实；在社区建立"应急管理工作站"，实现了应急工作向每一个社区的延伸和渗透。

二是有机制。基层社区在机制建设中，依托街镇网格化中心，强调大联勤和大联动，从而实现指挥、协调、处置、值守、信息报送、信息共享等具体职能。街镇城市网格化综合管理为基层应急管理"六有"体系建设提供了重要的支撑。

三是有预案。在具体实践中，社区都制定了"横向到边、纵向到底"的预案体系，以有效应对基层各类突发事件。基层社区在预案编制过程中，注重的是体系，主要是在总体预案的引领下，通过专项预案和居村委预案具体规范各项突发事件的应对，并通过制定应急处置工作方案及处置流程，进一步明确预案的执行。

四是有队伍。各社区在体制内建立管理队伍，依托网格联动联勤建立专职队伍，通过购买服务建立专业队伍，通过志愿者队伍的建立实现民众对于应急管理工作的有效参与和协助。各支队伍分工明确，又相互支持，有效提升了基层应急响应能力。

五是有物资。在实践中，基层社区摸索出了两条重要的经验：其一是以风险评估的结果为依据，根据风险的类型和影响程度，结合社区现有的脆弱性情况和减灾能力，综合确定应急物资储备的种类和数量；其二是引入应急物资社会化储备方式，通过与相关单位签订代储代供协议，减少实物储备，避免影响应急资金使用效率。

六是有演练。各社区主要围绕"消防安全、防台防汛、医疗救护、反恐防暴、应急逃生、煤气泄漏"等内容，深入网格中心、社区单位、学校、敬老院、公共场所以及居民社区，开展了不同规模的演练，并围绕民众应急能力的提升，开展应急知识普及和技能培训，取得了一定的成效。

资料来源：复旦大学城市公共安全研究中心：《上海市基层应急管理"六有"体系建设研究》，2018年3月。

成人员伤亡，如果处置不力还将引发更大的次生灾害。为了有效应对轨道交通大客流，上海市应急办会同市交通委、市公安局于2017年1月研究制定了《本市建立轨道交通车站应对大客流"四长联动"应急处置机制方案》，在全市推进落实。"四长"联动是指轨道交通车站地铁站长、轨道交通公安警长、属地派出所长和属地街镇长的快速联动和相互支援。"四长联动"机制确定了"保障轨道交通运营安全有序发展"的总体目标，明确了"站内站外在大客流疏散中有序配合"的双向配合方案，确保"乘客疏散、人员引导和公交驳运"的三个环节，规划了"大客流管控、人员疏导转运、道路疏导保畅和站点周边执法整治"的四项任务，制定了"建立机构、编制预案、应急保障、联动演练、明确职责"的五项措施。"四长联动"机制的建立，明确了轨道交通车站相关职能部门的安全管理职责，调动了各管理主体的积极性，有效提升了轨道交通车站安全管理水平，确保了地铁运行安全。与此同时，进一步完善了轨道交通车站周边地区的社会治理体系。

3. **加强风险隐患排查，实施源头治理**。当今国际社会更加注重以风险管理替代灾害管理。实施风险管理，其对象是"风险"，主要特性是对不确定性和可能性进行管理（薛澜等，2008），是一种更主动积极的安全管理。风险管理是通过识别风险、评估风险、分析风险并在此基础上有效地控制风险，用最经济、最合理的办法来处置风险，以实现最大安全保障的活动。

随着应急管理工作的不断深化，上海逐渐探索出了以风险评估和隐患排查为切入点的应急管理工作方法将应急管理转化为风险管理，特别是吸取了几次事故和事件的惨痛教训后，上海加强了城市运行中的风险隐患的排查工作。2015年，上海市政府出台了《上海市人民政府关于进一步加强公共安全风险管理和隐患排查工作的意见》（沪府发〔2015〕63号），要求全市建立健全风险评估机制、隐患排查机制、风险隐患举报机制、风险隐患信息管理机制、风险应急准备和隐患治理等工作机制，深入开展风险评估和隐患排查治理，梳理和编制风险隐患清单，建立风险隐患数据库，落实防范准备和整改治理措施，并将高风险等级危险源、危险区域和一级事故隐患排查结果报市政府备案。根据报备情况，市应急办会同有关部门对相关数据进行再梳理、再核实，实地察看部分风险隐患场所和整改落实情况，进一步梳理出需要重点关注的危险源和危险区域。并将整改落实情况纳入目标管理平台，切实建立台账、整改销号、重点督办。进一步强化"预防为主、关口前移、源头治理"等理念，促进了风险隐患排查治理长效机制建设（上海市应急办，2017）。

　　"十二五"期间，上海以创建全国综合减灾示范社区为契机，研究建立了社区风险评估体系，开发了社区综合风险评估模型。评估模型包含承载体脆弱性评估和致灾因子致险程度评估。其中承灾体脆弱性主要从承载体的物理暴露性、应对外部打击的固有敏感性以及与承灾体相伴而生的人类抗防风险的能力等方面考虑，对社区的物理脆弱性、社会脆弱性和环境脆弱性三方面进行科学评估。致灾因子致险程度评估主要从强度和概率两个尺度，对四大类（自然灾害、事故灾难、公共卫生事件、公共安全事件），共14项致灾因子（农村16项）的致险程度进行综合评估。以此为基础，模型建立一个四级指标体系，通过专家咨询的层次分析法，对每一级中的每一个指标都赋予权重，通过加权平均的方法获得该社区的综合风险。

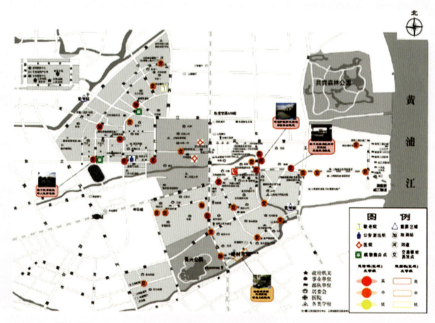

社区风险地图示例

"十二五"期间，在市民政局统一部署下系统地开展了社区风险识别和风险评估工作，全覆盖地完成了全市17个区216个街道、镇、工业区的社区风险评估，绘制了社区风险地图。

为了更好地开展社区风险评估工作，在推广应用过程中，引入社会组织的参与，逐步探索形成了政府—高校—社会组织—社区"多元参与的社区风险评估实践模式"，为上海市开展风险管理和社区治理推广工作提供了具有借鉴意义的理论模式和实践经验。通过社区风险评估项目，基层社区在专业人员的指导下，对本社区的风险进行了识别和分析，对社区安全有了更深的理解和认识，社区的主动性和参与性有了一定的提升。部分街镇在完成整体的社区风险评估后，或利用学习到的方法开展风险评估和风险地图绘制；或针对评估出的影响较大的火灾风险邀请社会组织开展火灾应对培训和疏散演练；或落实风险评估报告中提出的建议，对危险源进行整治，加强宣传。

在全市整体推动过程中，逐步形成完善了"多元参与的社区风险评估实践模式"（滕五晓、陈磊、万蓓蕾，2014），搭建了政府、研究机构、社会组织、社区的合作平台，创新了社区综合减灾模式。该模式明确了各主体的职责和任务，让政府的社区减灾工作有了更好的抓手和载体，让研究机构的研究成果能为社会发展提供动力，让社会组织利用专业所长积极参与社会治理，让社区的安全意识和应对能力得到长足的提升。

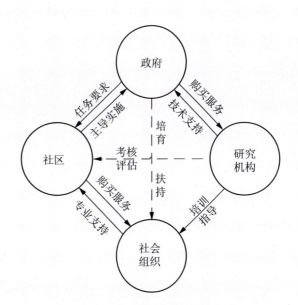

多元主体参与的社区风险评估政策模式

资料来源：滕五晓、陈磊、万蓓蕾（2014）。

9.4　未来发展

进入新时代，上海正规划建设卓越的全球城市，安全是全球城市建设的保障，更是全球城市建设的目标。随着国家应急管理体制机制的改革创新，上海城市应急管理迎来了战略发展机遇。由于灾害风险的不确定性和特大城市复杂系统的脆弱性，上海应急管理仍将面临严峻的挑战，需要从总体国家安全观的战略高度、上海经济社会发展规划的系统维度、风险管理方法的专业深度和智慧科学的技术精度创新发展上海应急管理体制和机制，努力建设首屈一指的全球安全城市。

9.4.1　基于总体国家安全观构建上海应急管理体制

加强应急管理体制建设，就是全面做好防灾减灾和安全管理工作，最大限度地维护公共安全，确保人民群众生命和财产安全。所以，需要在总体国家安全观的指导下进行应急管理机构改革和体制创新。一是需要从总体国家安全观的战略高度，将上海城市应急管理体制建设放到维护最广大人民根本利益中来认识，坚持以人民为中心，贯彻落实国家总体安全观，努力构建符合上海城市安全治理的应急管理体系。二是应急管理是城市安全治理体系的一部分，必须纳入国家安全治理框架，将应急管理放到推进上海治理体系和治理能力现代化中来把握，依托即将组建的上海市应急管理局的日常管理职能，充分发挥政府各部门积极作用，发挥市场机制和社会力量的作用，依靠人民群众、依靠社会各界参与，构建公民广泛参与的城市安全治理体系和应急管理体系。

9.4.2　基于城市总体发展战略构建上海应急管理规划体系

事件推动型应急管理体制的发展方式，不可避免导致应急管理体系建设滞后于经济社会发展，造成应急管理工作的被动。一方面由于城市规划不科学、管理不到位，造成灾害隐患增多，风险暴露度增大。如由于城市防洪防汛标准跟不上城市的快速发展，每逢暴雨，必然导致城市内涝或发生洪涝灾害；再如一些重大灾害事故一定程度上由于城市缺失科学的功能分区，城市不科学规划建设增加了民众的风险暴露度。另一方面，在经济社会快速发展过程中，因城市建设的粗放和管理的不精细而不断积累风险或产生新的风险，导致灾害事故频发。发达国家将防灾减灾与社会发展相结合，提出韧性城市规划建设，如美国纽约提出了《一个更强大，更有韧性的纽约》的规划（Bloomberg，2013）、英国伦敦制定了《管理风险和增强韧性》的战略规划（Johnson，2011），都将防御能力和应对能力建设纳入城市规划建设。因此，上海应急管理体制创新发展，需要将应急管理体制建设纳入上海卓越全球城市的战略规划，制定系统长远的应急管理体制建设规划，使应急管理体系适应经济社会快速发展的需要。上海应该以应急管理体制机制建设为契机，从提高城市工程防御能力和社会应对能力战略视角规划应急管理体系，通过提高经济社会发展的规划标准，增加社会韧性，降低城市脆弱性，同时将应急管理的具体任务和工作融入社会发展的各阶段、各领域，努力将上海建设成为既能有效防御和减轻灾害事故的发生，又能在突发事件发生时及时应对、灾害发生后快速恢复的强韧性安全城市。

9.4.3 基于风险管理方法构建上海城市安全治理体系

从应对灾害到管理风险是国际应急管理的重要转变，不仅仅是灾害管理部门的责任，而且因为灾害作为负面力量，可能关系到整个社会整个国家的发展。世界银行《2014年世界发展报告》的主题是"风险与机会——管理风险以促进发展"，呼吁个人和机构成为"具有主动性和系统性的风险管理者"（世界银行，2014）。它特别强调以一种主动、系统、综合的方式来管理风险。政府对管理系统性风险发挥着关键作用，通过提供一个使各方能够共同行动、共担责任的环境，从对已发生的危机作出无准备、临时性的反应的被动状态转变为主动、系统、综合的风险管理。上海已经建立了风险评估与隐患排查机制，在全市进行了风险隐患排查与治理，但城市风险复杂，目前主要停留在简单的隐患排查和治理阶段，缺失系统评估和分析。因此需要从风险管理专业深度，更积极主动、系统全面地建设与发展应急管理体系。在体制上，需要将风险管理作为应急管理的核心内容之一，纳入应急管理范畴，并在管理目标任务、机构人员设置、职责分工等方面设立专业的部门系统规划和管理。在机制上，需要转变风险管理的内涵，其一是需要重视广布型风险，即高频率和低损失的危险事件。需要从规划、设计、施工、维护（养护）、使用、管理、监督检查等各个环节，实行源头治理和精细化管理，一是对新的规划建设项目，高标准严要求，防止产生新的风险；二是对已有的系统，进行全面排查、分析、评估，不断发现，及时治理，防止积累风险，或导致风险积聚、放大。其二则是在发展过程中预防或避免产生新的风险和累积风险。对于巨灾风险，由于巨灾所具有的不确定性、巨大破坏力、高度复杂性和处置极其困难等特点，给应急管理工作带来巨大挑战。通过建立突发事件情景构建，能更好地认识重特大灾害事故的演变规律，更好地指导应急准备规划、应急预案管理和应急培训演练等应急管理工作（范维澄、闪淳昌等，2017）。从而确保有针对性地采取预防和应急准备措施，切实降低城市风险水平。

9.4.4　基于智能技术构建上海智慧应急管理系统

突发事件的影响涉及社会各领域，所有的职能部门都不同程度地承担着应急管理责任。即将组建的上海市应急管理局将整合各部门（或机构）的职责，但也不可能包揽所有职能部门的应急管理职责，部门化管理必然存在体制上的不足。大数据、网络技术和人工智能（AI）技术方法的快速发展，已经将社会各系统有机连接，通过大数据和智慧系统，能有效实现各部门的融合和数据共享，突破部门间应急管理的"信息孤岛"，以达到"更透彻的感知、更广泛的互联互通、更深入的智能化"，形成基于"同一画面"的应急管理，使得政府、企业和市民可以作出更明智的决策。而随着物联网、云计算、大数据技术的广泛应用，以及传感技术的终端采集装备不断完善，新型智慧技术也开始逐步实现对灾害风险更为直接和细致的全面感知，深度挖掘和综合分析能力将为优化政府的应急管理与社会管理职能提供有力的技术支持。

城市智慧应急系统是以专业数据和信息的互联互通为基础，大量城市数据、专业实测数据、实时动态数据对实施城市灾害预防、监测警和应急响应有很大支撑作用，城市运行过程中生成的各类大数据对指挥决策能发挥积极作用。城市智慧应急系统不仅是集成各专业系统的物理载体，还是一个能综合分析处理的智能系统，是城市管理的中枢系统。通过智能化的模拟分析、快速评估、科学决策，将常态下的城市运行管理与紧急状态下城市应急管理相融合，实现科学化、精细化和智能化的城市安全与应急管理。

　　城市安全涉及运行的各个方面和不同层次，之间有着千丝万缕的联系，相互影响，构成复杂系统，需要在对城市进行全面分析把控的基础上，研究评估城市风险和脆弱性，制定科学预防规划应急处置方案。而突发事件的发生又具有高度的不确定性，一旦灾害事故发生，波及城市社会各系统，需要在极短的时间内进行快速决策和处置，各种相关数据和有效信息将成为科学决策的重要依据。上海正在加快智慧城市的建设，于2016年建立了上海市大数据技术与应用创新中心，将建成政务大数据开放共享平台，通过开放共享，群策群力地对大数据进行挖掘分析，有效发挥数据价值。因此，依托智慧技术，构建超越职能部门管理的新型城市应急管理体制，以一种更智慧的方法，通过利用新一代信息技术建立跨越部门和不同系统的壁垒，来改变政府、企业和人们相互交互的方式，以提高交互的明确性、效率、灵活性和响应速度。将信息基础架构与高度整合的基础设施完美结合，使政府职能部门之间、政府与企业之间、政府与社会民众之间，在突发事件应急管理中进行"深度融合、协同运作"，实现上海城市安全的有效治理。

参 | 考 | 文 | 献 ────────────────────────────────────

［1］ 上海市人民政府：《上海市城市总体规划（2017—2035年）》，http://www.shanghai.gov.cn/nw2/nw2314/nw32419/nw42806/index.html。

［2］ Greater London Authority, 2016, "The London Plan: the Spatial Development Strategy for London Consolidated with Alterations since 2011", https://www.london.gov.uk/sites/default/files/the_london_plan_2016_jan_2017_fix.pdf.

［3］ The City of New York, 2015, "One New York: the Plan for a Strong and Just City", http://www.nyc.gov/html/onenyc/downloads/pdf/publications/OneNYC.pdf.

［4］ 东京都：《东京都防灾规划——创建世界第一的安全·安心城市》，2014年。

［5］ 韩正：《探索符合上海特大型城市特点的应急管理新模式》，《中国应急管理》2008年第1期。

［6］ 滕五晓、胡晶焱：《综合交通枢纽应急管理方法研究——以上海虹桥为例，风险社会中的安全保障政策》，上海人民出版社2018年版。

［7］ 《上海应急网站机构设置介绍》，http://www.shanghai.gov.cn/shanghai/node2314/node2319/n31973/n31995/n32002/index.shtml。

［8］ 上海市应急管理委员会：《围绕构建平安和谐上海，完善应急管理体制机制》，《中国应急管理》2007年第2期。

［9］ 联合国国际减少灾害战略机构间秘书处（ISDR）：《减轻灾害风险全球评估报告》，2009年。

［10］ 薛澜等：《风险治理：完善与提升国家公共安全管理的基石》，《江苏社会科学》2008年第6期。

［11］ 上海市应急办：《深入开展风险隐患排查治理，积极推进基层应急能力建设，切实保障上海城市安全》，《中国应急管理》2017年第3期。

［12］ 滕五晓、陈磊、万蓓蕾：《社区安全治理模式研究——基于上海社区风险评估实践的探索》，《马克思主义与现实》2014年第6期。

［13］ Bloomberg, M.R., (2013), "A Stronger, More Resilient New York".

［14］ Johnson, B., 2011, "Managing Risks and Increasing Resilience: The Mayor's Climate Change Adaptation Strategy".

［15］ 世界银行：《2014年世界发展报告》，2014年。

［16］ 范维澄、闪淳昌等：《公共安全与应急管理》，科学出版社2017年版。

"飞碟苑"
智慧社区建设

良好的基层社区治理是提升城市有序、效率和活力的重要环节。其中一个重要方面，就是在厘清社区居民实际需求的基础之上，将群众需求与城市社区治理精细化有效对接起来。"飞碟苑"智慧社区建设，坚持以实际问题为导向、以群众需求为导向、以治理要求为导向，通过建立智慧社区信息管理系统，利用互联网、大数据分析等新型技术手段，理顺治理体制机制，实现社区治理智能联动，从而提供精细化的服务或活动，使社区公共服务的供给实现"有的放矢"，真正与基层群众的实际需求实现有效对接。"飞碟苑"智慧社区建设的成功经验，可以归纳为"以社区居民需求为核心，通过技术精确把握居民需求，最终实现需求，技术与治理的有机统一"的实践过程，进而为社区治理提供有益的借鉴。

Effective grassroots community governance is an important step towards building an orderly, efficient and vibrant city. One important task is to effectively align the needs of the masses with the fine-tuned urban community governance on the basis of identifying the actual needs of the community residents. The construction of *Feidieyuan* smart community takes into consideration practical problems, the actual needs of the masses, and good governance requirements. Through the construction of a smart community information management system and technology use, like the Internet and big data analysis, and through smoothing out the governance system and mechanism, the community has attained a smart linkage in community governance mechanism that provides refined services and activities, so that the community public service provision can be "targeted" to, and truly connected with, the actual needs of the grassroots. The successful practice of the *Feidieyuan* smart community development can be summarized as prioritizing residents' needs, accurately identifying these needs through the use of technology, and finally realizing the convergence of needs, technology and governance within the community. This will provide useful reference for community governance.

"飞碟苑"智慧社区建设，从小区民生突出问题入手，在充分满足不同层次类型居民的需求基础上，借助智慧社区信息管理系统等技术手段，通过社区规划、管理、服务等各个环节的智能化，形成高效、可持续、具有较强内聚力的社区治理精细化过程。

10.1　背景

　　随着全球化与信息化的进一步发展，传统的时间、空间领域模型正在被打破，人、财、物和服务等要素的流动化加剧，随之而来的是社会主体的多元化、社会需求的多样化、社会矛盾的复杂化。上海在迈向卓越全球城市的进程中，必须回应各个阶层的参与要求和不同群体的多元需求，树立公众参与的多元共治治理理念，提高社会治理能力，建立网格化治理方式，实现精准治理。

　　作为城市的单元和细胞，社区是城市创新治理、实现精细化服务的基础环节。良好的基层社区治理是提升城市有序、效率和活力的重要环节，是建设卓越全球城市的基础性工程。社区精细化治理要得以持续，一个非常重要的方面是在建立对接社区居民实际需求基础之上如何有效将群众需求与城市社区治理精细化有效对接起来。这是一个非常值得关注的议题。

　　我们以马桥镇飞碟苑社区为研究对象，分析飞碟苑社区在建设智慧社区的过程中，如何结合自身实际，建立社区实现精细化治理与满足群众需求有效对接的发展模式。

　　我们在调研中发现，马桥镇飞碟苑社区的情况在上海有一定的典型性。

　　1. 位于城乡接合部，属于拆迁安置社区。通过对社区的观察分析，其具有以下三个显著特征：

　　（1）随着城市化的发展，城市周围农村的土地逐渐被政府征收，其城市化的过程并不是主动地参与城市社会分工的过程，而是被动的制度安排的结果。社区的户主均为原一个村的村民，社区居民相处依靠的仍然是身份关系，业主、居委会、物业尚未形成以平等交换方式的契约谈判而实现彼此间利益的博弈、权利义务的对等、权力和责任的均衡。同时，他们的"生活世界"仍然没有根本改变，没有经历过城市化过程对人的知识、技能、生活方式和思想观念的深度洗礼（周振华，2017）。

（2）除了本地人之外，飞碟苑社区存在大量外来人口，租住在此。然而，外来人口具有强烈的个人利益目标，对于邻里关系、社区建设不是很关心，社区归属感低，往往将个人利益、个人便利置于社区利益、社区发展之上。总的来说，无论外来租户，还是本地户主，无论是被动地卷入，还是积极地融入，飞碟苑社区居民都处在一个城市化的过渡阶段，一定程度上处于"不完全契约形态"（汤艳文，2004）。

（3）本地人和外来人口虽然居住在同一个社区中，但只是房东和租客的关系，二者泾渭分明，形成两个相互隔离的群体。正是由于这种社区生态，一方面，它难以按照城区社区的标准进行管理；另一方面，它又需要按照城市的基本管理要求加强社区管理，提供服务，保证社区的良性运行。这种复杂的治理矛盾给飞碟苑社区治理和服务带来巨大困难。

2. 流动人口聚集。城镇化发展带来的大量征地拆迁，形成了大规模的拆迁人口集中居住。飞碟苑社区主要由原村户籍人口、上海本市户籍人口和非上海户籍人口构成。2018 年 3 月，飞碟苑社区现居住人员 6 708 人在住。上海户籍人员 3 298 人，来沪人员 3 758 人。户主 4 424 人，租赁人员 2 632 人。同年 10 月，社区居住人员 6 176 人在住，上海户籍人员 3 288 人，来沪人员 2 888 人。户主 3 203 人，租赁人员 2 973 人（图 10.1、图 10.2）。

图 10.1
飞碟苑社区 2018 年 3—10 月居住人口变化

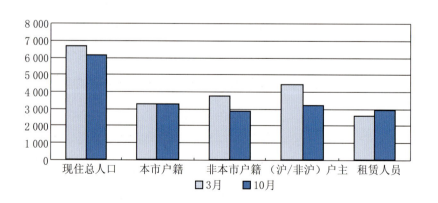

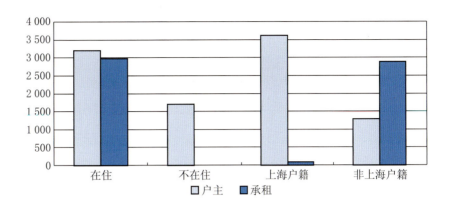

图 10.2
飞碟苑社区 2018 年 10 月
居住人口

通过实地调研和数据分析发现，飞碟苑社区居住人口具有以下几个特点：（1）承租户多。飞碟苑社区承租户人口占总居住人口 50% 左右，本地居民和非沪外来居民呈现人口倒挂现象。（2）人口流动性大。从 2018 年 3 月到 10 月间，现总居民数减少 500 余人，非沪外来居民减少 900 余人。（3）户主居民人口锐减，大量户主离开社区。探究其原因，主要包括以下几个方面：首先，马桥在城市化的过程中日益开放和流动，社会机会增加，吸引了大量非沪外来人员就业。且多从事工业制造产业，非农化和不稳定性较强、流动性较大。其次，社区居民正式就业和非正规就业并存，表现为弹性劳动，职业变换频繁，经济收入较低、社会保障不健全。最后，人口的异质化以及社区支持功能的欠缺降低了居民的社区的认同感和归属感，呈现出外来人口流动频繁，人户分离严重的现实特征。

3. 社会治安、群租等问题较为突出。在对飞碟苑社区调研过程中了解到：由于社区流动人口增加、社区管理体制机制不健全、基层管理人员短缺等因素，社区公共安全隐患等问题严重，治安、环境等问题较为突出。最突出的问题主要有三个方面：一是治安隐患突出。楼道单元门经常不关闭，在居住房屋内使用液化气钢瓶，电线私拉乱接，火灾和偷盗事件时有发生。二是人居环境脏乱差。部分人员文明素质较差，乱丢垃圾、乱停车、楼道堆物、乱张贴、乱涂写种种不文明行为比比皆是。三是违法群租问题。由于群租现象严重，进出人员杂乱，陌生人员进出频繁，安全隐患陡升，有些群租房甚至可能成为违法乱纪的滋生和藏匿之所。总而言之，因为有了群租，一些楼道内停满自行车、电瓶车，杂物胡乱堆放，卫生情况极差，严重妨碍了相邻居民的正常生活和社区环境建设。违法群租、人员流动性大、安全隐患、环境治理保护等等问题，这几个要素之间相互影响，共同造成了社区治理的巨大隐患，严重扰乱了社区正常的生活秩序。

4. 社区管理人员严重不足、财政较为困难。 政府事务性工作下沉到社区是目前社区建设中的一个普遍问题，在大城市社区中表现更为明显。随着社会公共事务的增多，街道在"两级政府，三级管理"中的地位日益凸显。同时由于社会中介组织发育不足，致使很多本应交由市场解决的问题，也落到了街道头上。这就增加了街道的财政压力和职能压力（陈家刚，2010）。而由于没有建立政务服务的社区准入制度，政府职能部门和街道办事处越来越多的工作都是通过社区居委会开展和落实的，导致社区工作人员的主要精力都放在完成政府的事务性工作上。在调研过程中，我们发现飞碟苑在社区基层管理中主要有以下几个问题。

（1）社区管理人员严重不足，结构不合理。面对政府繁杂的任务，很多工作人员容易产生应付心态和虚假行为，从而造成社区管理人员工作繁重性和低效性并存的局面。

（2）人口管理缺抓手。住宅社区人员居住比较密集，人数较多，流动性大。人口管理难以应付，缺乏有效的治理手段。同时，由于社会管理资源短缺，管理技术手段较为落后，管理体制不通畅等因素，飞碟苑社区在社区治理、公共服务供给、公共秩序维护等方面都遇到现实瓶颈和问题，社区功能发挥不足。

（3）在财政资金方面，社区建设与管理资金来源尚不规范，未形成固定的投入方式。目前社区工作和改造经费主要由区财政专项负责，后续资金投入无法得到有效保障。而且飞碟苑社区所处的马桥镇政府，还要负责本镇的经济发展等诸多事宜，对社区建设关注力度有限，资金投入有限。根据相关负责人介绍：飞碟苑智慧社区建设是在区里的一个"美丽家园"项目的支持下进行的，社区的这些设备，比如控制中心的处理器、探头等监控设备的安装，还有提供系统的公司也是借着"美丽家园"这个项目提供的资金。后续如果要维修、替换设备，这个钱从哪里来还是一个问题。[1]

---

[1] 资料来源：马桥镇飞碟苑社区居委会工作人员访谈，2018 年 10 月 19 日。

10.2 改造建设过程和治理绩效

"飞碟苑"智慧社区的改造和建设经历了一个发展过程，逐步形成了基于智能化的社区治理模式，并取得明显的社区治理绩效。

10.2.1 改造建设缘起

1. 从"美丽家园"专项政策落地起步。

飞碟苑智慧社区的改造和建设，是以闵行区政府推进"美丽家园"项目为契机展开的。2016 年，"美丽家园"项目全面启动。它是贯彻落实市委"创新社会管理，加强基层建设"、增强党建引领下居民参与社区自治共治能力的重要举措，也是闵行区深化住宅社区综合治理三年行动计划、提升社区品质、争创全国文明城区的有力抓手。至 2018 年，闵行区制定了新一轮三年行动计划（2018—2020 年），进一步推动了美丽家园项目的建设与发展，以从各方面全面打造"安全有序、整洁舒适、环境宜居、幸福和谐"的住宅社区。

"美丽家园"的创建，以"百姓需要不需要、群众满意不满意"为根本出发点和落脚点，主要包括社区顽症整治、环境提升改造和加强基层治理三个方面。（1）社区顽症整治：主要以社区"五违"整治和"六乱"治理为主，为社区硬件设施更新改造和建立长效管理机制创造条件。（2）环境提升改造：主要以社区硬件设施设备更新改造为主。（3）加强基层治理：重点是理顺机制，建立制度，明确任务，落实责任。在党建引领"三驾马车"的密切配合下，闵行以最快速度推动这项民心工程的实施，通过加强社区软硬件设施建设、完善社区综合治理机制，不断提升居民参与社区治理意识，共同破解社区综合治理难题，从而实现社区环境明显改善、基层治理能力明显提高、居民获得感和满意度明显提升，形成邻里守望、居民参与、共建和谐的格局。后续则按照网格化管理模式，落实常态化管理措施，重点落实三包责任制，积极发动更多居民参与社区，全面提升社区的文明程度和市民素质。2017 年 12 月，马桥镇治办会同镇网格中心（人口办）、社区办、房管办等职能部门共同参与，以飞碟苑社区为试点，率先启动社区智能化门禁卡发放工作。在居委设立集中办理点，为社区居民办理智能化门禁卡，在办卡的同时采集办卡人员信息，录入房屋租赁管理信息系统并同步到智能化门禁系统。

2. 初步技术手段的引入设想。

在调研中发现，以前社区内虽然设有单一化静态电子展牌，但对社区居民信息服务有限，其他信息化硬件设施建设不足，甚至有些设施的建设和手段的实施根本为零效益，得不到群众的积极反馈，也无法取得良好的治理效果。社区管理工作很少从社区居民的需求出发进行目标定位，社区以人为本的建设不足。

随着信息技术的发展和应用推动了流动空间的产生，虚拟网络所创造的新的生产与管理模式正在改变人们的生活与生产方式。单一的空间区域管理已经不能满足与现代城市治理的需要，社区单向度的治理和服务已经无法满足居民日趋多元化的需求，甚至无法发挥社区正常的整合和支持功能。以往社区网格化建设多侧重于信息化管理平台的建设，信息系统滞后、数据库建设缺乏，缺乏专业的系统维护和升级。因此，要改变传统基于传统自上而下的治理思路，从居民行为分析出发，建设资本、信息、人口、技术等要素流动的效率及支撑要素流动的平台类主体，掌握资本流动，信息流动、人员流动情况。

为了提高社区治理水平，实现社区治理智能化发展。飞碟苑社区制定了智慧社区两个阶段的发展规划。

第一个阶段：完善基础设施建设，加强社区基础环境建设、社区网络建设及传输环境建设。2017年，飞碟苑社区改造抓住"美丽家园"建设契机，积极推进社区监控设备更新升级、改造社区硬件设施建设，加强社区安全应用建设；开发"云平台"数据管理系统、建立基础信息库；创新实名制门禁卡实行智能管理，以规范房屋租赁为抓手，有效实施人口管理，提高居住文明程度，改善社区环境，提高居民生活质量。

第二个阶段：完善智能监控设施，创新管理方法，建立监控规范，提升社区综合防控和应急处置的能力；深度开发利用居民信息数据，实行实有人口、房屋、单位管理，准确采集并应用实有人口、房屋、单位的数据，提升社区服务信息化综合利用水平，深化完善社区公共服务系统，为社区各项工作提供数据基础支撑和决策辅助，提高社区服务管理智慧与决策的反应能力；建立市级社区管理平台，建立社区的各种应用系统。发现城市管理和服务的规律、特点以及发展趋势，进行动态预测预警，为市领导宏观决策提供辅助决策支持并进行及时考核评价。力争在基层社区实现"社情全摸清，矛盾全掌握"，真正实现"小事不出社区，大事不出街道、矛盾不上交"的工作目标，维护全市的和谐稳定。

3. 不同类型的居民需求被纳入技术平台设计中。

飞碟苑智慧社区治理模式构建的关键是如何利用高科技信息管理技术改变社会治理的模式和机制，满足不同层次和类型居民的需求的表达。飞碟苑社区居民需求具有两个特点。

一是社区居民利益主体分化。由于其特殊的地理位置和特定发展阶段，飞碟苑社区外来人口多，人口流动性大，居民异质化程度高。下岗失业、弱势群体、流动人口、环境建设等等这些问题大量汇聚到社区，利益主体多元化带来社区需求的多样化。在调研的过程中，小区居民谈道：我们小区里有很多外乡人，他们租住在这里。不过我们和他们也不太了解，我们都是一个村的在一起活动，有什么事大家都会帮忙。那些外乡人经常出入小区，可能要工作之类的，我们接触的不多，他们也很少参与社区的活动[1]。

二是居民需求的层次化增强。今天的城市社区相较于过去无疑更加复杂，安全需求、社交需求、尊重需求、自我发展需求等等，从无到有，从小到大，从弱到强，呈现波浪形的交替发展。在调研过程中，飞碟苑社区居委会工作人员反映道：现在小区里有一些没人养的野狗。我们有些居民反映这些狗晚上叫吵到他们睡觉，还有些人担心这些野狗要到小孩子，不安全，建议我们把这些狗清理出小区。有些居民认为狗很可爱、是人类忠实的朋友，应该对这些狗采取一些保护……我们小区还有不少老年人，有些是自己一个人居住，他们的子女都住在另外的社区。还有一些独居老人没有自己独立生活、处理事情的能力。[2]

① 资料来源：马桥镇飞碟苑社区居民访谈，2018 年 10 月 19 日。
② 资料来源：马桥镇飞碟苑社区居委会工作人员访谈，2018 年 10 月 19 日。

根据居民利益需求的不同，飞碟苑公共服务的提供包括三个方面：（1）针对全体居民展开的公共性、基础性服务；（2）针对普通居民展开的便民性、发展性服务；（3）针对社区弱势群体的补偿性服务。在政府治理改革的过程中，满足大部分居民需求的同时，必然出现部分群体的利益暂时受到影响，甚至是受损。或者说，在市场化的过程中，必然有一部分人处于一种弱势地位而无法通过自身的努力来满足其需求。因此，必须通过社区建设提供相应的福利性服务，建立起对社区弱势群体的利益补偿途径。通过促进社区就业、发放最低生活保障、给予社区救助和提供老年人服务等多种形式，建立和完善社区保障机制。利益需求满足的难度随着利益分化的程度加深而不断增加，利益需求一旦得不到有效的满足就会产生相应的利益矛盾，甚至表现为利益冲突。

而智慧社区的建设智能平台建设采用网络平台智能化的基层公共服务治理技术，不仅有利于推动传统基层服务供给模式的改造升级，更为基层公共服务方式手段向动态性、全流程性管理模式的创新转型提供了基础条件。

首先，新一代信息网络技术能够将实体社区中的居民家庭、物理设施、公共服务等要素存储到容量庞大的互联网数据中心，并通过对居民家庭结构等基本信息的数字化处理和整合，实现对居民服务需求的多样化和差异化进行基本区分。

其次，基于数据中心分析对居民服务需求差异化特征、物理设施，与信息资源进行智能化整合，能够在兼顾居民服务需求多样化的基础上，对居民服务的空间方案和时间方案进行综合调控。

最后，通过高新信息技术的应用，居民个体的社区事务参与能力进一步得到保障和提高，社区居民的需求能够及时地反映到管理人员，并得到反馈。推动线上综合服务平台与线下实体运营的互联互通，打造以人为本的个性化、一体化服务模式。

10.2.2　信息技术的导入

作为马桥镇首家启用智慧社区管理系统的社区，飞碟苑社区通过智能门禁卡、监控探头，云计算等综合管理信息分析技术，大大提高社区治理能力。

1. 安装"人脸识别门禁系统"。每个单元楼前安装了球形摄像头、枪机及智能化门禁读卡器。在楼道出入口，都安装了监控探头，一个是监控进出楼道的人员情况，也就是"人脸比对系统"，另一个则对着楼道门口。

这两组摄像头采集到的信息，将实时数据传回监控中心。居民从携卡刷脸到进门，前后不到3秒钟。同一张卡只能由本人使用，其他人无法刷卡进门，门禁卡经过特殊处理无法轻易复制。通过智能门禁警报数据，对于三次以上人脸识别不匹配的门禁卡予以禁用。门禁系统实行三分钟制，即三分钟后不关门，系统后台会接收到"响铃"提醒，即刻便会有工作人员前来关门。

2. 在社区微卡口安装人像、车像识别系统及 WIFI 嗅探，与公安人口大数据库对接。通过这些技术手段自动比对社区出入人员，加强重点人员管控。借助智慧社区管理系统，通过门禁卡使用频次的数据分析及时掌握社区居住人员变动情况，锁定异常出入人员、使用频繁的房屋、人卡不一致等情况，使社区群租、违规租赁、聚众赌博等情况能及时发现，及时处置。而且，针对单元门未关闭、毁绿占绿、乱停车等情况，如果物业监控室和网格工作站报警，可以通过报警后弹出报警区域的监控视频可以查看现场情况，通过对讲机通知附近巡逻的网格巡查员或保安到现场处置。智慧社区管理系统会将所有报警事件汇总梳理，为居委会、社区民警、网格工作站和物业，提供社区具体哪个地段为报警多发区域、具体哪些事情报警较多、具体哪些人员等情况汇总，为社区管理提供详细数据，提供决策分析，以便及时发现社区内存在的各类隐患。

3. 采用一人一卡实名制门禁系统，以卡管人。在智慧社区信息平台中纳入了网格地图、房屋、人口信息等数据，热源信息还与智能化门禁卡进行绑定，实现了良好的人口管理效果。以往人口管理员登记信息往往遇到"闭门羹"，居民都打着"安全"的旗号，拒绝管理员进入。还有不少双职工家庭和出租房，管理员多次登门拜访始终找不到人。"人脸识别门禁系统"有效解决了人口管理信息登记难的问题。在发放智能化门禁卡的同时采集了社区内常住人员的人口信息。飞碟苑社区居委会工作人员介绍说：以前特别难管，比如你要登记一些信息，发短信给住户，住户不来登记，有的甚至都没有留电话。现在有了智能门禁卡，一人一卡，要想在这个社区住，就必须主动来居委会这边登记，和我们接触。我们也能对住户有一个详细的了解。而且通过智慧管理系统，我们也能够了解住户在不在家，不至于上门的时候人不在。^①

10.2.3　建立有效的居民需求表达和反馈机制

面对群众的多种不同需求，飞碟苑社区通过多重技术手段建立有效的居民参与反馈渠道。利用智能管理信息系统提供的数据分析，针对社区内的问题，基层管理部门及时和居民进行沟通交流，获取居民反馈意见。针对数据所反映出的问题和居民的反馈，定期举办由社区居民、居委会、物业公司等组成"联席"会议，各个相关社区治理利益相关方积极参与配合，综合分析社区内亟待解决的问题，分类处理，综合意见，集中解决。

为了方便居民了解社区精细化治理过程中回应居民需求的进展情况，飞碟苑社区还安置了"智慧社区自动查询机"，居民通过刷门禁卡就可以登入"智慧社区自动查询机"系统，查询社区以及个人信息、办理各种服务。比如，居民不仅通过自助机进行续租或期限延续，而且还可以通过自助系统了解和掌握社区最新活动和通知。

图 10.3
飞碟苑社区智慧社区自动查询机

---

① 资料来源：马桥镇飞碟苑社区居委会工作人员访谈，2018 年 10 月 19 日。

马桥镇通过重新整合协管员队伍，取消了原各条线协管员身份，转变为网格化工作巡查员，下沉到各居村网格工作站。飞碟苑社区网格巡查员负责网格内巡查和人口登记管理任务，解决了基层网格巡查力量不到位，将人配备到位，保证区域全覆盖，人人守土有责，保证了社区治理的有效落地。

10.2.4 治理绩效

1. 社区治安好转

自 2012 年社区建成后，社区曾发生过好几次高空坠物事件，不仅有掉下来的苹果核砸损过楼下小汽车的引擎盖，还有从天而降的垃圾袋在路上炸成一摊。2017 年 10 月，一个从天而降的烟蒂引燃底下住户的窗帘，引发了一场小火灾。每次事发后，要追查肇事者却都困难重重。虽然之前也采取过一些措施，但收获都不大。不过现在，情况有了改变。在每幢高层建筑下，都安上了高清摄像头，他们好比是 24 小时值班的"哨兵"，视角覆盖建筑整个立面，画面可以实时传送到后台，一旦有高空抛物等情况，程序就会自动分析、报警。哪怕是夜间也不例外。根据飞碟苑社区工作人员介绍说：无论白天晚上，我们都能够通过录像的抓取，识别东西是从哪个地方抛下来的，甚至还能追溯它抛下来的轨迹。通过智能安防建设，以往社区易发的治安案件，如今都可以在萌芽状态及时发现和阻止，社区的治安环境得到了不小改善。[①]

这套装置启用后震慑作用明显，高空抛物行为显著减少，但高空抛物监控只是飞碟苑社区智能安防系统的功能之一，它还维护了社区楼栋内的治安环境。以往，个别社区居民在自己家中开设棋牌室，民警曾接到多次噪音扰民的报警。而现在，邻居投诉还没来，通过门禁系统的刷卡异常，社区民警和居委干部就已经发现了这一情况，第一时间上门劝阻。而且，以前社区住户进出，保安难辨是业主还是陌生人；楼道防盗门也时常开着，形同虚设。自改造后，社区内 248 个各类监控探头、16 台大容量存储器、1 200 米红外感知电子围栏，加上后台的服

务器，为社区织起一张安全防护网，极为有效地保障着社区的安全。访谈时，飞碟苑社区一位居民反映：以前我们这个楼道，都是敞开的嘛，什么时候他进来了都不知道，我自己举个例子，以前没有这个门禁的时候，常常半夜2点不到的时候，我自己一个人在家，老公上夜班，会有那个用东西拧锁的声音，半个小时又来拧锁，现在装了这个门禁，从来没有发现过，现在门上也都是有保险的，必须把玻璃敲碎才能进来，所以这个是真的好，我是满意得不得了。那个人脸识别也是很好的，很精确的，有人进来什么都可以看得到。有客人进来的时候，我们就可以拿起那个屋内的话筒问你是谁啊，找谁啊，他要是支支吾吾的，说不清名字，那这个人就不对了，就不能开门。现在家里的安全还可以，以前我们电瓶车放在外面，不知不觉就丢掉了，现在都是装了那个摄像头了嘛，什么都可以看得见，几号哪一个人几点在搞这个作案，我们都可以抓得到的，监控里一看就查得到的。①

相比较而言，2017年上半年，飞碟苑社区共发生盗窃案件20多起。而今年同期，整个社区仅发生一起窃案，两名犯罪嫌疑人利用居民进楼安全门关闭前的间隙潜入居民楼，不过门禁系统的红外线拍照感知功能，帮助警方迅速锁定了两名犯罪嫌疑人。

2. 违法群租现象明显减少。

面对社区大量的租赁需求，飞碟苑社区通过智能化手段，借助现代科技，以网格化管理为抓手，以人口管理为核心，利用智能管理平台人房信息管理系统，一人一卡，对租赁人员进行登记，完善了社区内的人员信息管理，飞碟苑社区的实有人口信息采集的准确率不到75%，而目前，数据采集已经提升到98%。调研时，飞碟苑社区出租房屋备案率高达99.9%，仅一间出租房屋尚未登记备案。智能门禁系统不仅可以录入居住者的信息，还可以对出入的人进行记录。通过人脸智能识别比对，进行人员的出入进行信息分析管理，可以有效地发现并及时遏制违法群租现象。现在，飞碟苑社区违法群租现象已经被彻底控制，而且房屋租赁规章制度得到了较好的执行，充分实现了技术和治理的有效对接。对于租赁房屋比较普遍的现象，飞碟苑社区普及对于租赁户办理门禁卡，需携带个人身份证、

---

① 资料来源：马桥镇飞碟苑社区居民访谈，2018年10月19日。

就业证明、《马桥镇居住房屋租赁合同》、《居住信息登记表》等材料，同时，房东必须签署"安全责任书"，这样方便网格工作站准确掌握租赁情况，将群租现象扼杀在"摇篮"之中。在短短一年时间里，飞碟苑租赁管理取得了良好的改善效果。

3. 社区治理精细化程度提高。

通过智慧信息管理系统的建设，居委会还利用这些精准信息，来提供更精细化的社区服务。据飞碟苑社区居民区党总支书表示，比如60岁以上的老人（包括独居老人在内）有多少，6岁以下的儿童有多少，社区内残疾人有多少，低保、青年人有多少，通过这些数据，就可以精准服务到每个具体人群。比如，针对社区内的独居老人，飞碟苑社区设置监管机制和上门服务制度，全方位关注老年人的生活起居。如果有老人长时间不出门，系统就会提出预警反馈，居委会就会派人上门查看。针对一些社区老人，社区还安排了上门供饭。飞碟苑社区居民介绍：我们一般出出进进，一天会刷几次卡，假如这个人几天没有刷卡记录，我们就会派人去看望一下，看有没有问题啊。一出现这样的问题，马上就要解决掉的。对那些独居老人，一般两天不出现了，马上就可以发现，派那个人去看望，是不是生病在家里，是不是外出了呀，我们都要调查的。吃饭上，对于独居老人，我们这边都给他们定盒饭，饭店会专门有人过去送。[①]

目前，该社区内异常人员出入、楼栋大门不关、占路停车等多种社区里令人头疼的老大难安全隐患，都可以由智能安防系统自主发现并发出预警。此外，还顺利解决了社区内自行车，电动车乱放的现象。

物业里的保洁阿姨负责着每个楼道，哪一个楼道发现不干净了，有人投诉了，居委会和物业那里的人就会去和保洁人员说要打扫得干净，让人满意，有保洁人员做不好的，就直接换掉。以前虽然也有打扫的人，但是社区里乱的很。电动车、自行车、汽车乱停乱放，看起来就乱糟糟的。现在划出了规定的停车区域，就整洁多了，也好打扫了。[②] 为此，飞碟苑社区还专门设立了电动车、自行车车库，实行车位出租制度，每辆车都有专门的车位和固定的充电口，实现了车库内井然有序局面。飞碟苑社区工作人员介绍，未来将利用采集到的数据信息，

---

①② 资料来源：飞碟苑社区居民访谈，2018年10月19日。

在后台可以建立不同的数据分析模块，实现更多的精细化管理。

访谈时，社区居民反映：现在我们楼道里面专门划了一块停电瓶车、自行车的位置，社区志愿者都会负责看管，哪一辆车子停得不整齐都会与他们说的，其实我们这上下班都是停在那个车棚里面。充电的话，也都是在车棚里面。虽然有专门充电的地方，但充电是要投币的嘛，有些人会觉得，自己家充电也要钱，没这个必要，就从自己的楼上拉下电线来充电，即"飞线"充电。对于这种情况，一旦发现了，楼道志愿者会跟他们去解释，前两次都是劝告，第三次就把它剪掉。现在，大家基本都不太会拉"飞线"了。私家车也是有那种充电的，但充电私家车的不多，位置也都能满足。[①]

4. 一定程度形成了示范带动效应和可推广的经验。

目前，整个系统还将在更多社区逐步推行升级。通过智能安防建设，社区民警管控的盲点现在越来越少，以往社区易发的治安、刑事案件，如今都可以在萌芽状态及时发现和阻止，社区的治安环境得到了不小改善。目前，马桥镇以飞碟苑社区和马桥西街社区为示范版社区。作为马桥镇美丽家园建设的典型和样板，体现引领性和示范性。2017 年 9 月，马桥镇飞碟苑社区居委会被列为上海市居委会自治家园。

10.3 经验启示

飞碟苑智慧社区建设，实现社区治理精细化，为我们提供了城市社区治理的有益启示。

10.3.1 以社区居民需求为核心，实现社区治理供需的有效对接

社区利益主体分化和需求层次的多样化为社区治理带来了巨大挑战。作为人

---

① 资料来源：飞碟苑社区居民访谈，2018 年 10 月 19 日。

们生活和工作的重要场所，社区的发展应该满足社区基本公共服务需求、居民发展需求和弱势群体保障需求，充分实现社区基本的公共服务的供给和个体自由发展相协调。面对日益复杂的社会结构和多元利益主体。上海建设卓越的全球城市规划提出，要"提高城市管理标准，更多运用互联网、大数据等信息技术手段，逐步提升城市科学化、精细化、智能化管理水平，激发全社会活力，群众的事同群众多商量，大家的事人人参与"（申悦、柴彦威、马修军，2014）。

社会基层治理精细化得以实现的背景是信息化时代的到来。互联网的快速发展为社会治理提供了新的治理工具和手段，改变了粗放的处理方式，无处不在网络，无处不在的数据，为社会矛盾治理中的网格管理提供了技术支持，从而实现了社区治理的精准化。首先，网络智能化服务平台的建立促进了公共服务信息的公开与共享，使基层公共服务供给的覆盖范围更广、服务对象更准、服务内容更细、服务水平更高。其次，利用智能网络平台，搭建了基层民众与政府及其他供给主体之间的桥梁，可以广泛收集公共服务民意需求和服务短板问题，更加贴近基层民众日常真实生活。进而形成供需匹配、多元互动的服务机制，促进公共服务供给内容精准化、精细化。

智慧社区的建设以尽可能满足不同类型的需求作为智慧治理模式的基本导向，解决了实现社区需求和精准化服务之间的三个重要问题：

1. **满足谁的需求？** 智慧社区的建设不仅是为了弥补治理能力不足，提高政府治理能力和水平的需要。其根本的目的是着重解决社会转型过程中人民群众高度关注的社会问题，满足新时代下不同群体的公共需求。

2. **谁满足需求？** 随着社会的快速转型，社会问题复杂且变化快。要实现精细化治理，必须形成多元主体协同治理的模式。智慧社区的建设不仅仅是政府和居民之间的双向互动，它要实现的是社区多元主体的相互协作，要实现社区供需主体上的有效对接。社区建设应该存在三个层面的主体：政府、企业或社区组织、社区居民。就政府来说，应加强基础公共设施建设，满足社区基本公共需求，提供政策保障和制度支持。以智能化、信息化管理手段为抓手，利用大数据整合社区内的各种资源，对社区利益进行协调。对于企业组织，它们是在市场的调节下自发成立的，在社区领域内为社区提供服务，进而获取利益。就此来说，企业更加能够满足社区居民的个体化发展的需求，对社区的建设起到自动调节的作用，积极地满足社区多样化的需求。但企业是逐利的，它无法为社区所有居民提供可能的服务。因此，就有必要发挥社会组织和社会团体的作用，作为政府和企业的补充，为社区弱势群体、特殊群体提供不能或不便由政府提供的服务和保障。

3. **怎么满足需求?** 随着民主化和网络化的发展，社区治理形成网格化的分散化治理模式。那么，如何精准发现社区居民问题，为群众提供精细的服务将会是智慧社区建设过程中必须啃的一块"硬骨头"。随着数字化、网络化以及智能化的深入发展，需要利用大数据挖掘分析平台进行信息处理，主动抓取公众的需求偏好以及相关民意的倾向信息，在公众需求正式形成前将公众的潜在需求反馈给政府。这种技术驱动的模式打破了信息壁垒，有利于及时发现问题，实现问题与对策、需求与服务的精准匹配。一方面，网络平台智能化治理新技术改变了传统基层公共服务供给模式、方式和手段，通过打造基层公共服务网络服务平台和利用多种智能化技术，有效提高基层公共服务供给信息的完备性、全覆盖性和互动性，为网格精细化治理和服务提供了可能性；另一方面，网络平台智能化治理新技术使基层民众不再处于被动的地位。智慧服务系统能够在一定程度上可以摆脱现有科层制的限制。通过供给流程的再造能够缩小决策层和社区行动者之间的距离，缩短了供给路径，使基层群众能够时时在场、瞬时向上表达服务的需求，从而抹平消弭供需主体之间的信息沟壑。

10.3.2　通过技术把握需求

从现实发展状况来看，社区服务的供给与社区群众的需求之间仍然存在比较大的差距。这一差距主要体现在两个问题上：首先，社区服务供给内容单一。现有社区服务大都集中在民政部门规定的福利项目中，以及社区治安和卫生等日常生活领域，在满足社区养老需求、居民精神需求以及社区居民的个性化需求等方面都还存在很多薄弱环节（宋煜，2015）。其次，社区服务的方式和手段落后。在职能化时代和网格化管理格局下，供需双方之间没有形成有效的交流反馈机制或技术。最后，社区服务的对象单一，目前社区的补偿性服务供给主要针对的是社区老年人，而对于外来流动人口供给服务明显不足。

在基层社会治理实践中，多种信息技术的应用已经成为了一大特征，甚至已经成为不可或缺的重要内容。智慧社区的建设能够满足有效社区需求精准化、社区服务精细化体现在以下两个方面：一方面，智慧社区改造，加强了基础设施建设，增加出入口管理系统、停车管理系统、职能门禁系统，建设智能视频监控系统，增加社区的安全性和智能化程度；另一方面，通过实时智能分析技术，大规模数据储存技术和数据信息挖掘技术，并将这些信息联动起来，对社区安全环境进行分析，将分析结果上报预警中心，能够高效地发现社区治理中矛盾和问题，了解社区居民的需求，精确地找到基层工作的重点。

社区服务供需主体之间也因缺乏沟通协调机制而造成了大量资源的浪费。而智慧社区智慧信息平台的建设可以实现社区服务供需间的信息连接与共享，提高社区服务资源整合利用率。避免因社区服务信息传递的滞后性而导致的服务供给与需求不能有效衔接的状况，利用互联网的数据集成分析功能，掌握社区居民的基本信息状况，根据社区居民实际状况提供相应公共服务。

10.3.3　实现需求、技术与治理的统一

从目前调研来看，虽然飞碟苑的智慧社区建设已经取得不少实际治理绩效，但是也面临一些挑战，主要体现在：建设主体相对单一。政府主动投入智慧社区的建设有助于整体提供有力的物质保障、政策支持和建设方向。但是单一的政府主体运行无法满足居民的各项需求，政府的管理能力和基层队伍也无法应对繁重的社区管理任务。社区治理数据深度挖掘程度不足，目前社区内信息化基础设施建设和应用水平较低，数据信息开发利用能力不足，智能系统的应用层和开发管理层脱节。根据居委会工作人员介绍：现在智能管理系统的应用最大的良效体现在社区应用管理这一块，社区治安、环境建设、群租等得到了良好的治理。但是这些数据的获取和应用，大数据功能尚没有体现出来。[①]

---

① 　资料来源：飞碟苑社区居委会工作人员访谈，2018 年 10 月 19 日。

而且，部门之间信息缺乏统筹规划和统一标准，部门间存在管理和业务壁垒，居民信息无法进行共享和协调应用，降低了智慧社区的运行效率。智慧社区改造本身的阻碍和局限。一方面，智慧社区改造、社区智慧社区管理信息系统的应用的目的是提供基本公共服务和社区基础建设保障，精准解决社区矛盾，提升社区精细化治理的程度。然而智慧社区建设过程中也曾经遭到一些居民的抵触。比如，智能门禁系统的安置，虽然保障了社区楼栋安全，但是也给社区居民带来负担，出入麻烦、管理太多、自由受限等等。社区内因此经常出现破坏门禁的现象。另一方面，仅仅依靠智慧社区的改造和技术建设并不能解决社区内所有的问题。智慧社区管理系统的功能毕竟是有限的，具有针对性，无法关注到社区治理的方方面面。在访谈时，居委会管理人员在满意社区治安、环境建设收效良好的同时，又提出了野狗扰民问题。社区智能安防系统"能管人却管不了狗"。野狗扰民的问题仅仅依靠技术的力量是无法解决的，它涉及社区协调治理的问题。比如社区捕狗队、社会组织、企业都可以介入解决这个问题。因此除了技术之外，在充分调动居民积极性基础上，多元主体的协调治理也是十分关键的，以此来实现社区治理、技术手段和居民需求的有效统一。

总体而言，智慧社区的发展和建设不是政府向 IT 企业购买技术，也不是政府单向治理手段的优化，它是在政府、相关产业与居民互联与协作的基础上，通过社区规划、管理、服务等各个环节的智能化，形成高效、可持续、具有较强内聚力的社区（柴彦威等，2015），根本目的是在满足居民的实际需求的基础上，创新治理体制、提高居民生活质量，提升社区治理精细化程度。随着高科技信息技术的发展，互联网信息技术的应用不仅仅是一场技术革命，更是一场社会革命，信息技术的发展变了人类的工作、生活方式，扩展了人际交流、传播媒介的渠道，破除了空间和时间上的交流障碍，促使社会的结合更加紧密，也形成了新的社会结构和控制、管理模式（张丙宣等，2016）。在社区智慧治理模式下，技术被用来进一步提高社区智能化水平。通过大数据系统以及数据终端将社区孤立零散的资源整合到网络之中，充分整合社区居民的多层次需求，从技术上促进多元主体参与社区治理网络的形成（陈柳钦，2011）。

作为一种技术手段，智慧治理平台有效畅通了居民、社区自治组织、业主委员会、物业公司、社区共建单位等多元主体积极参与社区治理的渠道，改变了传统"自上而下"的管理模式，较好地理顺了社区原有的治理机制。这一创新从涉及社区治理结构的根本问题入手，撬动了社区多种治理资源并形成合作互动的治理网络，推动了社区从传统单位管理体制向社区合作共治机制的转变。智慧社区平台通过技术手段把业主委员会、物业公司等治理主体积极纳入治理网络中来，有效改变了传统社区治理手段单一，治理成效不足以应对居民多元化实际需求的局面。居民可以通过线上的多种渠道充分地、多维度地联系社区，利用各种技术服务终端去了解社区动态、获取服务信息、参与社区互动、表达自身意见，共同推动城市精细化治理的实现，从而为上海建成卓越的全球城市作出应有的贡献。

参 | 考 | 文 | 献

［1］ 谢志岿：《村落向城市社区的转型：制度、政策与中国城市化进程中城中村问题研究》，中国社会科学出版社2005年版。

［2］ 周振华：《全球城市：演化原理与上海2050》，格致出版社2017年版。

［3］ 汤艳文：《不完全形态：转型社会的社区治理结构》，《上海行政学院学报》2004年第2期。

［4］ 陈家刚：《社区治理网格化建设的现状、问题及对策的思考——以上海市杨浦区殷行街道为例》，《兰州学刊》2010年第11期。

［5］ 申悦、柴彦威、马修军：《人本导向的智慧社区的概念、模式与架构》，《现代城市研究》2014年第10期。

［6］ 宋煜：《社区治理视角下的智慧社区的理论与实践研究》，《电子政务》2015年第6期。

［7］ 柴彦威等：《中国城市社区管理与服务的智慧化路径》，《地理科学进展》2015年第4期。

［8］ 张丙宣等：《智慧能否带来治理——对新常态下智慧城市热的冷思考》，《武汉大学学报》2016年第1期。

［9］ 陈柳钦：《智慧城市：全球城市发展新热点》，《青岛科技大学学报（社会科学版）》2011年第3期。

［10］《上海市城市总体规划（2017—2305年）》。

陆家嘴金融城的
共同家园建设

浦东新区陆家嘴金融城作为上海国际金融中心的主要承载区，呈现全球城市发展的明显特征，对社会治理创新提出了深层次的重大挑战。陆家嘴金融城在共同家园建设中，通过创造性地对党建引领机制灵活运用，有效提升了基层治理体系面对"流动社会"的治理能力；通过机构创新和协同机制的有效发展，提升了跨部门协同治理水平，同时通过构建公共性空间和推动政社深度合作，有效提升了国际化社区建设水平。这些改革举措在有效应对全球城市社会治理难题的同时，也为经济快速发展构造了相应的社会土壤。

As the central functional area of Shanghai international financial center, *Lujiazui* Financial District in Pudong New Area bears the obvious characteristics of global city development, and it is thus faced with a profound challenge in its community governance innovation. In the construction of the district common community, *Lujiazui* Financial District effectively harnessed the creative use of CPC-led mechanism to enhance the ability of the grassroots governance system in dealing with "mobile society" management. At the same time, the District effectively improved its cross-department co-governance ability, accelerated the construction of public spaces and stepped up promotion of in-depth government-community cooperation, through the practice of institutional innovation and coordination mechanism, which in effect effectively raise the quality of an internationalized community construction. These reform measures significantly resolve the challenges of global city social governance, and at the same time help nurture the social soils for rapid economic development.

我们以上海浦东新区陆家嘴金融城建设共同家园的社会治理创新为例，揭示全球城市社会治理面临的难题，展现多年来陆家嘴地区建设共同家园的实践探索及其取得的成效，总结这一地区创新社会治理的经验启示，部分经验的深描将回溯历史，展现复杂的制度变迁路径。

11.1　背景

陆家嘴金融城作为上海国际金融中心的主要承载区，具有明显的全球城市发展特质，其社会治理面临深层次的重大挑战。这一地区的社会治理创新不仅显得意义重大，而且也更具有典型性。

11.1.1　重大意义及典型性

2014年，上海市委颁布了创新社会治理、加强基层建设的"1 + 6"政策体系。四年多来，上海以党建为引领提升城市治理的整体效应，不断巩固党在城市的执政基础；以推动基层政府体制机制创新为着力点，全面探索"眼睛向下"、以群众需求为着力点的精细化政府治理新模式；以激发社会活力为制度创新突破点，塑造和谐有序的政社合作治理新格局。这些创新实践为上海城市有序发展奠定了坚实基础，深刻印证了以人民为中心的改革观是创新社会治理的基本出发点。

随着上海建设卓越的全球城市步伐不断迈进，社会治理还将遇到更多新情况，如：面对愈发开放和流动的社会情境，如何提供更为精准高效的公共服务；面对后工业社会各类不确定风险高发的特征，如何形成高效联动的多元治理体系；面对经济社会新发展周期个体自主性日益萌生的时代背景，如何推动政府治理与社会调节、居民自治良性互动等。现有城市基层治理体系如何在治理体制、机制以及技术手段方面不断创新，就成为上海全球城市建设中需要不断深入探讨的重要问题。这个问题及其引发的系列制度创新议题不仅关系到上海全球城市建设的秩序根基，而且关乎新经济和新技术发展的社会土壤 [①]，亟须从战略上引起充分关注。

我们之所以选择陆家嘴金融城作为研究案例，一方面，是因为该地区已充分呈现出全球城市发展中的经济、社会特征，以该地区为切入点展开研究更容易勾勒出现有治理模式的长处、弹性与局限，也更容易启发思考未来改革的方向与策略；另一方面，该地区的社会治理创新实践一直走在上海前列，许多重要的治理经验都源自这里 [②]，有助于理解改革前沿社会治理创新的动力机制问题。此外，该地区的党建工作一直在治理转型中发挥重要影响 [③]，研究这一案例能为我们深刻思考如何根据全球化前沿经济社会的新变化与时俱进地探索党建新经验提供重要启发。

需要说明的是，这里所说的"陆家嘴金融城"或"陆家嘴地区"并不单纯指通常所说的小陆家嘴地区（即陆家嘴中央商务区，约1.7平方公里） [④]，还包括相邻的社区和商业配套。 [⑤] 我们的案例观察主要聚焦于陆家嘴街道的社会治理创新实践，但有时案例讨论也会适当扩大范畴。因为在陆家嘴地区分布着复杂而多维的治理机构，除陆家嘴街道办事处（党工委）承担着属地管理主要责任外，自由贸易试验区管理委员会陆家嘴管理局（前身为陆家嘴金融贸易区管委会，下文简称为"陆家嘴管理局"）以及一些区级治理机构都在其中发挥着重要的作用。 [⑥]

上述情况或将代表着中国特色全球城市社区治理中的某种一般趋势。因为中国的全球城市构建通常伴随着政策密集支持下的产业集聚和超常规发展，特别在

---

① 关于硅谷等创新经济体的研究表明，新经济和新技术的发展不仅需要相应的经济制度环境，同时还需要宽松的组织文化、有效的创新网络以及相应的社会文化体系支持。相应研究可见安纳利·萨克森宁，上海远东出版社（2000）。

② 如"1+6"文件颁布以来，有关职能部门在全市推广的"自治金"经验就发源于此。

③ 陆家嘴是全国最早探索"楼宇党建"改革创新经验的地区，也是"阳光驿站"等新型党建服务载体的发源地。近年来，陆家嘴地区的"楼宇党建"和两新党建在推动区域发展、保障社会治理体系有效运行等方面都发挥了重要作用。2018年11月6日，习近平总书记视察了陆家嘴金融城党建服务中心，充分肯定上海从陆家嘴金融城产业集聚、企业汇聚、人才广聚的实际出发，创新党建工作思路和模式，为楼宇内各种所有制企业的基层党组织和党员提供学习指导、管理服务、活动平台的做法。

④ 小陆家嘴地区东起即墨路、浦东南路，西至黄浦江边，南起东昌路，北至黄浦江边范围内，是陆家嘴金融城的核心区，这里聚集着大量跨国企业和金融机构。

⑤ 陆家嘴街道辖区约6.89平方公里，共有居民区32个、商务楼宇109幢。

⑥ 如为提升小陆家嘴地区管理综合管理能力设置的陆家嘴综合管理办公室，这些机构都属于区属街管。

相应核心功能区通常都会设立某些高级别的政府派出机构，其除了招商引资、服务经济外，也承担一定的社会治理职能①，而属地的基层政府则承担整体上的治理责任，因此在这些地区实施高效治理都会遇到治理网络的有效整合问题。有时，由于行政级别设置等因素，这种整合比普通城区通常遇到的基层"条块"整合问题更为困难②，因而也更需要改革者的勇气和智慧。

11.1.2　陆家嘴地区的特点

陆家嘴地区因地理位置而得名，黄浦江流经此地有一急弯，在浦东形成外突如嘴的岸地，明嘉靖中名人陆深家族居此，旧称陆家嘴。这里是改革开放后上海经济发展最具活力的区域之一，既是一座引人瞩目的金融城；又是一个极具浓厚人文气息和历史底蕴的生活居住区。随着金融业的兴起和各种要素资源的集聚，陆家嘴地区日益呈现出全球城市发展的若干特征。

1. 服务全球的经济引擎效能突显。

截至 2018 年 9 月底，陆家嘴入驻企业数达 4.2 万家，已形成以金融、航运、贸易三大产业为核心，以专业服务业、文化旅游会展等产业为重点的"3 + 2"现代服务业发展体系。金融业发展程度和金融机构集聚程度最高，共有持牌类金融机构 842 家（占上海市总数 60%），其中包括交通银行等 20 家商业银行总行（占上海 80%）、32 家非银行金融机构、85 家商业银行分行（占上海 58%）、银行经营网点达 310 家。商业银行国际化程度全国最高，聚集了汇丰、花旗、渣打等外资法人银行 17 家（全国共有 40 家），排名前十的外资法人银行全部落户陆家嘴。功能性银行机构相对集中，国家开发银行在陆家嘴设有上海业务总部，中国进出口银行、中国农业发展银行设有上海分行。陆家嘴还集聚了大量资产管理、私募证券、股权投资、融资租赁、金融科技、信用评级、金融信息服务等新兴金融机

---

① 这些机构一般都会承担起地区的软硬件建设、环境整治、配套设施优化等职能。

② 举例来说，在上海另一个初显全球城市发展特征的"新虹桥"地区，社会治理职能分布于虹桥商务区管理委员会和新虹街道，前者行政级别远高于后者。

构，总量约 6 000 家[1]。数据显示，陆家嘴已逐渐成为国际知名资产管理机构在华发展业务的重要集聚地。随着新一轮科技革命和产业变革，尤其是信息、能源、材料、医药、环保等领域与金融产品、金融服务业的深度融合，一大批以"金融+"为支撑的"创客"在陆家嘴地区如雨后春笋般快速成长。在大众创业、万众创新改革红利下，陆家嘴的经济正在逐步走向世界。

2. 高端人才集聚效应显著。

凭借完备的金融市场体系、开放的政策环境，陆家嘴地区共聚集了超过 4 万家企业，为各类人才的集聚和事业发展提供了得天独厚的优良条件。国际化的陆家嘴金融城，不仅有国际化的企业和机构，更有国际化的精英人才。2017 年 2 月，陆家嘴金融城和英国国际贸易部签署了包括人才培养、机构引进、教育培训在内的中英高端人才战略合作协议，通过联合国内外各界资源，探索高端人才联合培养机制，推动了陆家嘴金融城优质机构和优秀人才的集聚。当前，陆家嘴已形成了人才培养、人才引进、人才招聘等多个知名品牌。数据显示，在该地区超过 50 万从业人员，其中金融从业人员 23 万人。2017 年末发布的中国（上海）金融人才指数显示，陆家嘴金融人才指数为 107.25，较上年增长 7.25%，同时，陆家嘴还是海外留学人才的集聚地，金融行业海外留学人才占比达 6.2%，高于 5.4% 的上海整体水平，陆家嘴人才集聚效应可谓显著。

3. 国际化社区与多元文化快速发展。

随着陆家嘴地区快速融入全球经济体系，大量境外人士开始聚居生活于此，国际化社区随之日渐成型。以仁恒滨江园为例，该社区位于浦江之畔，在这个 1997 年首度发售、建筑面积达 42 万平方米的小区中，1 950 户住户中有超过 60% 为外籍人士，来自全球 50 多个国家和地区，是上海乃至全国国际化程度最高的国际社区之一。此外，陆家嘴地区多个高端住宅区中也有一定比例的境外人士居住，这些人多因工作原因生活于金融城附近的社区。随着国际化社区的快速发展，陆家嘴地区多元文化并存、交融与互动的格局开始日益显现，比如：在仁恒滨江园就逐步形成了"国际文化节"，居民在社区工作者引导下深度融入社区，

---

[1] 数据来自陆家嘴金融城网站，http://www.lujiazui.gov.cn/ljzjrc_new_zjjrc_jrcgk_qygk/List/list_0.htm。

并积极开展跨文化互动。通过新春写对联、元宵扎灯笼、端午包粽子、万圣雕南瓜、圣诞赠好礼以及每年"迎新年中外居民成果展示"等多种形式，社区中逐步形成了跨文化交流和中外文化艺术沟通的桥梁，多元文化在其中不断融合。此外，陆家嘴金融城发展局等机构也一直致力于推动小陆家嘴地区国际文化的交流互动，其打造的"陆家嘴金融城文化节"已经成为社区公共文化与国际交流的重要载体。以 2016 年文化节为例，以"环球艺术空间首展"等为代表的跨文化交流平台吸引了来自不同文化的大量白领参与。

4."流动社会"日益成型。

全球城市通常都处于资源配置的核心位置，因而通常处于人流、物流、资金流交汇的枢纽。陆家嘴地区的交通枢纽功能也极为显著，具有世纪大道、浦东大道、浦东南路、东方路、张杨路等构成的区域公共交通主干网。复兴东路隧道、延安东路隧道、大连路隧道连接浦江两岸，地铁 2 号、4 号、9 号线贯穿整个地区。该地区内密集分布着上海的地标性建筑物，成为上海城市观光游的重点区域，这些也都吸引着大量的人流与物流。此外，作为一个商业设施密集的区域，陆家嘴地区每天都吸引着大量的消费人群：正大广场商业体量最大，吸引了大批高端家庭消费者；上海国金中心商场，是表现极佳的高端购物中心；金茂大厦裙楼内金茂时尚生活中心和环球金融中心内商业部分则作为补充，服务周边大量高端商务人士及国内外游客。作为一个交通枢纽、旅游热点和商业消费中心，陆家嘴地区逐步形成了一个高度流动的社会样态。这种"流动社会"与传统的社会形态不同，突出表现为：人际接触和交往的面更广但彼此间相互依赖度显著降低；不确定性和各类风险集聚；稳定的社区认同感下降伴之以社会信任度衰减。

11.1.3　面临的重大挑战

面对陆家嘴地区经济社会发展的上述新特征，如何有效地构造相配套的社会治理模式并形成相应的社会生活秩序体系就成为过去十多年来该地区治理部门始终面临的重大挑战。尤其是对承担着属地总体治理任务的陆家嘴街道办事处（党工委）来说，传统的建立在"街居制"制度基础上的社会治理体系显然已经难以应对经济社会发展中出现的种种新情况。更具体点说，这套成型于20世纪90年代中期的传统城市基层治理体系是以相对封闭条件下的居住人口管理与服务为重心的，更强调自上而下的强有力行政治理能力。由于其更侧重于"技术治理"和单一目标的项目化运作，但疏于对社会活力进行深度激发，因此治理成本高昂且难以应对多元、流动和开放的社会生活新情境（黄晓春、嵇欣，2016）。据研究，在过去十年中，陆家嘴地区社会治理至少在以下几个维度面临着艰巨挑战。

1. "流动社会"的有效治理挑战。

以楼宇经济和高流动性社会生活为基础的"流动社会"对于传统社会治理模式而言，最大的挑战在于后者的治理网络难以有效覆盖前者。典型的"街居制"覆盖的主要是居民区内的居民，但对于居民区外的新经济社会空间而言治理能力就要弱得多。陆家嘴地区商务楼宇密布，人流与物流密集，有效治理首先会遇到如何拓展自身治理网络的问题。这个问题在过去十多年里一直困扰着地方治理部门，同时也成为推动陆家嘴地区治理部门不断改革创新的重要肇因。以陆家嘴街道（党工委）为例，无论是早年间15个科室部门的组织构成[①]还是2014年改革后的"6+2"组织设置[②]，总体而言，主要是面向居民区的，其主要服务对象仍是居民区户籍居民，而与社区内的职业人群尤其是楼宇白领交往不多。街道若是想把社区职业人群及楼宇白领扩展为自己的工作对象，就需要在组织结构设置上进行调整和创新。此外，即使是在面对居民区的治理网络，其主要覆盖的也是以老年人、家庭妇女、弱势群体为主体的人群结构，对"流动社会"构成主要群体的工作切入点有限。某种意义上来看，正是由于传统治理网络的局限性较大，陆家嘴街道过去多年来逐步形成了依托党建工作和党建治理机制不断拓展治理网络的改革实践经验。

2. 面对风险社会和多元需求的"整体治理"挑战。

"流动社会"的成型一方面会带来资源高效配置的优势，但另一方面也容易

---

① 这些科室包括：党政办公室、组织人事科、宣传统战科、纪检监察科、群众文化科、市政卫生管理科、司法科、综治信访科、民政科、劳动科、财务科。另有下属4个部门，即武装部、总工会、妇联和团工委。

② 所谓"6"指的是全市所有街道都统一设置的6个部门，包括：党政办公室、社区党建办公室、社区管理办公室、社区服务办公室、社区平安办公室、社区自治办公室，"2"指的是浦东新区统一设置的社区队伍建设办公室、社区综合事务办公室。

导致各种不确定风险。作为金融城所在地，陆家嘴地区每年都要常态化地举办大量重大活动，地区商业和旅游业的发展也会引发密集的人流，这些都容易引发安全风险——而要有效应对这些风险就需要地方治理部门形成高水平的协同治理网络，不断提升"整体治理"（Holistic governance）能力，这也是所有全球城市治理部门面临的共同挑战。另一方面，随着陆家嘴地区居住结构的多元分化，公众对基层政府供给公共产品的能力也提出了更高的要求，亟待形成一种与之相应的多层次公共服务体系。这客观上也要求陆家嘴地区的治理和服务部门能密切协同，更为精准地提供不同层次公共服务。然而，从改革的起点来看，早期陆家嘴地区的基层治理也面临着和上海所有基层社区一样的情况："条块分割"导致高水平联动治理面临难题，治理权的分割配置导致高水平公共服务供给面临瓶颈。如何通过体制机制创新来突破这些难题就成为过去十多年来陆家嘴地区治理创新的重要切入点。

3. 多元文化碰撞下的社区自治、共治挑战。

中国城市社区自治、共治的核心难题在于如何找到社区多元群体共同关注的公共议题。在同一文化圈里，公共问题的定义和识别相对更容易，比如：在典型的传统社区中，社区自治常依托传统文化载体展开，中国文化中倡导的敬老、亲孝常成为自治的要素。但在中西文化交融的情境下，自治和共治所依托的公共议题就必须建立在更普遍的文化共识基础上，这往往会给习惯传统工作理念的社区工作者带来更大挑战。陆家嘴地区国际化社区发展速度较快，在多元文化碰撞的新背景下如何形成跨文化共享的理念并支持社区自治有效开展就成为基层治理中的难点。尤其是如何在跨文化社区自治过程中的有效实现党建引领也成为过去多年来改革创新的重要突破点。

4. 社会自主性日益萌生背景下政社合作机制建构挑战。

陆家嘴地区经济高度发达，居民和职业群体中的相当部分属于社会结构之中上层。这个社会群体具有较强的自主性，愿意（乐于）表达自身的观点并以行动来改变所处环境，因而具有较强的自我组织能力。据统计，目前仅陆家嘴街道辖区内以街道为上级主管单位的社会组织就有24家，在该地区实际展开活动的社会组织更多。当基层社会的自我组织能力逐步增强时，基层政府需要更为有效地构建起兼顾活力与秩序的新型政社关系框架，从而使社会力量在政府引导下更有效地参与基层治理，这就需要对更注重管控的传统社会组织发展模式进行与时俱进的调整，在更有效激发社会活力的同时，构建多元参与的新型社会治理结构。另一方面，陆家嘴地区集聚着金融、航运、贸易等大量后工业社会经济形态，这些成熟的经济组织也大多强调履行企业社会责任，鼓励员工广泛参与增进社区福祉的公益活动。比如：近年来，交通银行和汇丰银行都深度参与社区公益活动的组织与动员。在更多主体持续关注并为社会组织发展提供资源的新背景下，地方治理部门如何构建起可持续发展的社会创新模式与机制也成为陆家嘴地区社会治理创新实践的重要内容。

概括来看，上述治理挑战构成了理解陆家嘴地区基层治理创新改革实践路径的起点。在过去十多年的改革创新中，陆家嘴街道及相应治理部门从提升协同治理能力、创新城区管理模式、创造性地发挥党建组织优势等维度开展了一系列改革，这些改革以一种渐进式的战术逐步构建了与全球城市发展前沿经济社会形态相匹配的治理模式。下文对改革实践的具体描绘将表明，这种渐进式改革战术既在一定程度上吸纳了西方发达国家社会治理创新的经验，但又因地制宜地融入了大量中国特有的制度要素，因而形成了一种较为独特的改革实践路径。

专栏 11.1　全球城市地方政府服务金融城的主要经验

由于金融城大多都处于全球生产链的重要位置，它们往往都是人流、物流、资本流、技术流高度集聚的重要空间区位，因此金融城自形成以来都一直面临着如何开展有效公共服务和社会管理的问题。金融城所在的这些城市到 20 世纪 60 年代左右都逐步建立了比较健全的社会管理体系，包括：发达的公共服务与社会保障体系、完善的法律规章体系、高效而专业的行政管理体系等。80 年代以来，这些城市开始更深、更广地融入国际经济合作体系，并受到全球化、网络化和后工业经济的深刻影响，其社会管理体系开始面临一些新的挑战。

一是随着后工业经济的发展和社会结构的分化，人们的需求结构变得日益复杂，此时的公共服务不再是一系列无差异的普遍服务，不同的社会群体对公共部门形成了不同的服务预期。有研究发现此时公众对政府的服务需求出现了"不协调"的一面（Keen & Scase, 1998），而政府仅凭自身的力量无法对这种不协调的需求格局作出及时的回应。

二是随着全球化进程的加快，这些金融城的人口流动变得越来越频密，公共部门开始面对一个重要议题，就是如何更好地管理这个"流动社会"？与80年代之前不同的是，新近呈现的"流动社会"是紧密嵌入城市本地经济、社会结构的，并为提升这些全球城市的竞争力提供重要支持，因此这些城市的管理部门不再把对"流动社会"的管理简单地看作一种单纯的"控制"，管理的目标也不仅仅被定义为"有序"（Hogwood & Lindley，1982）。更富挑战的目标是，如何在保持"流动社会"活力的基础上，使之与本地社会更好融合？如何通过高质量服务，使城市成为全球人力资源流动的核心中转站？

三是随着全球风险社会的来临，金融城所在地方政府如何开展有效的风险防范与治理逐步成为社会管理的重要内容。全球化的过程实际上就是世界风险社会形成的过程，从金融风险到环境破坏，从核危机到社会失范，从流行性疾病到个人的存在性焦虑，从全球恐怖主义到日常的饮食安全，现代人的所有行动都被卷入风险社会的生产和再生产之中，风险成了当代人类的一个基本生存环境。而特大型城市由于身处全球化的中心位置，因此遭遇风险的概率大大提升，此时传统的管理方式在面对无所不在的社会风险时，开始显得有些力不从心了。

面对上述挑战，发达国家金融城所在地方政府开始转变社会管理的思路，概括地来说包括三点。

（1）通过公共服务社会化，合理激活市场、社会力量进入公共服务供给领域，从而实现"复合治理"的管理目标。伦敦等大城市的经验表明，市场力量和公民组织参与公共服务既能降低政府部门的行政成本，而且还可以更好地应对公众需求"不协调"的一面（Keen & Scase，1998）。公共服务社会化的重要切入点是：政府通过业务合同出租（contracting-out）的方式鼓励私营部门进入公共服务领域；通过公共资源渗透的方式引导公民团队提供公益服务。

（2）以服务为导向重塑政府部门的组织结构与运行机制，从而提高服务质量，提升城市的"软竞争力"。从80年代后期开始，伦敦、墨尔本等全球城市管理部门纷纷开展了地方政府重建活动，重建的目标是使政府内部不同部门的层级结构趋于灵活，中间管理层次减少，部门之间的协同水平全面提升，同时，引入私营部门的内部竞争机制、全面质量管理机制等。

（3）引入新技术和新理念，打造"虚拟政府"，从而实现对网络社会和流动社会的有效治理。90年代以来，纽约、伦敦、奥克兰等国际知名全球城市都打造了先进的"虚拟政府"，通过数字信息技术更便捷地为公民提供服务，此外，这些城市也鼓励公民通过网络等新途径参与到更富人性化的城市管理中去。

资料来源：李友梅（2013）。

11.2 治理创新的改革实践

在改革早期，由于陆家嘴地区经济社会变迁速度较快，"溢出"传统治理网络的"流动社会"日显，但治理体系的调整却不是短期内可实现的，于是陆家嘴街道创造性地探索以党建机制发挥流动社会的治理功能，通过设置"阳光驿站"、开创"金色纽带"、构建"陆家嘴公益城"，逐步形成了在开放、流动的社会空间凝聚多方力量，实现有效治理的新型治理机制。随着地区各种要素的集聚效应不断提升，整体治理的压力日显，在浦东新区上级政府的支持下，陆家嘴地区成立了陆家嘴综合管理办公室，开始以更大的改革力度突破条块分割，整合了多支执法力量，探索"属地管理、综合管理、现场管理、长效管理"相结合的新型治理模式，对小陆家嘴地区的各类乱象进行高水平治理，同时街道也开始探索城市运行综合管理中心运行模式，从体制、机制上全面提升整体治理能力。从制度创新的长周期来看，陆家嘴地区社会治理创新的历程反映了基层灵活性与顶层设计相互结合的渐进式改革战术。

在长达十多年的改革历程中，如何有效激发社会活力、推动多元治理也是陆家嘴地区创新社会治理的另一条改革主线。从全球的经验看，金融城聚集的是产业链的中高端人才，他们的需求具有高度多样化、多层次的特征。仅靠政府公共部门的力量是难以对这些需求作出有效反应的，因此陆家嘴街道从较早时期就开始努力构建政府治理与社会参与良性互动的新型政社关系：创造性地在社区层次推广"自治金"制度，努力在流动性更强的现代社区生活中构建稳定的公共性形成机制，以提升居民区自治的内在动力；同时推进社会组织深度融入社区治理体系，努力构建多层次的社会共治系统。

11.2.1 党建引领机制的灵活运用与"流动社会"治理

从 21 世纪初开始，随着陆家嘴地区经济发展不断提速，一个规模日增的"流动社会"初显雏形。这个"流动社会"的构成主体是社会结构中上层的白领，他们工作、生活主要是在楼宇社会空间中完成的，而后者在当时的历史情境下很难被传统的街居治理体系所覆盖。这种"流动社会"有三个基本特征：一是紧密嵌入于职业结构高速分化与变动的过程之中，其成员普遍有一种焦灼感与压力感；[1] 二是嵌入在一个全球产业链动态变化过程中，其发展始终面临着许多不确定因素；三是嵌入在一个社会关系不断重组的过程中，其成员在离开传统社会支持网络后更需要在新的时空环境中重塑社会支持体系。

陆家嘴街道党工委清晰地意识到，面对"流动社会"的快速发展，单纯以行政力量和机制对其开展工作难以长效化，而党的组织网络因为具有较高灵活性和弹性之故却可以较好地在其中不断拓展影响。2003年9月10日，当时的梅园新村街道[2] 为了更好地在新的社会领域中开展工作，建立了一个全新的党建工作载体——阳光驿站。阳光驿站自成立以来，按照区域性、开放式、双建制、专业化的要求，探索并打造了"阳光志愿者服务队、阳光党建网、阳光课堂、党员业主创业者联谊会、阳光党校、阳光基金、阳光帮困"等11个工作品牌，按照市委组织部确定的党员服务中心五大功能（社区流动党员的接纳地，创建两新组织党组织的孵化器，社区党的各类组织资源交换、服务共享的平台，社区党员的温馨家园，党组织和党员服务群众的窗口），积极完善服务体系，开拓服务领域，拓展服务功能，努力形成了面对"流动社会"的重要治理网络。

在当时情况下，阳光驿站的建立可谓治理转型中一大重要改革和探索，本质上是基层治理体系充分发挥党建机制新功能的一种尝试。按照象征符号理论，一种概念和符号的出现往往可以解读出许多层面的意义，"阳光驿站"就是这样一个具有多层隐喻的新概念。"阳光"代表着一种直观而简单的隐喻：象征党的温暖，它的深层的隐喻是：阳光是流动的，是无处不在的，具有很强的穿透力。"驿站"直观的隐喻是休憩之所，深层的隐喻是：抚慰心灵、重建社会关系网络、再次出发前的休整，甚至隐含着帮助党员和群众在这里汲取能量和力量之后，再投入新的社会竞争。阳光驿站给人的感觉就是充满温情的休憩之所，它给人一种

---

[1] 据上海可锐管理咨询有限公司2003年度针对金融城白领群体的抽样调查分析：一段时间来，有68%的白领职业焦虑感严重，自觉"朝不保夕"。在职场生存压力指数的比较上，78%的上海白领表示压力较大，这一百分比超过了北京和广州，为三地之首。

[2] 梅园新村街道是陆家嘴街道的前身，2006年后梅园新村街道更名为陆家嘴街道。

心灵上的安全感，从这个意义上来说，街道在遍布于楼宇的"流动社会"中构建"阳光驿站"党建工作平台，就代表了在新社会空间中依托党建形成新型治理机制的一种努力。

在多年的改革实践中，陆家嘴街道党工委还紧密结合楼宇空间中"流动社会"发展的新特征，不断调整阳光驿站的功能与组织形式。阳光驿站履行为流动党员服务和进行两新组织党组织建设的功能，但在运作形式上却多有创新。为流动党员服务，围绕着他们开展活动，不仅是为了符合科层体制的固有要求，如组织关系挂靠，更是为了增强其信念、发展其能力，达到自我强化的目的。流动党支部的活动开展也很有讲究，活动的形式与内容不断推陈出新，这也属于创新的内容。这种活动的创新已经成为吸引党员参加组织生活、增强支部凝聚力的重要手段。

从总体上来看，阳光驿站这一新型组织载体至少在三个维度实现了以党建治理机制覆盖或服务于"流动社会"的功能。

1. 通过接纳孵化，提高了党组织的覆盖水平。陆家嘴街道对驿站工作人员进行"一岗多责"的定位，使他们不仅是驿站的工作人员，还是两新组织党组织的联络员。在"布点划片"工作中，他们分片包干，各司其职，围绕"强党员、强组织、强队伍"的工作目标，通过推进"居民区党员服务站"和"楼宇党员服务点"建设，推行"以居带楼，以站连片"的模式，强化阳光驿站的接纳、孵化功能，促进了两新组织和居民区党建的资源融合与优势互补。阳光驿站还接纳单位没有党组织的青年入党积极分子的入党申请、承担发展党员的事务性工作，为两新党组织提供发展党员外出考察、政审、转正等服务，先后发展出一批热心楼宇公益事业的新党员。仅仅在其组建三年后，陆家嘴街道就通过阳光驿站成功孵化两新组织党组织 43 个，其中党委 1 个（永乐家电党委），党总支 1 个，党支部 41 个，在中融、隆宇等 8 幢大厦中建立了楼宇联合党支部，并成立了浦东新区企业家联合会等 4 个独立党支部。

2. 通过组织形式创新，实现了丰富的治理功能。阳光驿站的创新过程为它带来了生机与活力，它不仅按照最初的设计孵化出了两新组织党组织这类正式组织，而且还产生出一些不在最初设计之列的产品。这种孵化也是一种再生产。驿站类似于一个母组织，摇身一变，衍化出更多新的载体。为发挥好相关作用，驿站立足于两新组织党组织的特殊性，在活动开展上，从实际需求出发，以贴近生活、喜闻乐见为原则，以"菜单式""学分制"为抓手，积极打造特色服务品牌；在党员管理上，建立健全了"党员身份公开制度""党员关爱、诚信承诺制度""党员与社区双向服务制度"等一系列制度和机制，不断增强两新组织党员参加组织生活、参与社区建设的主动性和积极性。成立短短几年来，驿站服务的党员规模就出现了极大的拓展，从初期的几十人发展到上千人；阳光党建网也"收获"了一批热情的"粉丝"支持者；阳光讲坛所举办的各类讲座，得到党员群众的积极响应。通过形式多样的组织创新，阳光驿站成为体现党组织和党员先进性、凝聚社会、凝聚群众的新窗口：阳光驿站阳光医疗服务队、阳光教师服务队等5支志愿者队伍的200多名党员志愿者，定期为社区党员和群众开展服务；世界广场联合党支部的党员定期参加"白领地铁志愿者服务"，成为陆家嘴文明创建的一道靓丽风景线。这些都表明，阳光驿站一旦有效扎根于"流动社会"后，即开始发挥稳定的治理功能。

3. 通过提升凝聚力，逐步塑造了一种无形的观念制度。阳光驿站通过结构与机制上的建设，逐步经历了一个"自我强化"的阶段。在组织载体趋于稳定的同时，逐渐开始营造一种更为契合"流动社会"中"漂泊心灵"的观念制度。阳光驿站通过一系列符号与仪式，逐步构造出一种有利于将基层党员重新从喧嚣的世俗环境中带回信仰世界中的一种新路径。阳光驿站通过其工作人员充满策略和激情的工作，逐步将有形的驿站建设成为一个无形的驿站，它成为一种稳定的观念制度，使流动党员始终保持着对党组织生活的深层兴趣。

2011年，阳光驿站升级版——楼宇综合服务站宣告成立，并入驻世界广场、胜康斯米克、建工大厦等商务楼宇。综合服务站不仅具有指导党组织建设、搭建活动平台、入党积极分子培训等传统的党务服务功能，还具有政务、社务服务功能，如提供劳动就业、社会保障、工商、税务等政策咨询以及新规解读；提供"白领"劳资纠纷、出租房屋登记、法律和心理等咨询服务，综合服务站的服务事项从单一的党务拓展到政务、社务，被形象地比喻为商务楼里的"居委会"。

2012年，陆家嘴街道党工委又将社区党群中心（党员服务中心）和阳光驿站

（公益服务社）分开设立。借鉴公益活动项目制、委托制等方式，成立了"陆家嘴社区阳光驿站公益服务社"（以社会组织名义登记），旨在用公益机制为区域内的党组织和党员提供相关资源和文化资助，为有需求的群体和个人提供公益、慈善援助，以党建促进和引领志愿化、公益化、社会化活动的开展。转型后的阳光驿站继续以社会化机制开展了一系列反响较大的公益活动，如："情系老区，关爱孩子"公益项目（为安徽金寨县小南京学校捐款修建一条跑道），"携手党建，资源共享"公益项目（区域内各党组织活动场所资源共享），"拥抱骄阳"公益项目（促进大学生党员就业），"情牵夕阳"公益项目（老党员和年轻党员结对互教互助）。

2015 年 7 月，围绕"服务金融中心，建设共同家园"目标，陆家嘴街道党工委、办事处创新探索"两楼联动、两头延伸"——"金色纽带"党建新模式，通过对居民区楼组、商务区楼宇资源、力量的融合和整合，为形成社会共治合力提供了有力支撑，逐步实现"党务共议、政务共商、事务共治"一体化效应，促进提升了社区治理的成效和水平。

在机构平台上，陆家嘴街道以辖区内 4 个片区楼宇综合服务站为枢纽，以若干居民区和商务楼宇为单位，结合网格化综合管理责任区，建立以"楼—居""楼—楼"为单位的片区区域党建促进会，成为各类党组织互联互动、各类党员共融共生的新型区域党组织共同体。同时完善区域党建联席会的组织架构和运行机制，将片区促进会作为联席会的分会，建立 7 个专业委员会，探索轮值会长制，提高其运行成效。目前，"建工片区"区域党建促进会已建立并实体运转，覆盖成员单位 34 个、党组织 34 个、党员 1 098 名；时代金融、世界广场、新上海商业城等其他片区区域党建促进会正在筹建过程中。

在需求平台上，把街道首创的居民区"自治金"①做法拓展到区域化党建之中。定期了解包括商务楼宇、驻区单位、青年白领等在内的各主体对象的诉求，用好走街串巷、进企入户等办法，培育"群众议事厅""民生接纳室"等平台；建设区域党建 App 系统，设置金点子、微心愿等板块，实现线上线下相结合的诉求

---

① 关于"自治金"制度，后文将详细介绍。

反映与传递，打造一个集信息发布、服务介绍、需求征集、意见反馈、在线互动等为一体的党建服务网络互动平台。同时从菜单式需求信息入手，按照促进会提议、理事会决议、社区党委审批的程序，自下而上确定区域化党建项目。

在服务平台上，积极发挥社区党建服务中心区域性、开放性服务总平台的功能以及阳光驿站公益服务社党建枢纽型社会组织的作用，主动参与陆家嘴金融城区域化党建新格局，利用区位、资源、机制三大优势，在服务企业、服务白领中发挥主体作用。通过这种内外相交、双向联动的新型党建格局和运行机制，把居民区与楼宇、居民与白领有机联结起来，成为党建服务引领金融中心建设和社会治理创新的"金色纽带"。

在实施"金色纽带"党建新模式过程中，陆家嘴街道还通过"陆家嘴公益城"等载体，整合各类资源，联动式实施项目，努力回应楼宇白领的兴趣点、楼组居民的需求点。比如，凝聚社区正能量的陆家嘴慈善登高赛活动，深化区域党建的"金色纽带—陆家嘴公益城"进工地活动，服务老年居民的"家电维修进万家"，解决百姓实际难题的"社区大管家"项目，还有提倡安全出行的"地铁志愿服务"，开拓视野、共享资源的"梦想腾飞·喜看陆家嘴"党建教育基地参观等。

11.2.2　体制机制创新与"整体治理"能力提升

作为全球城市发展前沿的陆家嘴地区面临着复杂的治理形势，而高水平的治理首先需要形成各部门高度协同的"整体治理"网络。如何破解"条块分割"这一困扰城市治理的普遍性问题，如何有效解决治理权碎片化分布的基层治理突出问题——这些都成为过去多年来陆家嘴地区治理创新实践的重要主线。据研究，相关改革探索主要集中在三个方面。

1. 第一个维度的改革是以区域化党建为依托，努力构建条块协同的支持保障体系。这也是我国社会治理创新领域最常见的"整体治理"保障方式。由于无论是"条"还是"块"上，政府机构都在同级党组织的领导下，因此不同行政部门间可以借助党建组织网络迅速建立起稳定的制度化合作框架，由此就可以在既不打破"条"或"块"的既有组织边界以及现有规章条例的情况下，灵活地依托党建联建网络形成意见交流、资源共享、优势互补的协同治理新模式。陆家嘴街道党工委借力上海区域化党建的政策设计，过去多年以来一直努力探索以"行政党组"吸纳、协调、整合辖区内不同行政"条线"部门的力量，以提升协同治理的水平和能力。

2. 第二个维度的改革是以行政体制改革为切入点，构建行政部门紧密协同的一体化运行架构。可以说，这也是陆家嘴地区治理模式最具特色之所在，体现了当前较为前沿的改革创新思路。具体来看，引发这项改革的因素主要和一段时间以来小陆家嘴地区黑车、黑导游、黑摄影、黑广告及乱设摊、乱兜售、乱停车的"四黑三乱"现象较为严重有关。要有效应对"四黑三乱"现象就必须形成多种执法力量之间紧密协同、源头治理的"整体治理"格局，但由于治理权在基层的"碎片化"配置，客观上要实现这一点较为困难。因此，浦东新区在细致研究的基础上，专门成立了上海市陆家嘴金融贸易中心区地区综合管理领导小组，由副区长担任组长。领导小组下设上海市陆家嘴金融贸易中心区地区综合管理办公室，并将原归属区环保局的"上海市陆家嘴金融贸易中心区城市管理委员会办公室"整建制划转至陆家嘴街道办事处。由街道办事处主任兼任办公室主任，并设一名常务副主任。

陆家嘴综管办负责整合辖区内公安、城管、交通运政、文化执法、协管等执法力量，并增招100名特保队员，共228名队员组成陆家嘴综合管理执法大队，开展对陆家嘴中心区各类乱象的集中整治。陆家嘴综管办成立以来，按照区委、区政府"属地管理、综合管理、现场管理、长效管理"的工作要求，结合中心区的实际情况，为综合管理执法大队量身定制了科学合理的勤务模式和严格的勤务制度，从而时刻保持现场的高压震慑态势。同时联合市、区相关部门持续开展主题为针对黑车或黑导游等不同乱象的大规模专项整治行动。

这一改革在多个维度较为彻底地破解了传统的"条块分割"现象：首先，在区委、区政府的授权下，派驻陆家嘴综管办的公安、城管、文化执法等人员真正实现了由"条"上管理向"块"上管理的实质性转变，突出表现为派驻执法人员的管理权（包括待遇和晋升管理）由陆家嘴综管办实际履行，因此跨部门的整合力度变得前所未有。① 其次，陆家嘴综管办创新了"条块整合"、力量搭配的常态化协同机制，有效整合辖区管理资源，公安集治安警与交警职能于一体，城管集城市管理与交通运政职能于一体，多支队伍实行"统一派勤、联勤联动、前台共管、后台分流"的工作模式，可以更为高效地应对各种违法行为。最后，陆家嘴综管办还创新了督查考核机制，通过细化评分标准和奖励标准，一体化地推动各部门开展工作，形成了督查推进和考核激励的双核驱动机制。这项改革推进以来，小陆家嘴地区的综合执法与管理能力得到了迅速提升，各类违法现象得到有效遏制。

2014 年上海市委颁布的"1 + 6"文件，从市委层次进一步为基层理顺条块关系提供了重要支持。文件规定：坚持重心下移、资源下沉、权力下放，赋予街道党工委对区职能部门派出机构负责人的人事考核权和征得同意权，赋予街道规划参与权和综合管理权，赋予街道对区域内事关群众利益的重大项目的建议权，强化对街道考评职能部门派出机构结果的应用。这为陆家嘴街道（党工委）在更大范畴内整合辖区内条线部门提供了进一步的支持，也为陆家嘴地区"整体治理"能力的进一步提升提供了重要支持。

上述行政体制层次的改革使得陆家嘴地区逐步形成了应对复杂问题的一体化、跨部门行政协调能力。这也是全球城市建设中一种极为重要的治理能力。

3. 第三个维度是以机制创新为着力点，优化跨部门的协同治理流程。 为进一步维护金融城的安全有序，陆家嘴街道立足于资源整合、联勤联动、实体运行的三个原则，实施街道网格化综合管理。2015 年，街道完成了新区城市网格化综合管理试点和市、区两级的"基层突发事件应急管理示范点"创建工作；2016 年，市、区两级"基层应急管理现场会"在街道召开，街道接受了国务院应急办领导和专家组对街道应急管理工作的视察和指导，圆满完成应急管理全覆盖广延伸工作。2015 年至 2016 年，街道网格中心共受理各类城市管理问题 50 029 件，办结率 99.73%。其中上级派单 13 213 件，占 26.41%；自主立案 36 816 件，占 73.59%。12345 市民服务热线办结率、先行联系率、实际解决率和满意率均高于

---

① 以往基层很多"条块整合"的改革举措往往是在"条""块"部门间建立协调机制，但"条"内工作人员的实际管理权并未"下沉"至基层的"块"上。

市、区两级平均值。在陆家嘴街道，城市网格化综合管理与应急管理对接后进一步增进了城市管理资源的整合，促进了应急效能的提升，成为保障金融城安全、有序运行的重要基础。

一般而言，网格化管理是近年来城市治理领域普遍运用的一种管理技术，主要是将群众的诉求快速反映至网格管理中心，然后再通过网格派单和监督机制督促各行政部门快速处置。但由于陆家嘴地区社会治理情况复杂，维护安全秩序压力大，这里的城市网格化综合管理机制比多数地区更为健全、完备，街道通过不断创新和完善，构建了一套更为有效的管理体系及运行保障机制。突出表现为以下几个方面。

1. 立足城市网格化综合管理全覆盖、全时段，强化资源整合、社区共治。一是完善组织体系。陆家嘴街道城市网格化综合管理实行"领导小组—网格中心（办公室）—网格联勤联动站、居民区"三级组织管理体系和"网格中心—网格联勤联动站、居民区"两级实体运作模式，实现城市综合管理全覆盖。街道网格中心与应急办、总值班室合署办公，实现网格化综合管理与应急管理体系并轨运行；与派出所"110"指挥平台一体化联动运行，实现24小时、全年无休值守。二是完善网格运行管理。将小陆家嘴地区以外的辖区划分三个网格责任区块，设立实体化运作的网格联勤联动站，每个站组建一支联勤中队，以城管为主导、公安为保障，整合安监、房办、市场监管等管理及辅助力量，融合治安、消防、市场、人口、房屋、地下空间、安全生产等管理职能，实行"属地、现场"联勤联动综合管理；各联勤联动站分别对应区块10多个居民区，实现资源整合、管理互动、问题共治。

2. 强化"双自"功能（即自主发现和自主运行），立足及时发现和快速处置，提升综合管理效能。陆家嘴街道要求网格中心加强视频巡查、网格监督员监管巡查、网格联勤联动站属地自查等多措并举的发现机制。同时，以实现重点时段、重点区域城市管理问题快速发现和突发公共事件快速反应两大功能为导向，持续优化视频监控系统建设，开发视频图像"模块化编组"功能，进一步提升视频监控效能。2016年，街道网格中心共受理各类城市管理问题24 923件，其中上级派单5 444件，占21.84%，同比下降29.93%；自主立案19 479件，占

78.16%，同比上升 12.36%。同时，街道强化责任落实，提升自主运行能力。网格管理中心以落实"首问责任、指定责任、兜底责任"为原则，实行城市管理问题"一口受理、统一派处"，制定《综合管理指挥手册》和《受理事项办理工作实施细则》，厘清各类事项办理依据和责任主体，明确处置要求和时限，明确处置责任主体"一次复核"制度，做到"事事有对应，单单有落实"。从而不断理顺"发现—受理—指挥—处置—监督—评价"管理机制，提升网格工单"自动流转率"。近年来，陆家嘴网格综合管理中"自动流转率"稳固在 90% 以上，其余需协调的工单几乎全部在网格中心层面得到解决。

3. 强化考核培训，提升效能监管能力。陆家嘴网格综合管理中心制订《网格化综合管理联勤联动站考核办法》和《网格化综合管理居民区考核办法》，每月考核并公示结果。建立信息数据分析管理机制，实行综合管理情况每月分析通报制度，强化责任监管。完善培训指导协调机制，加强日常指导管理、突出问题协调推进和疑难案件协调共商等。

总体而言，上述三个维度的改革构建了多层次、分工明确的协同治理机制：以区域化党建强化街道（党工委）在区域治理中的核心枢纽地位；在小陆家嘴核心区构建综合管理办公室总览协调多种执法力量的新型协同治理模式；在陆家嘴街道居民区依托城市网格化综合管理体系实现治理力量的深度"下沉"和对居民诉求的快速回应。这些改革举措有效提升了陆家嘴地区的"整体治理"能力，为金融城有序运行提供了重要支持。

11.2.3　多元文化情境下的公共性构建与社区建设

陆家嘴作为深度城市化地区，社区形态差异明显、人口流动频繁、"陌生人社区"普遍存在，如何在这种新情况下有效推动居民自治、共治，提升基层社区治理效能？陆家嘴街道的决策层较早就意识到，如果不能有效构建吸引公众注意力、持续引起多方关注的公共性领域，那么即使社区自治、共治的形式不断创新，社会参与的深层动力也难以持续激发。因此，街道领导在 2010 年前后就开始考虑以何种方式能够为稳定、持续的社区公共性空间提供制度支持。

在经过一段时间的调研后，街道领导意识到自治和共治首先需要解决"治什么"的问题。虽然居委会也能敏锐地寻获社区中的公共事件并动员居民参与，但总体而言这种公共事件的分布和发生都具有较大的偶然性，缺乏稳定的运行基础。尤其是在高端商品房小区，物业管理、服务和配套设施都较为健全，这种公共性空间就更难寻获了。在这种情势下，如何以制度创新的方式构建社区公共性空间的稳定支持机制就尤显重要。

2011年，陆家嘴街道首创"自治金"概念，探索通过项目化运作方式，创新居民小区自治管理模式。这一做法相当于将一笔资金下发至居民区，但与传统的居委会办公经费不同，这笔资金的用法、用途和项目设计都需要居民自下而上通过广泛讨论形成。这样一来，街道就通过改变公共资金的使用方法，稳定地为每个居民区开展自治活动提供了支持，以资源供给和需求对接的方式为居民区公共性空间的发展提供制度基础，最终解决了居民区自治"治什么"的内核性问题。

经过多年探索，陆家嘴街道自治金项目推动社区自治共治形成了完善的工作步骤，可概括为"三部曲"：

第一步是项目产生，强调立项"三步法"。街道要求居委会就自治金的使用最大范围汇集民意、倾听民需、聚焦热点难点问题："第一步"是通过居委会及下属各专业委员会提出立项"方向"；"第二步"是由居民代表在各居民小组范围内听取民意，汇集立项"需求"清单；"第三步"是召开由各方代表组成的居民议事小组会议筛选、聚焦"需求"，形成正式立项"议题"，提交居民代表大会审议表决。

第二步是项目评审，鼓励公平竞争。街道不设申请额度限制，各居民区间通过PK获取资金支持。街道引入第三方开展项目完善和项目评审，对自治项目提出指导性意见和优化方案，在自治基础好的居民区探索专家评审组和居民大众评审团相结合的评审机制，完善议事规则和流程，引导居民有序、理性参与民主决策。

第三部是项目实施，体现陪伴成长。街道从居委会、项目小组、居民骨干自治能力培养着手，在推进过程中精心体现"扶持""培育""陪伴"；设立项目联络员和督导员，加强项目过程监测和评估，为项目小组的项目推进和问题解决提供后援支持。街道有关职能部门还定期开展主题沙龙、讲座、座谈活动，促进自治团队交流学习，共同成长。最后，"自治金"将在街道范围内广泛宣传和公示，以争取全民关注、全民知晓、全民参与、全民监督。

经过多年的实践和探索，陆家嘴街道"自治金"工作在创设自治载体、培育自治项目、动员居民参与、激发基层活力等方面取得了一定的成效。截至 2018 年，累计实施自治项目 939 个，涉及资金 998.81 万元，受惠群众 10 万余人次，涵盖了楼组建设、文化教育、惠民实事、群团培育等居民区建设的各个领域，形成了一批居民认同度高、影响力大、可复制可推广的品牌项目。可以说，自治金制度成为陆家嘴社区公共性构建的重要制度支撑，对于推进社区自治共治具有重要意义。2014 年，上海市委"1 + 6"文件开始将自治金制度向全市推广。

如果说"自治金"制度搭建了新时期社区自治的重要制度基础，那么以普遍性文化为切入点打造跨文化交流中公共性构建的载体就成为陆家嘴地区国际化社区建设的重要经验。以陆家嘴地区国际化比重最高的仁恒滨江园小区为例，这里以社区公共文化为依托，逐步探索了国际化社区党建引领自治的新型社区治理经验。

仁恒居民区党支部以"海纳百川，凝聚人心"的工作理念，坚持"服务为先、文化为媒、自治为魂、创新为重"的工作方法，加强组织建设，创新工作机制，关注居民需求，促进多元融合，使小区成为不同肤色人群的和谐家园，探索出了一条在国际化社区党建引领自治的新路。党支部以自治金项目"国际家庭日"为平台，发挥党员骨干的先锋模范作用，引导其主动担当志愿者、老师、翻译，传授外籍居民学做美食、体验太极、说唱京剧、挥毫书画、体验弄堂游戏等，提升了外籍居民对中国传统文化的认知度和认同感。与此同时，以"国际文化节"为媒介，引导居民走出家门融入社区，通过新春写对联、元宵扎灯笼、端午包粽子、万圣雕南瓜、圣诞赠好礼以及每年"迎新年中外居民成果展示"等，架起了一座中外文化艺术沟通的桥梁，深化了中外文化交流。此外，党支部围绕街道"金色纽带"党建项目，依托区域化党建资源，与国泰人寿、驻区银行、万有集市、医疗服务点等进行资源共享，邀请楼宇党员进社区开展公益活动，以跨文化共享的公益文化增进社区居民的彼此情感，从另一个方面提高了党支部的凝聚力。

概括来看，陆家嘴街道过去多年的社区建设经验表明，在国际化水平较高、社会流动性较大、社会结构分化水平高的地区开展社区自治和共治，必须形成针对性的公共空间营造机制，这样才能推动社区自治的可持续发展。陆家嘴地区发展出的自治金和文化治理相应做法就是这种创新思路的产物。

11.2.4　多层次服务体系与政社关系深度优化

金融城的快速发展和陆家嘴地区的持续社会进步都高度依赖一种多层次的公共服务体系，而社会组织和各种专业服务机构则是该体系的重要构成。陆家嘴街道从本世纪初就开始高度重视社会力量的培育，于 2008 年组建了陆家嘴社会组织服务中心，并提出：以明确政府和社会权责为基础，以社会组织内部治理能力提升为核心，以激发社会组织活力为重点，坚持发展和监督并重、活力与规范并重，积极扶持陆家嘴社区社会组织服务中心建设。以此为制度契机，陆家嘴街道着力健全社会组织服务支持体系，持续深化社会治理创新，推动社区公共事务共商共治，有序引导社会力量参与社区建设。

2016 年 5 月，陆家嘴街道出台《陆家嘴街道社会组织发展扶持办法（试行）》，办法中对于以街道为业务主管单位的社会组织、项目落地在陆家嘴辖区范围内的社会组织，以及以社区为依托、以满足社区居民需求为目标的社区社会组织等都提出了明确的扶持和培育措施。该制度进一步明确了街道对辖区各类社会组织在项目资助、发展资助、空间支持、能力建设、政府奖励等方面提供多样化的扶持政策。

街道与屋里厢社区服务中心合作，以陆家嘴社会组织服务中心、阳光驿站、陆家嘴街道文联、陆家嘴社区公益基金会这四家社会组织为样本，开展社会组织发展情况调研，并制定陆家嘴社会组织孵化培育制度以及陆家嘴社会组织规范化建设指标体系，根据权责属性，对社会组织按照孵化期、成长期、成熟期进行划分，分类提出扶持意见、规范化建设要求以及监管标准。

2017 年，陆家嘴街道协同社会组织服务中心积极组织开展了社会组织公益活动月暨"益路有你"社会组织公益嘉年华活动，除了在梅园开展公益主题日活动，通过"益众筹""益 show""益互动"等三个板块展现公益风采，倡导公益新风尚之外，还宣传、发动了包括社区公益基金会在内的 7 家社会组织及 11 个群众自组织的 26 项活动参与其中，深入社区、直面百姓，为社区居民了解社会组织，以及社会组织展现自身公益风采提供了平台。这届嘉年华活动获得了浦东新区社会组织公益活动月组委会颁发的"最具人气奖"。

概括来看，陆家嘴街道通过构建分层、分类的社会组织支持政策，逐步在陆家嘴地区构建了一种有利于社会组织发展的社会生态环境，为社会组织参与社区治理、提供公共服务提供了重要支持。而社会组织的快速发展反过来又为地区多层次公共服务体系的构建提供了重要依托。

专栏 11.2　国际金融城公共服务与治理的主要治理机制

伦敦金融城、纽约曼哈顿和东京金融商务区等国际性金融城在公共服务与治理领域的成功，主要体现在多种治理机制合理分工、交互合作上。

首先，从运营机制上来看，上述三大金融中心的公共基础设施的建设与维护过程中，基本上都形成了市场化（企业化）运作、行政化运作以及社会化运作相结合的模式。在具体的运作过程中，这三种运营机制相互交叉与关联，形成了一个多机制的协调与合作网络，有效地解决了公共设施与生活服务建设中各种力量与资源的充分动员和利用。在这三个金融城的公共治理中，市场机制都发挥着最主要、最核心的作用。例如，在这三个金融中心，包括道路交通、港口、码头、电信系统、管道等硬件基础设施的建设上，金融城地方政府主要运用市场化、企业化运作的机制，采取公司化经营（其中又以大型的私营为主）运作的方式。在资本投入、项目开发上主要采用招投标方式，引入竞争机制，保证了公共基础设施建设的资金投入、项目运作。即便是在日常的维护与保养上，也有专业化的企业负责营运。

行政化的运作机制主要运用于那些公共性更强、受众更广泛的公共设施与服务项目，如政府办事与服务机构、公共休息与娱乐设施、文化设施等等。这种行政化的运作机制特点主要体现在：这些公共设施与服务的建设与提供的资金投入主要来源于政府的年度财政预算，政府及其机构对这些设施与服务的日常建设与运营承担主要责任。受众对于这些公共设施与服务的获取大多具有免收费的特征。例如，伦敦金融城附近的博物馆、文化中心，纽约市内的公园、东京市内的公共绿地、雕塑等，其投入与日常维护都依靠政府行政化的力量。

在日常生活性服务方面，市场化与社会化的运作机制比较明显。在伦敦、纽约与东京，诸如餐饮服务、娱乐、批发零售、商场、媒体咨询、保险、房屋租赁等服务都是由市场化的企业来进行运作与提供的。数量众多的餐馆、商场、媒体等日常生活性服务提供，使得伦敦、纽约和东京的金融城具有更强的生活气息。作为金融城专业性服务的补充和配套性服务，它增强了金融城对于人流、知识流和资本流的持续集聚能力。例如，纽约曼哈顿中城丰富的生活服务，有效地弥补了华尔街金融区在生活服务上的不足。

此外，社会化的运作机制在三大金融中心的日常生活服务中也有体现。在伦敦、纽约、东京，各种数量众多的非营利的民间组织、研究机构、社区活动组织等也对一些生活性服务的提供起到了积极作用。这些社会化的服务组织主要提供一些诸如信息咨询、生活帮助与社会救助、社区文化教育、培训、环境保护等方面的服务。在伦敦和纽约，以工会、教会为代表的生活服务组织机构在就业、劳动培训服务、日常生活（尤其是精神生活帮助）等方面发挥了重要作用；而在东京，各种各样的社区活动中心、民间组织等在日常生活信息的提供、生活困难帮助、社区教育等方面有着不可或缺的作用。

资料来源：李俊辰（2007）；刘明（2006）；陈瑛（2005）；杨亚琴、王丹（2005）；Sassen（2001）。

11.3　经验启示及展望

近年来，以陆家嘴街道为核心的区域治理体系始终围绕着"服务金融中心、建设共同家园"的工作定位，聚焦民生改善，持续深化社会治理创新，着力提升陆家嘴地区居民群众的获得感和满意度，取得明显成效并给予许多宝贵经验启示。同时，深化地区治理创新也将面对新问题，需要进一步探索和发展。

11.3.1　主要成就和创新意涵

陆家嘴地区创新社会治理的实践不仅提升了区域总体社会治理能力，而且还逐步建构了政社合作的新型制度框架，尤其是探索了开放、流动和多元文化背景下党建治理机制充分发挥效能的新路径，其主要成就和创新意涵可以概括为以下三个方面。

1. 党建引领形成"三位一体"制度优势，深度推进治理创新。回溯陆家嘴地区社会治理创新的总体历程，可以发现党建治理机制一直在其中发挥着关键的作用。前文详细记录了陆家嘴街道从设立"阳光驿站"开展楼宇党建，到开展"金色纽带"区域化党建活动，再到以党建网络推动"公益城"建设的改革历程。在我们看来，正是在这一党建治理机制持续创新的过程中，陆家嘴地区形成了"三位一体"的党建引领制度优势，有效应对了"流动社会"发展中面临的诸多治理难题。

具体来看，陆家嘴地区党建治理机制发展经历了三个重要阶段，不同时期党建的工作重心和突破性领域都不尽相同。第一阶段始于2000年前后，此时党建主要是作为一种全覆盖的组织网络和领导体制出现的。其通过组织网络的不断建设，逐步将社区空间中最重要的三大工作领域（即居民区、行政部门、两新组织）共同纳入社区大党建的工作范畴中，并初步形成了以党的工作覆盖社区全领域工作的基层党建运行架构。"阳光驿站"的建设就是这一时期工作重心的某种呈现，此时党建的主要目标主要是"组织化、凝聚力、全覆盖"，即将陆家嘴地区所有组织空间都努力纳入党建网络的凝聚范围中，借此开展各种治理活动。

以迎世博会为契机，陆家嘴地区的党建迎来了快速发展的第二阶段。这一时期，党建治理机制的内涵得到重要拓展，其不仅是一种领导体制，更表现为一种跨领域、跨体系资源整合的灵活务实组织体系建设。比如，街道开始以党建的组织网络，充分整合陆家嘴区域内各方力量，推动在职党员联系服务基层一线。通过这一阶段的改革探索，党建成为社区建设中资源整合的重要依托，并为社区公共服务体系的优化、基层政府系统治理能力的提升提供了重要支持。

2014年上海市委"1＋6"文件提出"推进区域化党建，提高社区共治水平"，并从完善组织体系、创新工作机制、形成共治合力三个方面提出区域化党建深化实践的新思路后，陆家嘴地区的党建治理机制发展开始进入第三个阶段。这一阶段中，党建承担着推动治理创新的重要功能，且在实质上提出了更富深远意义的工作目标，即：通过推动、引导社区公共性的发展，使个体、群体和各类社区组织走出私人领域，关注社区公共问题，在更高水平推动多元治理、共同建设。正是在这个意义上，陆家嘴街道推动了"金色纽带"活动，进一步吸引楼宇白领关注社区公共问题，开展了"公益城"活动，通过党建推动下的公益活动和公益文化进一步构建社区生活中的公共性领域。这一阶段的改革目标是要在深层次上解决多元参与的持久向心力问题、社会需求导向和强调社会主体性的社区建设问题，以及社会的参与式认同如何构建等深层次问题。客观来看，这些问题都是当代中国城市基层治理中蕴含的最重要战略性问题，陆家嘴党建第三阶段试图在应对这些问题中形成新的改革思路。

这种三位一体的党建创新模式，不仅对于推动金融城有效治理具有重要意义，而且对于当前如何在改革前沿进一步深化党建治理机制的质量和水平也具有重要启发意义。

2. 以有效实施公共服务和治理为着力点，深度提升"整体治理"能力。陆家嘴地区社会治理创新的另一突出亮点是紧密围绕城市治理中的难题和顽症，大胆改革现有行政体制，构建多部门协同治理的高效制度网络。小陆家嘴地区综合管理办公室的设置，实质上不仅打破了诟病已久的中国城市基层治理"条块分割"现象，而且还有效推动了"条""条"联动和"市—区"联动，从而得以真正将治理重心向源头推进。小陆家嘴地区近年来各种违章现象的锐减、金融城街面秩序的高水平维护都得益于这种以行政体制改革推动部门联动的改革举措。

"1＋6"文件实施以来，上海市委、市政府从深层上强化了基层"块"上政府的统筹与领导权限，将城管、房办、绿化市容等"条"上部门的统筹管理权下放至街道。在这一改革精神引领下，陆家嘴地区进一步探索了以公共服务实施为着力点，促进条块协同的新做法。基于此，街道实现管人、管事、管钱三统一，这在一定程度上将基层公共服务与治理的综合协调权切实交到了街道手中。这些改革举措在实质上突破了以往基层"条块协同"的约束条件，通过以公共服务为着力点的赋权机制，实现了基层整体性公共服务政府建设。

陆家嘴地区"整体治理"能力提升的又一重要保障是深度应用新型治理技术，不断提升基层政府运行的"智能化"服务与管理水平。信息通信技术（ICT）是一种通用技术（GPT），能带来经济与社会运行的根本性重构。不同于增量式的技术进步（技术变革幅度较小并可以预期），通用技术意味着根本性的变革，它所带来的是技术发展里程碑式的跳跃（世界银行，2007）。案例研究表明，陆家嘴街道对治理技术的深度应用，成功提升了基层政府有效回应公众诉求的能力，也更有力地推动了跨部门联动。陆家嘴网格化综合管理机制的深化实践一方面科学设置了网格和厘清网格职能。另一方面依托信息技术构建了城市综合管理的派单调度、督办核查、指挥协调、联合执法等工作闭环。此外，借助数据库和流程管理技术，陆家嘴网格化管理还在问题发现机制、分级处置机制以及联动联勤机制上探索出了新做法，提升网格化管理的实效。

考虑到上述改革涉及多个层次的制度创新，陆家嘴地区提升"整体治理"能力的改革实践给予我们的重要启发是：基层治理中的跨部门协同问题必须以一定的顶层设计和上级"高位推动"为基础，如果没有这些重要的保障条件，"条块分割""条条分割"的问题就会不断以各种形式周而复始出现。

3. 探索激发社会活力的有效手段，深度提升社区自治共治水平。 从理论上看，无论是自治还是共治的有效运行，其首要的问题在于解决有效激发社会活力的。这个问题不解决，而单纯在自治与共治的制度形式上着力，无异于寻求无源之水。而要破解这个难题，首先就需要形成基层公共性的稳定生产机制。所谓公共性指涉的是人们从私人领域中走出来，就共同关注的问题开展讨论和行动，由此实现私人向公众的转化。从人类社会现代化转型的历史进程来看，公共性生产的过程就是个体基于理性精神参与公共活动，维护公共利益和价值取向的过程。若无公共性的持续生产，任何社会都不太可能有实质性的社会协同与公众参与，自治与共治也将面临"无源之水"之境地。

但公共性的生产又是一个极为复杂的现代社会核心问题。其同时涉及公共领域的稳定营造、健全公民意识的培育、公平开放的社会参与程序以及理性与法治的公共参与精神等多个维度。客观来看，在相当长一段时间里，中国基层自治与共治体系并未有效解决这种公共性稳定生产的机制建设问题。基层依靠的是一套细密的自治制度网络来"捕捉"社区中出现的各种具有一定不确定性的公共问题，由此也就导致了基层自治与共治一直处于一种绩效不稳定状态。

陆家嘴街道推动社区建设，激发社会活力的相关举措恰恰在上述问题上有了许多重要的破题举措。比如，"自治金"制度的出台，使得居民和不同社会群体可以依托稳定的制度载体讨论社区公共问题，并且在"自治金"支持下找到提升社区福祉的方法；更注重社会参与和自下而上视角的政府购买公共服务模式也为社区自治与共治的有效运行提供了重要的公共性空间支持。这些探索与创新初步为陆家嘴社区建设铺设了一种现代社会公共性基础。

11.3.2　深化治理创新将面对的新问题

在深刻感受到陆家嘴地区社会治理创新成就的同时，我们也试图对标全球城市尤其是金融城社会治理创新的前沿经验，指出未来陆家嘴地区进一步深化治理创新将遇到的新问题。这些问题有些需要有长期战略的关照，有些已经超出了基层政府的职能范围，但对于金融城社会有序运行却有着深远的意义。

1. 金融城文化体系有效构建问题。

经济社会学的前沿研究指出，金融文化的首要含义是金融活动中的信任系统（就此而言，普及金融知识并不是金融文化的内核）。一般认为，持续的商务活动将有助于商务网络、信任体系的建立，金融活动作为商务活动发展的高级阶段，一方面将大量的金融从业者卷入其中，并使之匿名化；另一方面，在密切交往的金融活动主体间往往会形成一套发达的信任体系。一些研究发现，金融交易需要建立信任和诚信感，而建立信任和诚信的最好方法就是面对面的接触。换句话说，金融文化中的信任是需要在频繁的交往中通过不断的强化逐步建立起来的。对于任何一个金融城的建设来说，在当地形成以"信任"和"诚信"为内核的金融文化都是一个极其重要的过程。离开了这一过程，金融城就失去了赖以依托的文化和意义支持。比如，伦敦金融城之所以具有今天的地位，在一定程度上归功于该地区自19世纪以来就形成了独特的信任文化。在"信任"文化内核的周边，则是社区普遍价值对这个文化内核的认同感。由此可见，营造陆家嘴金融城的金融文化系统也是未来陆家嘴地区治理的重要的战略目标之一。但如何在一个后发的情境中，快速构建这种信任文化仍是一个缺乏研究和政策探讨的新问题。

2. 金融城公共服务资源的汲取问题。

从国际金融城的发展来看，地方政府在服务金融城的过程中都会遇到资源汲取的问题。随着地方政府对金融城业态、服务设施布局介入水平不断提升，所需的资源也会显著上升。以伦敦和纽约为例，这些资源主要从两个层面来提取：一是通过运作金融城开发期间预留的一部分物业资源，形成公共服务资源（比如伦敦金融城市政府，拥有金融城内将近40%的房地产，每年的租金收入十分巨大，是伦敦金融城市政府的许多活动经费的主要来源）。二是通过税收沉淀的方式来汲取资源。从陆家嘴金融城目前的情况来看，未来要提供优质服务，尤其是以未雨绸缪的战略思路调整地区服务设施布局和业态，仅靠基层政府的资源是不足的，下一步如何借鉴国际经验形成可持续的资源汲取机制就是需要深入思考的重要课题。

3. 大区域联合治理问题。

陆家嘴金融城整体公共服务质量的提升和高效治理不单纯是陆家嘴街道的事。尤其是在"流动社会"的管理、服务以及相应服务设施布局上，或多或少会涉及周边的多个街道，因此如何以战略创新眼光优化金融城的工作与生活环境，就需要形成大区域联合治理的管理架构和运作机制，从而在更大范围内整合资源，实现金融城地区的高效治理。但在当前我国相邻属地政府普遍处于"锦标赛"政绩竞赛的情况下（周黎安，2007），如何实现大区域联合治理还需要进一步的制度创新作为保障。

参 | 考 | 文 | 献 ——

[1] 安纳利·萨克森宁：《硅谷优势》，曹蓬，杨宇光等译，上海远东出版社 2000 年版。

[2] 黄晓春、嵇欣：《技术治理的极限及其超越》，《社会科学》2016 年第 11 期。

[3] 李友梅等：《阳光驿站：浦东新区陆家嘴社区构建区域性党建平台的实证研究》，上海大学出版社 2007 年版。

[4] 世界银行：《中国的信息革命：推动经济和社会转型》，经济科学出版社 2007 年版。

[5] 周黎安，《中国地方官员的晋升锦标赛模式研究》，《经济研究》2007 年第 7 期。

[6] Keen，L. & R. Scase，1998，*Local Government Management*：*The Rhetoric and Reality of Change*. Buchingham：Open University Press.

[7] Hogwood，B. C. & P. D. Lindley，1982，*Regional Government in England*. Oxford：Clarendon Press.

[8] 李友梅：《国际特大城市社会治理的新趋势》，《中国社会科学报》2013 年 10 月 21 日 A08 版。

[9] 李俊辰：《伦敦金融城——金融之都的腾飞》，清华大学出版社 2007 年版。

[10] 刘明：《解读 CBD》，中国经济出版社 2006 年版。

[11] 陈瑛：《城市 CBD 与 CBD 系统》，科学出版社 2005 年版。

[12] 杨亚琴、王丹：《国际大都市现代服务业集群发展的比较研究——以纽约、伦敦、东京为例的分析》，《世界经济研究》2005 年第 1 期。

[13] Saskia Sassen, 2001，*The Global City*：*New York, London, Tokyo*, Princeton University Press.

后　记

　　本辑案例研究是在各案例课题研究报告基础上整理、统稿、编辑而成。在统稿、编辑过程中，主要做了三个方面的规范工作。一是规范案例分析格式。首先交代清楚案例的背景条件以及面临的机遇和挑战；其次重点描述其发展及主要创新过程，深入挖掘其发展及创新的深刻内涵；最后总结发展模式及经验、展望未来发展、提供有益启示。二是规范案例主题内容。围绕案例主题展开内容阐述，与案例主题联系不密切的内容予以必要的删减。三是规范案例文字。在专业词汇、规范提法、文字准确等方面多次通读通校，减少错误。

　　全球城市案例研究是一种新的尝试，目前尚未形成较成熟的统一案例研究范式。本辑案例研究作为新的尝试，由于编辑人员能力和水平所限，在切入角度、分析深度、格式规范等方面难免存在缺陷和不足，敬请读者谅解。

2019 年 7 月 1 日

图书在版编目(CIP)数据

全球城市案例研究. 2019/周振华,洪民荣主编
. —上海:格致出版社:上海人民出版社,2019.9
ISBN 978 - 7 - 5432 - 3027 - 9

Ⅰ. ①全… Ⅱ. ①周… ②洪… Ⅲ. ①城市发展战略
-案例-世界- 2019 Ⅳ. ①F299.1

中国版本图书馆 CIP 数据核字(2019)第 152672 号

责任编辑　忻雁翔
封面装帧　人马艺术设计·储平

全球城市案例研究 2019
周振华　洪民荣　主编

出　　版　格致出版社
　　　　　上海人民出版社
　　　　　(200001　上海福建中路 193 号)
发　　行　上海人民出版社发行中心
印　　刷　上海中华印刷有限公司
开　　本　889×1194 毫米　1/16
印　　张　21
字　　数　450,000
版　　次　2019 年 9 月第 1 版
印　　次　2019 年 9 月第 1 次印刷
ISBN 978 - 7 - 5432 - 3027 - 9/F · 1237
定　　价　188.00 元